Goldmann Sachbuch

Buch . . .

Der Goldmann-Verlag legt die erste vollständige Walesa-Biographie vor und enthüllt einen ganz anderen, von Zweifeln geplagten, oft niedergeschlagenen, von seinen eigenen Freunden angefeindeten Arbeiter, der gegen das Schicksal kämpft. Er läuft Gefahr, zum »Hampelmann« der hinter den Kulissen wirkenden Mächte – des Kremls und der Kirche, des Papstes und der Partei, von KOR und KGB, der internationalen Nachrichtendienste und der Nachbarn Polens – zu werden.

. . . und Autor

Hans Peter Rullmann, Jahrgang 1933, wurde in Hamburg geboren und studierte Volkswirtschaft. Er lebte über zehn Jahre in Jugoslawien und berichtete als Auslandskorrespondent für den SPIEGEL, deutsche Tageszeitungen und Rundfunkanstalten. Seit 1971 lebt der Autor wieder in Deutschland – als freier Journalist und Herausgeber eines eigenen Pressedienstes.

1980/81 schrieb er für den Goldmann Verlag »Tito – Vom Partisan zum Staatsmann« (11288) und »Ist der Kommunismus reformierbar?« (11307).

Selbst gab er vor allem in Jugoslawien verbotene Schriften kroatischer Dissidenten, darunter des ehemaligen Tito-Generals Dr. Franjo Tudjman, heraus – insgesamt fünf Broschüren, drei Bücher und zwei Übersetzungen in anderthalb Jahren.

LECH WALESA

DER SANFTE REVOLUTIONÄR

HANS PETER RULLMANN

Originalausgabe

Wilhelm Goldmann Verlag

Redaktionsschluß: 21. August 1981

Made in Germany · 10/81 · 1. Auflage · 116

Umschlaggestaltung: Atelier Adolf & Angelika Bachmann, München
Umschlagfoto und Innenteilfotos:
Bildarchiv Süddeutscher Verlag, München
Satz: type center, München
Druck: Presse-Druck, Augsburg
Verlagsnummer 11 321
Lektorat: Renate Richter und Cornelia Schmidt-Braul
Herstellung: Peter Papenbrok
ISBN 3-442-11321-0

Lech Walesa, Arbeiterführer der Gewerkschaft »Solidarität«.

Inhalt

I. Bromberger Land

Noch am 24. August 1980 berichtete eine der größten westlichen Nachrichtenagenturen direkt von der Danziger »Lenin«-Werft von einem unbekannten Herrn »Waleska«, der dort, im Namen streikender Arbeiter, mit der polnischen Regierung verhandeln wolle. Polens damaliger Parteichef Edward Gierek: »Wer ist dieser Kerl?« Zwar war man sich schon einmal, vor zehn Jahren, begegnet, aber mit 1,60 m Körpergröße war Leszek Walesa in jeder Beziehung nur ein kleiner Arbeiter im Schatten einer Partei, die sich für groß hielt. Sogar die Staatssicherheit und Staatsanwaltschaft übersahen ihn in ihren Berichten über unruhige polnische Arbeiter und Intellektuelle: In einem Geheimdokument aus dem Jahre 1977 kommt Lech Walesa nicht vor, obgleich er, nach eigenen Angaben, »mehr als hundertmal« festgenommen wurde.

Walesas Körpergröße wuchs mit der Rolle, die er Ende 1980 übernahm: bis ihn einige West-Korrespondenten zu einem auch körperlichen Riesen machten. Auch sein Alter wurde zunächst überschätzt. Die Schwierigkeiten mit seinem Namen blieben, denn Walesa wurde nicht nur Opfer seiner weltweiten Unbekanntheit, sondern auch der polnischen Sprache, die ein paar Vokale mehr kennt. »Lehk Vah-wehn' Sah« sei, so die amerikanische Presse, die beste Art, seinen schwierigen Namen auszusprechen; »Wauensa« kommt dem deutschen Mund noch am weitesten entgegen. Mit Ausnahme der ČSSR vermied man es im übrigen Osteuropa, aus anderen Gründen, möglichst ganz, seinen Namen überhaupt zu erwähnen; mit Ausnahme einiger Kritiker auch im Westen, die ihn mit Hitler, Mussolini oder Stalin verglichen, wurde er abwechselnd mit Mahatma Gandhi oder lateinamerikanischen Räuberrebellen verglichen. Die Einschätzungen schwankten zwischen »glaubensstarkem Märtyrer« und »polnischem Schwejk«.

Walesa: »Ich bin nicht irgendein Diplomat, ein Zeremonienmeister, noch weniger ein Intellektueller. Ich bin ein einfacher Mensch, ein Arbeiter, und habe kein einziges Buch bis zu Ende gelesen. Es langweilt mich. Einige Dinge interessieren mich überhaupt nicht – Bücher, Interviews, der Nobelpreis.«

Polnische Dissidenten, im Bekanntheitsgrad von Walesa in wenigen Tagen überrollt, wissen, nicht ohne Neid und Mißgunst und Herablassung, über Walesas Herkunft weniger als viele Menschen im Westen. Fragen nach seinem winzigen Geburtsort beantworten sie mit der Gegenfrage: »Glauben Sie etwa, daß wir ihn demnächst zum polnischen König wählen?« Erst dann könnte Popowo, vor dem Krieg eine 200-Seelen-Gemeinde ohne eigene Schule, für die Welt von Belang werden. Auch aus Angst, die Bedeutung, die man Walesa beimißt, könne Polen statt einer neuen Demokratie einen neuen Führer bescheren, der schon jetzt diktatorischer und autoritärer Anwandlungen bezichtigt wird, begnügt man sich mit der weitläufigen Angabe, Popowo, das liege irgendwo im Bromberger Land. Für Walesa und Polen sei dies ohne Belang: zumal er die Heimat schon als Jüngling verließ – und, so klingt es in Untertönen mit, es ohnehin nicht mehr lange machen werde.

Doch Walesa verbrachte hier seine Kindheit. Da die Polen ein geschichtsbewußtes Volk sind, wurde er hier von seiner Mutter, dem Pfarrer, seinem Stiefvater und seinen Spielgefährten mit den Erfahrungen dieser Landschaft konfrontiert.

Schon im Mittelalter wurde in Bydgoszcz, deutsch: Bromberg, ein Zisterzienserkloster gegründet. Es kamen Karmeliter, Klarissen und Bernhardiner, oft aus Schlesien, hierher. Häufig entstanden unter ihnen die Dörfer: zunächst armselige Siedlungen aus Lehmhütten und Feldsteinhäuschen mit Strohdächern. Während den Jesuiten im 16. Jahrhundert Widerstand begegnete, gehörte Bromberg zu den wenigen polnischen Städten, die ihnen rasche Ausbreitung ermöglichten: als Großgrundbesitzer bis tief in die arme Provinz hinein. Zeitweise führten sie an drei Fastentagen ein

40stündiges Dauergebet ein. Walesa, der schon in seiner Kindheit dem Pfarrer nachlief, um mit ihm, auch kontrovers, zu diskutieren, es, abgesehen von einer jugendlichen Krisenperiode, nie unterließ, die Morgenmesse zu besuchen und viel später in einem greisen Kardinal einen Ersatz für seinen früh verstorbenen Vater fand, ist das Kind eines von keinen Zweifeln geplagten, tief eingebrannten und volksfrommen Katholizismus dieser Landschaft, der kleine menschlichen Sünden zuläßt.

Das Bromberger Land war die Festung, durch die sich das polnische Kernland gegen die heidnischen Pruzzen schützte; Katholizismus und Schutz der polnischen Nation wurden so eins, daß die Polen viel später, als sie zu Preußen gehörten, nicht einmal die erzkatholische »Zentrumspartei« wählten – weil sie deutsch war. Man mußte im letzten Jahrhundert, als die ersten staatlichen Schulen eingerichtet wurden, den Unterricht in deutscher Sprache hinnehmen. Aber der Religionsunterricht wurde bis in dieses Jahrhundert hinein in Polnisch abgehalten: So wurde die polnische Nation in der Religion bewahrt, vor der Assimilierung gerettet. Das Verbot des polnischen Religionsunterrichtes war für die Polen im Bromberger Raum eine unbedachte Attacke auch gegen ihre eigene Existenz. Das sollte sich rächen: Als Bromberg nach dem Ersten Weltkrieg wieder an Polen fiel, mußte der deutschsprachige Gottesdienst größtenteils völlig eingestellt werden. Sogar der Gottesdienst der katholischen Deutschen in diesem Raum fiel dieser Repolonisierung zum Opfer. Im Zweifelsfalle war der polnische Katholik zunächst ein Pole. Nach dem Zweiten Weltkrieg, einem Versuch, die Polen entweder zu entnationalisieren oder auszusiedeln, wurden alle Kirchen polnisch und gleichzeitig katholisch. Im »Notfall« wandte sich der Pole sogar gegen Glaubensbrüder, wenn es um Polen ging. Noch viel später war das Verhältnis zwischen dem polnischen Kardinal Wyszynski, den Walesa seinen »Vater und Bruder« nannte, und dem Vatikan getrübt, weil die italienischen Päpste und deren italienische Diplomaten, an der Spitze der »Außenminister« des Heiligen Stuhles, Agostino Casaroli, im stark nationalbetonten polnischen Katholizismus ein Hindernis ihrer Ostpolitik sahen, die auf eine Normalisierung – auch der Beziehungen zu Moskau – hinauslief. Walesa deutete mehrfach an, daß er, vor die Wahl zwischen Kirche und Nation gestellt, eher ein treuer Sohn seines Volkes als der der Kirche bleiben werde. Nach dem Tod »seines« Kardinals meinte er skeptisch, mit Wyszynskis Nachfolger müsse man vielleicht »mehr diskutieren«. Aber Polens Kirche, im Industriestaat Polen vom Materialismus der breiten Massen bedroht, läßt es zu solch einer Spaltung gar nicht erst kommen: Polen wird katholisch bleiben, solange die Kirche polnisch bleibt.

Das Schicksal der Bromberger Polen steht für die ständige Bedrohung der polnischen Nation. Ritterorden überrannten dieses polnische Vorland und brandschatzten die Orte; als Polens König Brandenburg um Hilfe gegen die Schweden bat, wurde Bromberg abwechselnd von den Feinden und den eigenen Verbündeten besetzt, bis es selbst in der Hauptstadt der Region nur noch 500 Menschen gab. Im Nordischen Krieg drangen, als Verbündete, Russen und deren Alliierte, die Tataren ein: Ganze Landstriche gingen im Elend unter; wer überlebte, holte sich die Pest. Der Polnische Erbfolgekrieg brachte russische Einquartierung und sächsische Dragoner; der Lohn für den polnischen Widerstand gegen diese Doppelbesetzung war, daß Bromberg preußisch wurde. Erst Napoleon brachte die Befreiung – und neue Verluste: Die tapferen Soldaten, die für den korsischen Welteroberer an der Beresina und bei Borodino verbluteten, kamen oft aus den Dörfern um Bromberg. Man wurde wieder preußisch. Während sich die deutschen Bürger in diesem Raum, meist konservativ wie die Polen, in Parteien zu spalten begannen, gründeten die Polen eine Polenpartei. Nachdem in der Geschichte oft genug Polen gegen Polen gekämpft hatten, bildete sich eine besondere »polnische Ideologie« heraus, die auch von Walesa immer wieder verkündet wird, zum Ärger der Marxisten, denn sie kennt scheinbar keine Klassen, sondern nur Polen. Der feste Glaube Walesas, daß sich »Polen immer verständigen können«, trug wesentlich dazu bei, daß der strenge Katholik, der von sich selbst sagt, daß er sich nie für den Marxismus oder Kommunismus auch nur interessiert habe, schließlich sogar polnische Kommunisten zu seinen Verbündeten machte, indem er ihnen nie mit Haß begegnete.

Haß gegen die Kommunisten ging aber von einigen von Walesas Beratern aus, ideologisch geprägten Intellektuellen, die, wie Kuron, schon früh dem Schoß der katholischen Kirche und, bis zu einem gewissen Grade, sogar der eigenen Nation entrissen wurden. Jacek Kuron war, bevor er zum schärfsten Kritiker der polnischen Kommunisten wurde, selbst Kommunist und »Internationalist«. Der schlimmste Vorwurf, den die polnische »Vereinigte Arbeiterpartei« gegen diese Berater Walesas erheben konnte, war, daß viele von ihnen jüdischer Herkunft sind: Die Juden hatten sich immer entweder auf die Seite der Deutschen oder der Russen geschlagen, waren unpolnisch. Obgleich die Partei die klassenlose Ideologie des Polentums ablehnen muß, näherte sie sich auf die ihr eigene Weise doch dieser »Ideologie«: indem sie mit Hilfe ihres latenten Antisemitismus signalisierte, daß sich Polen eben doch immer verständigen können. Es müssen eben nur Polen sein.

Zwar gibt es auch im Bromberger Raum schon früh Versuche, diese polnische Einheit auseinander zu dividieren: 1887 bemühte sich der deutsche Marxist August Bebel hier um ein Reichstagsmandat. Er wollte damit Versuche stützen, in einer streng deutsch-konservativen und polnisch-katholischen Umgebung eine die Grenzen der Nationen übergreifende Sozialdemokratische Partei zu gründen. Doch die wenigen Polen, die sich der roten Fahne der SPD anschlossen, machten sich bald selbständig. Sie wollten unter sich sein und zogen sich dadurch den Vorwurf Rosa Luxemburgs zu, Nationalisten wie die anderen Polen auch zu sein: »Wir müssen den polnischen Arbeiter lehren, seine nationalen Utopien aufzugeben und ihm zeigen, daß er nicht in seiner Sonderstellung als Pole, im Anschluß an nationalistische Parteien, sondern als Sozialdemokrat sein Nationalitätsinteresse am besten erledigt.« Umsonst – als die SPD, enttäuscht von den polnischen Genossen im eigenen Reich, die

Subventionen für eine Zeitung der polnischen Sozialdemokraten im Bromberger Raum einstellte, stellten die polnischen Sozialdemokraten ihre eigenen Kandidaten auf – freilich gleichfalls ohne Erfolg. Denn sie blieben unter den polnisch national gesinnten und katholischen Bürgern eine kleine Minderheit: Nur der ideologielosen »Polenpartei« gelang es einmal, für fünf Jahre einen Herrn von Czarlinski in den Deutschen Reichstag zu entsenden. Die Bromberger Polen hörten erst auf, nur Polen zu sein, als sie, nach dem Ersten Weltkrieg, wieder mit Polen verbunden waren, als ihre nationale Existenzangst unbegründet schien. 1921 bildeten auch sie Parteien, aber sie wählten rechts und eine Arbeiterpartei, die sich »national« nannte. Zwar gab es schon Ende des letzten Jahrhunderts eine Gewerkschaftsbewegung, aber so, wie sich die Deutschen entweder ihren sozialdemokratischen Gewerkschaften oder evangelischen Arbeitervereinen anschlossen, organisierten sich die Polen, strikt getrennt, in polnischen Gewerkschaften, vor allem in katholischen Gesellenvereinen. Polnisches Nationalbewußtsein, Kirche und Arbeiterbewegung gingen im Bromberger Raum eine unzertrennbare und innige Verbindung ein: Walesa war und wird beflügelt vom heiligen Geist der polnischen Nation, ist der treue Sohn der Kirche und Vater der erneuerten polnischen Arbeiterbewegung.

Wie überall in Polen wurde 1815 auch im Bromberger Raum die Erbuntertänigkeit der Bauern aufgehoben. Um sich vom Großgrundbesitz freikaufen zu können, mußten die armen Bauern, die als Gesinde ihrer adligen Herren auch in die vielen Kriege geschickt werden konnten, die Arbeitsleistung von 25 Jahren erbringen. Preußen bot ihnen diese Chance – viele Bauern lösten sich ab, indem sie Fuhrdienste für die straßen- und kanalbauenden Preußen verrichteten. So entstand, neben dem Großgrundbesitz, ein Kleinbauerntum, das sich mit allerlei unbäuerlichen Dienstleistungen durchs schwere Leben schlug: als Fuhrunternehmer und Handwerker. Lech Walesa entstammt einer solchen Familie. Sein Vater war Tischler, seine Mutter bewirtschaftete das kleine Anwesen. Aber selbst Handwerk und Landwirtschaft auf spärlichem Acker konnten keine vielköpfige Familie ernähren. Die Walesas hatten zwei Söhne und eine Tochter, bevor am 29. September 1943, mitten im Krieg, Lech Walesa geboren wurde. So mußte der Vater für andere Bauern und Nachbarn auch den Schmied, den Mechaniker und Maurer spielen. Handwerker aus der Stadt konnte sich niemand leisten, ein Handwerk allein reichte nicht zum Leben aus. Unter diesen Umständen konnte sich zwar nicht das entwickeln, was Marxisten als Klassenbewußtsein bezeichnen: Lech Walesa hatte, für einen Gewerkschaftsführer von Industriearbeitern völlig untypisch, nie Schwierigkeiten, sich gleichzeitig für die Bauern einzusetzen – und wurde darin von Polens Arbeitern, die meist aus ähnlichen Verhältnissen stammen, sogar übereifrig unterstützt. Aber gelegentlich schalt er die Bauern auch Dummköpfe: Er verglich sie sogar mit den Intellektuellen, »vor denen uns Gott behüte«. Er steht von Geburt an zwischen den Klassen: Ein bäuerlich wirkender Arbeiter, ein Bauer, der alles arbeiten kann und sich alles zutraut, sogar den Sturz von Ministerpräsidenten und den Auftritt vor diplomatischen Foren. Walesas Geschicklichkeit, Wendigkeit und Selbstvertrauen gehören zu den Erbgütern seiner Herkunft.

Die Polen vom Bromberger Land wurden durch die Verhältnisse ermutigt, nicht stolz an ihrer zu kargen Scholle festzuhalten: Auch die Idee, kühn den Sprung über die eigene Klassengrenze hinweg zu wagen, wurde ihnen von Preußen eingeimpft. Zwar stand die Landwirtschaft, insgesamt gesehen, auf recht solider Basis, die Landwirte bei Bromberg, im Deutschen Reich oft als völlig rückständig verschrien, verzeichneten vor dem Ersten Weltkrieg den höchsten Kunstdüngerverbrauch in ganz Deutschland; die Bromberger Pferde waren nach denen Ostpreußens und Hannovers weltberühmt und dienten den Engländern in ihrem Burenkrieg und den deutschen Kolonialisten im Krieg gegen Hereros und Hottentotten. Sie waren eine Kreuzung aus Panjepferd und edlem Hannoveraner; die Schweinezucht überließ man lieber den Deutschen, denen es nie gelang, das robuste und wetterharte polnische Landschwein, das zur Not auch von Eicheln im Wald leben konnte, mit dem deutschen Landschwein zu kreuzen. Aber die »kleinen« polnischen Bauern zogen nur die Fohlen auf und überließen das Geschäft der Aufzucht und des Verkaufs dann dem Großgrundbesitz und dem Handel; man lebte von Rübenzucht und setzte als »Pfennigsucher« auch Schafe ein, die die abgemähten Roggenfelder noch einmal abgrasten. Der Roggensegen der Landschaft begünstigte die Gänsehaltung – auch Walesa mußte als Kind die weltberühmten polnischen Gänse hüten. Viel Roggen wurde zu Schnaps gebrannt – so wurde dieser Gottessegen zum Unheil für viele »Dörfler«. Auch Lech Walesa war dem Trinken nicht abgeneigt und, wie er angibt, einige Male sogar stockbetrunken. Als er die Gewerkschaftsbewegung in die Welt setzte, drückte er sofort ein allgemeines Alkoholverbot durch.

Sein Sinn für verantwortungsbewußte Ordnung, zu seinem Bedauern nicht einmal von allen seinen engsten Mitarbeitern in der Gewerkschaftsführung geteilt und in Polen eine Seltenheit, ist ein Erbe der westpolnischen Herkunft Walesas: Die Preußen überzogen die Landschaft um Bromberg unmittelbar nach der Besitznahme mit Katasterbeamten, Forstverwaltungen, zunächst quietschenden Postkutschen, dann Eisenbahnen, Kanälen und Meliorationsanlagen und Garnisonen, deren Ankaufskommissionen in engem Kontakt zu den polnischen Bauern standen. Jahrelang war der Garnisonskommandant von Bromberg ein polnischer Generalleutnant in preußischem Dienst, was es armen Bauernsöhnen erleichterte, preußischer Soldat zu werden. Nach Abschluß der Laufbahn als preußischer Berufssoldat ging man, als »Zwölfender«, zur Bahn, zur Post, zur Polizei oder zum Zolldienst. Wo Zweisprachigkeit erwünscht war, machte man als deutscher Beamter sogar Karriere. Das Preußenprinzip, daß dem Tüchtigen die Welt gehört, förderte, wie die nur langsam beginnende Industrialisierung, den Aufstiegstrieb der Landjugend. Zunächst wollte man in die Stadt, wo sich eine rasch aufblühende Fahrzeugindustrie zu entwickeln schien. Man baute Hochräder, dann luftbereifte Niederräder, die das Leben auf dem Dorf erleichterten, dann sogar, in Lizenz, amerikanische Oldmobiles. Selbst Kaiser Wilhelm ließ, war er auf Kaisermanöver, hier seinen Wagen reparieren. Wurde man kein preußischer Soldat, lag im Raum von Bromberg die Beschäftigung mit Fahrzeugen am höchsten: Lech Walesas Vater reparierte Motorräder und Autos und galt, obgleich er den Beruf nie gelernt hatte, auf diesem Gebiet als excellenter Meister. Walesa übernahm von ihm die handwerkliche Geschicklichkeit. Er wollte sogar einen ganz neuen Schirm konstruieren, eine Idee, die er später auf seine neuen Gedanken übertrug: Nichts spricht dafür, daß eine Sache immer so gemacht werden muß, wie man sie schon immer getan hat. Aber mit 18 reparierte dann auch Walesa Fahrzeuge, wie er selbst zugibt »nie so gründlich wie mein Vater«, was ihn wütend machte, wenn man ihn darauf hinwies. Diese Unduldsamkeit gegenüber Kritik an der eigenen Leistung ist ihm geblieben.

Die Menschen in Westpolen sahen sich zwar ständig vom vordringenden Deutschtum bedrängt – aber verglichen sie ihre Chancen in Preußen und später in Deutschland mit jenen im Osten und damit in Rußland, wußten sie wohl zu unterscheiden: Erst König Friedrich, der für die Preußen »Große Fritz«, baute jenen lebenswichtigen Kanal, der es auch den polnischen Bauern ermöglichte, Getreide, Wolle und Holz bis nach Berlin und Stettin auf den Weltmarkt zu bringen. Um ihre Kinder dem russischen Einfluß zu entziehen, zogen es wohlhabende Ostpolen vor, ihre Kinder nach Westpolen, in den Bromberger Raum zu schicken, wo sie nach mustergültiger Erziehung oft auch Staatskarriere in Preußen machen konnten. Oft arbeiteten deutsche Arbeiter unter der Aufsicht polnischer Schichtführer; hier gab es ordentliche Krankenhäuser und bald auch keine Holz- oder Lehmhäuser mehr, sondern Wohngebäude mit »preußischen Mauern« aus Fachwerk. Preußische Generäle lernten, wie Ziethen, Polnisch, um polnische Husaren anreden zu können; der polnische Adel wurde dem preußischen gesetzlich gleichgestellt. Er verwaltete seine Dörfer ohne Einmischung der deutschen Behörden. Noch 1914 meldeten sich viele Bromberger Polen freiwillig zu den deutschen Soldaten, um den Osten Polens vom russischen Joch zu befreien. Polnische Soldaten erhielten bei der Einkleidung ein Militärgesangbuch und das Neue Testament in polnischer Sprache. Wie überall, wo Deutschland in den europäischen Osten hineinwirkte, kam es auch im Raum von Bromberg zu einer tiefgehenden Beeinflußung, die nachwirkte. Der von Moskau erhobene Vorwurf, Walesas Bewegung arbeite mit deutschen Grenzrevisionisten eng zusammen, ist falsch, weil er den polnischen Patriotismus negiert, drückt aber auch das russische Mißtrauen gegen die Westpolen aus, die nie russischem Einfluß ausgesetzt waren. Als im Januar 1945 im Brückenkopf von Baranow die sowjetische Winteroffensive begann, die ganz Polen in den russischen Einflußbereich einbeziehen sollte, und sich die deutsche Armee zum Teil aus Warschau in den Bromberger Raum zurückzog, stieß sie dort zwar auf vereinzelte polnische Partisanen, aber viele Polen erklärten den kopflos abrückenden Deutschen auch den richtigen Fluchtweg, wie man den Kanal überschreiten könne und gaben ihnen Brot für den Weg mit: Der Einzug der Russen vollzog sich unter Plünderungen an und Erschießungen von Polen, die deutschen Flüchtlingen geholfen hatten. Bald nach Kriegsende gab es im Raum von Bromberg zwar kaum noch unbeschädigte deutsche Gräber – aber auch russische Kriegergräber verschwanden wieder spurlos vom Bromberger Boden. Während Lech Walesa deutliche Reserven gegenüber den Russen aufweist, hat man von ihm nie ein böses Wort über die Deutschen gehört: Auch seine lernbegierige Offenheit gegenüber dem Westen ist ein Kennzeichen Bromberger Geschichte.

Dabei wurde Walesa in einer der schwersten Stunden der Polen von Bromberg geboren. 1939, bei Ausbruch des Zweiten Weltkriegs, kam es in Bromberg zu einer Panik, in deren Verlauf Hunderte von Deutschen, in der Stadt und auf den Dörfern, grausam erschossen oder einfach erschlagen wurden. Die Polen vermuteten in ihnen eine »Fünfte Kolonne«, die den Krieg gegen die Polen schon eröffnen wollte, ehe die deutschen Truppen da waren. Der Schuß, der den »Bromberger Blutsonntag« auslöste, kam, wie man später feststellte, vermutlich gar nicht aus einer deutschen, sondern einer polnischen Waffe. In der Aufregung hatte ein polnischer Kavallerist auf eine Polin beim Kirchgang geschossen. Die Zahl der toten Deutschen wurde von der Berliner Propaganda sofort gewaltig übertrieben, bis man bei 58000 für ganz Polen angelangt war, und diente als Vorwand für ein Strafgericht der SS, dem am 19. September 1939 schon Tausende Polen zum Opfer fielen. Bromberg sollte zum »Mustergau« des »Dritten Reiches« werden: dazu gehörte der Plan der Aussiedlung aller Polen, die durch Volksdeutsche aus Wolhynien, dem Baltikum, dem Schwarzmeergebiet und Rußland ersetzt werden sollten. Zu diesem Zweck wurden die polnischen Bauern enteignet, Butter, Eier und Geflügel zwangsrequiriert, schlachtreife Tiere abgenommen, Hypotheken aus der Zeit vor dem Ersten Weltkrieg, die Polen 1921 wertlos gemacht hatten, wieder eingetrieben. Nicht einmal Polen, die einen deutschen Elternteil hatten, wurden als gleichberechtigt anerkannt. 1943, als Lech Walesa geboren wurde, begann man rigoros mit der Zwangsaussiedlung der Polen, gingen immer mehr Bauern in den Untergrund. Walesas Vater schloß sich der »Heimatarmee« an, einer Widerstandsbewegung unter Führung des polnischen Ministerpräsidenten im Exil, Wladislaw Sikorski, der nach der Meinung fast aller Polen nach der Befreiung an die Spitze des erneuerten polnischen Staates treten sollte. Sikorskis Ziel war es, »die Deutschen zu besiegen und die Bolschewisierung Europas zu verhindern«. Als Sikorski erkannte, daß man nicht alles haben konnte, schränkte Sikorski erst die bewaffneten Aktivitäten gegen die Deutschen ein, um dann mit Moskau und den polnischen Kommunisten im Untergrund zu verhandeln. Auch der liberale Antikommunist Sikorski ging davon aus, daß Polen eben Polen seien: Sein kommunistischer Partner war völlig unbekannt und hieß Wladyslaw Gomulka: Es sollte, viel später, Gomulka sein, der sich darauf besann, daß Polen von den wenigen Kommunisten allein nicht geführt werden kann. Er leitete einen Liberalisierungsprozeß ein, der Walesa den Weg ebnete. Übrigens wurde auch Sikorski, wie später Walesa, von den eigenen Freunden als Verräter gescholten, weil er auch in den polnischen Kommunisten Patrioten sah: Wenige Wochen vor Walesas Geburt stürzte Sikorski – kurz nach dem Abheben von der Startbahn – in Gibraltar mit seiner Liberator-Maschine ins Meer, was bis heute Gerüchte am Leben hält, denen zufolge er Opfer eines feigen Attentats geworden sei, weil den Russen die nationalpolnische Konzeption des Generals ohnehin nicht paßte und Churchill, der die polnische Exilregierung unterstützte, Stalin nicht verärgern wollte.

Die »Heimatarmee« hatte keine Chance; Walesas Vater, der zwischen seinen Einsätzen gegen den Feind immer wieder zuhause nachschaute, geriet in deutsche Gefangenschaft und in ein Arbeitslager, aus dem er so geschwächt wieder entlassen wurde, daß er 1945, fast verhungert, starb: Lech Walesa war damals erst zwei Jahre alt. Rührend hatte sich der Bruder des Vaters um die Mutter mit ihren drei Kindern bemüht: So wurde Onkel Stanislaw Walesas Stiefvater, mit dem die Mutter noch drei weitere Kinder zeugte. Stanislaw Walesa, guter Onkel und strenger Vater zugleich, war es, der den kleinen Leszek mit sieben Jahren auf einem Fahrradsattel zum erstenmal in die Schule von Halin fuhr. Bis zur 5. Klasse war Lech Walesa Klassenbester, mit besonderer Neigung zu Mathematik und Sport, besser auch als seine eigenen, älteren Geschwister. Zum erstenmal sah sich Walesa im Mittelpunkt stehen: Er brauchte ein Gedicht nur zweimal zu lesen, um es schon aufsagen zu können. Aus dieser Zeit stammt eine Neigung Walesas zu Spontaneität – auf Kosten organisierter Fleißarbeit: Als die Aufgaben zu schwierig wurden, versagte er. Von seinen Brüdern, fleißigen Buben, überholt, gelang ihm das Studium nicht, nicht einmal das Abitur, was zur ersten schweren Krise in seinem Leben führte: Der gut katholisch erzogene Junge, der nicht gern tanzte, und, statt sich herumzutreiben, »lieber zwanzig Kilometer durch den Wald ging und auch einmal ein Mädchen in den Arm nahm«, aber »alles in Maßen«, begann zu trinken und verkam: An der Aussicht, auf einem verlassenen polnischen Dorf namenlos unterzugehen. Er war arbeitslos, pusselte, wie schon sein Vater, an rostigen Fahrrädern herum und ging schließlich, da die Bromberger Fahrzeugindustrie unter dem Druck der sächsischen Konkurrenz schon viel früher zusammengebrochen war, nach Danzig. Auch diesen Weg hatten ihm Bromberger Polen vorgezeichnet: Danzig war für sie das Tor zur verlockenden großen Welt.

Danziger Werft

Schon 1823 hatte die Werft Klawitter hier für Preußen ein erstes »Kanonenboot« gebaut; hier entstand das erste deutsche Schwimmdock mit Dampfantrieb. 1851 wurde das preußische Marinedepot in Danzig zur Königlichen Werft erweitert, die das erste größere Kriegsschiff der deutschen Marine auf Stapel legte, eine Radkorvette mit Namen »Danzig«. 1858 lief hier als erstes Kriegsschiff mit Schraubenantrieb die Fregatte »Arcona« vom Stapel. Man spezialisierte sich auf Dampfkanonenboote, Glattdeckskorvetten und erste Torpedoboote: Die Sprengladung mit Aufschlagzünder saß zunächst noch am Bug dieser Schiffe, die also Himmelfahrtskommandos waren. Erst nach der Gründung des Deutschen Reiches gründete die Firma Schichau, die bislang nur in Elbing tätig war, in Danzig eine zweite, eine Großwerft; aus der Königlichen Werft wurde eine Kaiserliche Werft: für Küstenpanzerschiffe, Kreuzer und Schulschiffe. Als Tirpitz Deutschland zur Weltmacht auf den Meeren machen wollte, ging man in Danzig zum Bau offensiver Panzerschiffe und von Schlachtkreuzern über. Die beiden Danziger Werften, die heute unter dem Namen Lenins und der Pariser Kommune fortbestehen, genossen schon vor dem Ersten Weltkrieg Weltruf bis nach Kuba und China, wohin man lieferte: Bei Ausbruch des Ersten Weltkrieges, in dem Deutschland seine stolze Flotte wieder verlor, arbeiteten in Danzig schon 13000 Arbeiter allein am Schiffbau. Als einzige Staatswerft Preußens zog Danzig vor allem die armen Bauernsöhne aus dem Bromberger Raum an: Auch das Bauholz kam von dort. Wäre Walesa früher geboren, hätte er sein Leben möglicherweise in Wilhelmshaven beendet – denn als der Kaiser auch dort Schiffe bauen wollte, zogen Ströme von Polen aus dem Bromberger Raum über Danzig an den niedersächsischen Jadebusen.

Zwischen den beiden Kriegen, als die Kaiserliche Werft

»Danziger Werft« hieß, baute man hier Handelsschiffe: Die hier gebaute »Columbus« war, nach der »Bremen« und der »Europa«, das größte Passagierschiff der deutschen Flotte, der Danziger Mammut-Seebagger »Chien She« wurde durch seinen Einsatz in China weltbekannt. Doch 1936 erinnerte man sich wieder der Großtaten der deutschen U-Boote aus Danzig, die im Ersten Weltkrieg, im September 1914, gleich drei britische Panzerkreuzer versenkt hatten, und des Einsatzes Danziger Kreuzer im Indischen Ozean. Bis Kriegsausbruch baute man hier über 130 U-Boote; noch 1945, als die Russen kamen, schleppte man sieben fast fertiggestellte U-Boote und drei Torpedoboote an Trossen Richtung Westen. Andere Kriegsneubauten wurden von den Sowjets fertiggestellt, die von der Danziger Waffen- und Schiffbautechnik erheblich profitierten. Denn zwar waren die Werften zum Teil gesprengt, aber die Grundsubstanz war erhalten geblieben: Genug für heute 20000 polnische Werftarbeiter, die ihre Betriebe vergrößerten und modernisierten und nicht nur Container- und Fabrikschiffe für die Hochseefischerei, sondern seit 1963 auch wieder Kriegsschiffe für die Sowjets bauten – und somit zum drittenmal den Auftrag erhielten, eine zweitgrößte Kriegsflotte der Welt zu schaffen.

Als Lech Walesa nach Militärdienstzeit als Obergefreiter und dem Besuch einer Fachschule – damals noch mit dünnem Oberlippenbärtchen – 1967 auf der Danziger Leninwerft als Elektromonteur anfängt, beginnt, sagte er später selbst, erst sein »eigentliches Leben«. Aus einer Welt der Rückständigkeit und Abgeschiedenheit in ein lange funktionierendes Zentrum der Technik und der Industrie versetzt, läßt sich das wortgewandte »Provinzei« schon ein Jahr später in den Betriebsrat wählen – eine Einrichtung, die es, außerhalb Polens, nirgendwo im Ostblock gibt. So macht Walesa sofort nach seinem Eintritt in die Welt der organisierten Arbeit Bekanntschaft mit einer Errungenschaft, die sich die Arbeiter selbst erkämpft haben – aber auch mit den Tricks, mit denen man solche Arbeitererrungenschaften wieder zu entwerten sucht.

Polen krümmen einander kein Haar

Während Walesa als kleine Figur bisher nur vor dem Hintergrund seiner provinziellen Heimat erschien, zeichnet er sich nun als langsam wachsende Figur vor dem Hintergrund der jüngsten Geschichte der Arbeiterbewegung Polens ab, von der man den Namen Wladyslaw Gomulkas nicht trennen kann – obgleich er, unter Gierek, jahrelang verschwiegen wurde.

Gomulka war 1943, im Geburtsjahr Walesas, ohne Zustimmung und sogar ohne Wissen der Sowjets zum Generalsekretär der polnischen KP gewählt worden. Unmittelbar danach machte er den Versuch, auch Nicht- und sogar Anti-Kommunisten in seine gegen Deutschland gerichtete Widerstandsbewegung einzubeziehen. Nach Kriegsende setzte er diese Linie fort: er trat sogar für eine polnische KP mit nichtkommunistischen Mitgliedern ein. Gomulka damals: »Wir müssen alle jenen guten Arbeiter und Demokraten in unsere Partei aufnehmen, die für die Demokratie gekämpft haben, ohne zu wissen, was das ist. Ideologische Begriffe können sich nicht sofort herauskristallisieren.« Um auch die Bauern für sich zu gewinnen, garantierte er ihnen die »Grundrechte der Privatinitiative«. Diese Grundrechte vertrat er auch noch, als das Kommunistische Informationsbüro, eine Nachfolgerorganisation der im Krieg aufgelösten 3. Internationale, gegen die Gomulka als einziger osteuropäischer Kommunist von Anfang an war, die schnelle Zwangskollektivierung der polnischen Landwirtschaft verlangte. Mit dieser Politik, die auf die Zustimmung möglichst breiter Massen angelegt war, verschaffte Gomulka, der gegen die Ausplünderung der hinzugewonnenen ehemaligen deutschen Ostgebiete durch die Sowjets sogar protestierte, Polen einige ruhige Jahre nach Kriegsende, in denen es sichtlich aufwärts ging.

Natürlich wurde diese Politik Gomulka zum Verhängnis,

aber Polens andersgesinnte Kommunisten ließen ihn nur stufenweise, fast weich fallen. Während in der benachbarten ČSSR, in Ungarn, Rumänien und Bulgarien Abweichler wie Gomulka erhängt wurden, sorgte Gomulkas stalinistischer Widersacher, Boleslaw Bierut, selbst dafür, daß kein polnischer Kommunist durch einen anderen hingerichtet wurde: Während man im Ostblock von Stalin und den »kleinen Stalins«, wie dem bulgarischen Nachkriegsdiktator Wulko Tscherwenkoff oder dem ungarischen Despoten Matyas Rakosi, heute kaum noch spricht, wird der Stalinist Bierut in Polen auch heute weiter geehrt – denn letztlich hat auch er sich als ein Mann erwiesen, der vor allem Pole war. Noch ehe Gomulka 1956 mit Hilfe demonstrierender Arbeiter an die Macht zurückkam, genoß er schon wieder volle private Freiheit, hatte die Partei von sich aus begonnen, die Schuldigen für die stalinistischen Verbrechen vor Gericht zu stellen, hatte man die von Moskau durchgesetzte Zwangskollektivierung als ungeeignet wieder gestoppt.

Als Amerikas Präsident Ford viel später die polnische Souveränität mit der Jugoslawiens und Rumäniens gleichsetzte, vereinfachte er: selbst in den ersten Nachkriegsjahren und vor allem während der Blütezeit des Stalinismus gab es in Polen nie jenen Massenterror gegen Parteigegner und Parteimitglieder wie in Jugoslawien, das zeitweise, nach Titos Streit mit Stalin, den Diktator im Kreml noch in den Schatten zu stellen versuchte, um nicht in den Geruch des »Revisionismus« zu kommen. Und nie gab es in Polen jene ideologische Enge, die die rumänische KP, bis heute die autoritärste im ganzen Ostblock, auszeichnet. Während alle anderen kommunistischen Parteien Osteuropas in höchster Eile die zwangsvereinigten Sozialdemokraten ausbooteten, gehören in Warschau ehemalige Sozialdemokraten zur Elite der »Vereinigten Arbeiterpartei«: Polens langjähriger Premierminister Cyrankiewicz, Polens berühmtester Nachkriegsaußenminister Adam Rapacki, und später Polens Staatschef Jablonski. Über zwanzig Jahre lang durfte, fast unangefochten, der katholische Abgeordnete Stomma im Sejm, dem Warschauer Parlament, eine Art christdemokratisches Kontrastprogramm darbieten, durfte in Polen die katholische Wochenzeitschrift »Tygodnik Powszechne« erscheinen, die auch zu politischen Fragen kontrovers Stellung nahm, durfte der frei in Polen lebende katholische Publizist Stefan Kisielewski öffentlich das »mißlungene und falsche sowjetische System« anklagen und Artikel, die ihm die polnische Zensur dann doch nicht abnahm, in der Pariser Emigrantenzeitung »Kultura« veröffentlichen. In Jugoslawien wurden Mitte 1981 kroatische Intellektuelle nur deshalb zu Gefängnis verurteilt, weil Exilzeitungen ihre Äußerungen nur nachgedruckt hatten – ohne Wissen der Verfasser. »Kultura«, 1947 von extrem antikommunistischen Emigranten, darunter adlige Publizisten und rechte Sozialdemokraten, gegründet, räumte Kisielewski eine ständige Rubrik namens »Rufe aus der Wüste« ein, stellte den polnischen Lesern erstmals in der Sowjetunion verfolgte Schriftsteller wie Pasternak, Solschenitzyn und Sacharow vor und stand in Verbindung sowohl zur illegalen Bürgerrechtsbewegung KOR als auch zum Vatikan, sowohl zur Polnischen Emigranten-Universität in London als auch zur Katholischen Universität in Lublin – und zuletzt sogar zu den »Fliegenden Universitäten«, die von der polnischen Polizei verfolgt wurden, aber die Festgenommenen Lektoren und Hörer waren nach wenigen Stunden oder Tagen immer wieder frei.

Die Lubliner Universität war die einzige selbständige katholische Universität ganz Osteuropas: Priestermangel gab es in Polen nie, daß man Geistliche sogar, voll ausgebildet, exportieren konnte. Die staatliche Jagellonen-Universität in Krakau hingegen wurde schon früh zum Umschlagplatz für westliches, freies Gedankengut. Die wissenschaftliche Forschung wurde in Polen fast nie behindert, die Graphikbiennale von Krakau galt als wichtigste Kunstausstellung ganz Osteuropas, so daß man sich in den sozialistischen Nachbarstaaten Polens schon bald gegen die »dekadenten« Einflüsse aus Polen abschirmen »mußte«: Der in der UdSSR und der DDR weiter gehegte »sozialistische Realismus« wurde in Polen von mutigen Avantgardisten in die

Ecke gestellt – mit ästhetisch kühnen und regimekritischen Filmen und der Musik Pendereckis unterlegt.

Hauptpartner der Jagellonen-Universität im Westen ist die nach einem polnischen Nationalhelden benannte »Kosciuszko Foundation« in New York, gleichfalls eine Gründung nichtkommunistischer polnischer Emigranten. Anders als die Sowjetunion, die die russische Emigration im Westen nur in Faschisten und Reumütige einzuteilen versteht, und anders als Jugoslawien, das sogar mit Morden und Attentaten gegen andersdenkende Emigranten vorgeht, blieb Polens Kommunisten die politische Gesinnung der rund 10 Millionen Polen im Ausland scheinbar völlig gleichgültig. Da sie letztlich alle Polen sind, dürfen sie sich an polnischen Hotels, Gaststätten, Handwerksbetrieben und Einzelhandelsläden beteiligen, wickelt die kommunistische Volksrepublik über sie einen Großteil des polnischen Außenhandels mit dem Westen ab. Nur zu den Polen, die hinter der sowjetischen Grenze verschwunden sind, hat Warschau jeden Kontakt verloren – weil Moskau solche Kontakte nicht wünscht, die die Zugehörigkeit zu einer Nation über die Staatsangehörigkeit stellen.

Obgleich die Polen im westlichen Ausland zum Teil gerade wegen der Kommunisten dorthin gezogen sind oder den Sieg des Kommunismus in Polen als Schock empfanden, sind Polens Kommunisten um deren politische Sympathien bemüht. Polnische Patrioten, vor allem in den USA, sorgen ständig dafür, daß die amerikanische Außenpolitik Polen nicht aus den Augen verliert, Warnungen vor einer sowjetischen Intervention ausspricht und sogar mit der Aufnahme von amerikanischen Waffenlieferungen an die Volksrepublik China droht, sollte den Polen in Polen auch nur ein Haar vom »Bären von nebenan« gekrümmt werden. Als »Pressure Group«, die durch legale und illegale Neuzuwanderer ständig stärker wird, gelingt es den Amerikapolen, immer mehr einflußreiche Positionen in Washington zu besetzen: Bei den letzten Wahlen kandidierte in einer Vorstadt von Chicago, das längst die zweitgrößte »polnische« Stadt ist, der polnische Kongreßabgeordnete Edward Derwinski, der schon elfmal seine Wähler in Washington vertrat, gegen den 40jährigen Rechtsanwalt Richard Jalovec (auch Pole). Der Umstand, daß unter Präsident Carter der Pole Muskie Amerikas Außenminister, der Pole Brzezinski des Präsidenten Sicherheitsberater war, wurde selbst von Polens Kommunisten, hinter vorgehaltener Hand, begrüßt: Ebenso wie die Wahl des Polen John Gronouski zum Vorsitzenden von BIB, einer Überwachungseinrichtung des amerikanischen Staates über Radio Free Europe, der Polens Hörer mit Aktuellem versorgt, die Wahl des Polen Dan Rostenski zum Vorsitzenden eines Washingtoner Gesundheitskomitees für die USA, oder von Clement Zablocki, der das wichtige Komitee für internationale Beziehungen beim US-Repräsentantenhaus leitet.

Es waren Muskie und Brzezinski, die Carter 1980 drängten, der Volksrepublik Getreidekredite einzuräumen. Muskie über sich und Brzezinski: »Wir sind beide Polen, müssen Sie wissen. Manchmal überzeuge ich ihn, dann überzeugt er mich.« Wenn bei der Pulaski-Parade zu Ehren eines polnischen Generals George Washingtons mehr als Hunderttausende an den höchsten Vertretern Amerikas vorbeiziehen, spricht Brzezinski Polnisch. Er bestätigt damit Stalins Ausspruch: »Einmal ein Pole, immer ein Pole!«

Das Gefühl, in der Welt etwas zu bedeuten, wurde gerade in den letzten Jahren aufgebaut. Als 1980 Czeslaw Milosz, der nach dem Krieg als Kulturattache der jungen Volksrepublik in Paris die Freiheit im Westen wählte, den Literatur-Nobelpreis erhielt, erklärte er: »Ich habe den Nobelpreis nicht allein wegen meiner Verdienste erworben, sondern weil polnische Filme in der ganzen Welt sehr populär sind, polnische Maler und polnische Dichter einen hohen Bekanntschaftsgrad haben.« Der Pole Andrzej Wajda gewann in Cannes den höchsten Filmpreis – für einen Streifen, in dem Lech Walesa nicht nur als Teil einer Dokumentation, sondern leibhaftig als Darsteller in der Rolle eines Trauzeugen auftritt, was ihm, so Wajda, »offenbar Spaß machte«. Wajda teilt sich den Ruhm, einer der bekanntesten polnischen Filmregisseure zu sein, mit Roman Polanski. Artur

Rubinstein am Piano, Jean Marie Lustiger als Erzbischof von Paris, wo zeitweise auch ein Pole mit dem bekannten Namen Poniatowski mitregierte und Valerie Giscard d'Estaing um die Stimmen der dort lebenden Polen warb, dazu noch der Literaturpreisträger Singer – alles »klingende« polnische Namen. Als 1978 Karol Wojtyla sogar zum Papst gewählt wurde, »explodierte« ganz Polen vor Freude – das war der Erfolg jedes Polen, ganz gleich, was er politisch dachte. Polen in aller Welt verfolgten den Weg ihres »Nationalheiligen« übers Fernsehen durch alle Welt: »Jetzt wissen endlich auch die Japaner, wo Polen liegt.«

Eine durch oftmalige Teilung und Verachtung getroffene Nation fühlt sich bestätigt und immer sicherer. Auch das gehört zum Hintergrund, vor dem Walesa, der kleine Arbeiter, in den Mittelpunkt des Weltinteresses rücken konnte. Aber realer als dieses Gefühl ist der Umstand, daß die polnischen Kommunisten diese enge Zusammenarbeit, dieses Gefühl der Zusammengehörigkeit zwischen andersdenkenden, oft im westlichen Ausland aktiven Polen und ihnen selbst begrüßten – und dadurch offener und liberaler wirkten als Kommunisten in anderen sozialistischen Ländern, die in jeder Aufwertung eines Landsmannes durch den Westen einen subversiven Akt sahen – wie die Sowjets.

An der Spitze der Warschauer Schaltzentrale für solche polnischen Kontakte zum Auslandspolentum steht traditionsgemäß kein Kommunist, sondern ein Funktionär der polnischen »Demokratischen Partei«. Obgleich solche Parteien neben der »Polnischen Vereinigten Arbeiterpartei« zunächst nur wie Satellitenparteien wirken, die es in der DDR auch gibt, zeigt uns die Art, wie man in den letzten Jahren in Polen Wahlen durchführte, etwas anderes. Gibt die DDR bei ihren »Wahlen« nur 14000 Gegenstimmen und Enthaltungen zu, sind es in Polen, ganz offiziell, 567000. Und dazu haben die Polen die Möglichkeit, auf der Einheitsliste etwas zu verändern. So landete durch Wählerentscheid bei der letzten Sejmwahl Stanislaw Wronski, Chefredakteur des ideologischen Parteiorgans »Nowe Drogi«, auf dem vorletzten Platz, Kazimierz Morawski, ein Christsozialer, auf dem ersten Platz der Liste seines Stimmbezirks. Die Möglichkeit, in Polen auch christdemokratische Tendenzen vertreten zu können, gehörte mit zu den Gründen, die den Generalsekretär der Christlich Demokratischen Union Zentraleuropas im Exil, Konrad Sieniewicz, vor wenigen Jahren veranlaßte, seine Opposition aufzugeben und nach Polen zurückzukehren. Er begründete seinen überraschenden Beschluß freilich anders: Würden die polnischen Arbeiter noch einmal, wie schon 1956, 1970 und 1976, aufbegehren, müßten die Sowjets intervenieren. Vermutlich würde sich Polens patriotisch erzogene Armee dann auf die Seite der Landsleute schlagen – und mit ihnen und dem polnischen Staat völlig untergehen. Daher müsse die bedingungslose Kritik an Gierek aufgegeben und dessen Herrschaft gestützt werden: ein Argument, das später auch von Walesa immer wieder vorgetragen wurde – nur galt dessen Gunst einer »starken Regierung« unter dem General Jaruzelski.

Ein »früher Walesa« – heute Vorsitzender eines Anglervereins

Wichtigster Bestandteil dieser polnischen Volksunion zwischen Arbeitern, Bauern und Intellektuellen, Polen im In- und Ausland, Demokraten und Kommunisten und der Armee ist eine stillschweigende Koalition zwischen den kommunistischen Führern und dem katholischen Klerus: Zwar belehrte Kardinal Wyszynski (gestorben im Mai 1981) als sein Führer die Kommunisten immer wieder, daß man Polens Bevölkerung nur »mit Liebe, aber nie mit dem Knüppel regieren kann«, aber noch bei jeder Unruhe im Volk trat er »für die Wiederherstellung des inneren Friedens und der Ordnung im Interesse des Landes« und bei Streiks für die Wiederaufnahme der Arbeit als »sozialer Verpflichtung« auf – wodurch er Walesa noch in erhebliche Schwierigkeiten bringen sollte. Unter dem Schutz dieses Abkommens lösten unter Gomulka Polens Bauern wieder die Kolchosen auf, in die man sie gesperrt hatte, traten an die Stelle der Leninbilder in den Kolchos-Gemeinschaftssälen wieder die stillen Marien- und Papstbilder, von denen eines auch das Heim der Walesas schmückt. Ein Drittel der polnischen Bevölkerung wurde so der direkten staatlichen Kontrolle wieder entzogen. Für die Arbeiter in den staatlichen Betrieben entwickelte sich die Arbeiterselbstverwaltung. Die Idee lag in der Luft, war sogar marxistisch zu begründen und wurde in Jugoslawien längst auf dem Prüfstand der harten Wirklichkeit erprobt. Sie reifte in der Autofabrik FSO unweit von Warschau heran, wo schon im Frühjahr 1956, vor der Rückkehr Gomulkas auf die politische Bühne, ein Mann zum Sekretär der Parteizelle gewählt worden war, der Gomulka eng verbunden war, Gozdzik. Er war nach dem Krieg Fabrikdirektor und zusammen mit Gomulka »gesäubert« worden. Als einer der ersten polnischen Kommunisten wagte nun Gozdzik Kritik an der Bürokratie der Fabrikdirektoren. Das war selbst unter Kommunisten so populär, daß er sogar Betriebsparteichef werden – und als erster Arbeiter auch gegen die Zensur auftreten konnte. Aber erst unter KP-Chef Gomulka, der sich gern in Begleitung eines mutigen Arbeiters zeigte, wurde Lechoslaw Gozdzik, wie Walesa Leczek genannnt, zur von der Parteispitze anerkannten »Stimme der Arbeiter, der man zuhören muß«.

Seine Idee: die Belegschaft eines jeden polnischen Betriebes wählt geheim und demokratisch eine Selbstverwaltung, die die höchste Leistungsinstanz im Betrieb werden sollte. Die Empfehlungen der Selbstverwaltung sind für die Direktion, die auf Vorschlag der Arbeiterselbstverwalter vom Staat eingesetzt wird, bindend. Diese Selbstverwaltung sollte das Recht haben, »die Monats- und Jahresbilanz zu überprüfen und zu bestätigen, über die Perspektivpläne des Betriebes zu wachen, den Jahresplan der Produktion und die Veränderungen in diesem Zeitraum zu bestätigen sowie ihre Zustimmung zu grundlegenden Veränderungen in der Organisation des Betriebes geben«. Die Arbeiter sollten die Produktion selbst planen, das Einkommen und die Gewinne nach eigenen Vorstellungen verteilen und den Direktor anstellen.

Gomulka, der vor allem den Arbeitern Zugeständnisse machen mußte, entging, indem er dieser Arbeiterselbstverwaltung zustimmte, einer Gefahr, der später sein Nachfolger Edward Gierek erlag. Er kaufte sich die Sympathien nicht mit rasanten Lohnerhöhungen, sondern mit demokratischen Rechten, die es im Ostblock nirgendwo gab und die weitere grundlegende Veränderungen der polnischen Gesellschaft nach sich ziehen mußten, denn wenn die Arbeiter Herr ihrer eigenen Fabriken waren, benötigte man überhaupt keine zentrale Planung mehr, mußte die Partei ihr wichtigstes Herrschaftsinstrument allmählich abgeben.

Dies mag, neben sowjetischen Beschwerden und schließlich Drohungen, der wahre Grund gewesen sein, weshalb Gomulka bald von dieser Idee nichts mehr wissen wollte. Als Lechoslaw Gozdzik gegen den Abbau der Selbstverwaltung protestierte, schlug Gomulka so hart mit der Faust auf den Tisch, daß ein Bild des Parteichefs von der Wand fiel:

»Ein schlechtes Zeichen«, wie sich der Wirtschaftsreformer heute erinnert. Schon 1957 wurde der Tribun der polnischen Arbeiter von 1956 von seinem Parteiamt abgesetzt, dann unter dem Vorwand, er habe ein Dienstauto beschädigt, von seinem Betrieb entlassen. Die Partei und auch die Arbeiter vergaßen ihn – bis man ihn jetzt als Pensionär in einem kleinen Küstenort wiederentdeckte. Von der magnetischen Kraft dieses frühen »Lech Walesa« ist nichts mehr geblieben. Er trat aus der Partei aus, der er seit seinem fünfzehnten Lebensjahr angehörte, als er sah, wie Gomulka streikende Arbeiter sogar niederschießen ließ, und ist heute Vorsitzender des Anglervereins seines Dorfes. Die Vereinsfreunde erfuhren erst jetzt, wer er einmal war, die Hoffnung der polnischen Arbeiter.

»Es gibt Ähnlichkeiten, aber auch große Unterschiede zwischen mir und Lech Walesa«, erklärt er heute. »Er hat einen Schnurrbart, ich hatte keinen, er ist jünger als ich damals war, ich war Aktivist der Partei, er trägt das ›Gesangbuch‹. Wir hatten damals elegante Anzüge an und rasierten uns, wenn nötig, zweimal am Tage. Man sprach damals anders und fand die richtigen Worte schwerer, aber wir hatten es leichter. Denn es war der allererste Anfang, und die Leute glaubten noch an uns.« Seinem Nachfolger Walesa gibt er Ratschläge: »Du beginnst, wo ich schon war. Kehre zurück zu unserer Idee der Arbeiterräte. Die Produktion muß in den Händen der Arbeiter sein. Der Arbeiter soll sich festhalten an denen, zu denen er gehört, damit er eines Tages nicht glaubt, er sei besser oder wüßte mehr als sie. Und setz' dich nicht ans Steuer eines fremden Wagens. Wenn schon, halt' dich an den Rücksitz.«

Freilich, die Arbeiterführer von 1956 hatten ihrer Arbeiterselbstverwaltung selbst das Todesurteil in die Geburtsurkunde geschrieben: »Sollte die Selbstverwaltung der Fabrik eine Linie einschlagen, die mit den Vorschlägen der Partei und Regierung nicht harmonisiert, würde das Plenum des Betriebskomitees der Polnischen Vereinigten Arbeiterpartei der Selbstverwaltung das Mißtrauen aussprechen, wonach Neuwahlen durchzuführen wären ... In Streitfällen zwischen der Selbstverwaltung und der Direktion wird dem Direktor das Recht eingeräumt, an das Betriebskomitee der Partei zu appellieren.« Durch diese Klauseln wurde die Führungsrolle der Partei in den Betrieben gesichert – was Walesa viel später bewog, sich dieses Führungsprinzip nicht einmal in abstrakter Form in die Satzung seiner neuen Gewerkschaft hineinschreiben zu lassen. Denn als Walesa 1968, in einem Jahr schwerer Unruhen und einer sich verhärtenden Parteifront, in den Betriebsrat der Lenin-Werft gewählt wurde, sollte er bald verspüren, weshalb sich niemand mit Erfahrung nach einem solchen Amt drängte – die Arbeiterselbstverwaltung war längst zum Instrument der Partei geworden, genoß unter Arbeitern nicht den geringsten Ruf mehr. Walesa blieb auch später »Arbeiterrat« und durfte in dieser Funktion sicherheitstechnische Vorrichtungen auf der Werft überprüfen.

Erster Konflikt

1970 beseitigte die polnische Regierung durch einen Vertrag mit der Bundesrepublik Deutschland ihre Sorge, auch im Westen einen gefährlichen Feind zu haben: Die Bonner Ostpolitik steht als Taufpate gleichfalls am Bett einer neugeborenen polnischen Arbeiterbewegung, getragen von jungen Arbeitern, denen die Schrecken des Nazi-Reiches nicht mehr allgegenwärtig sind: Das Gespenst einer drohenden neuen Teilung Polens, im Falle innerer Unruhen, rückt in weitere Ferne. Noch während Cyrankiewicz und Gomulka über den Vertrag berieten, braute sich im Dezember 1970 an der Werft, auf der Walesa arbeitete, der Sturm zusammen. Er entzündete sich an höheren Fleischpreisen, gipfelte in Massenstreiks, an denen sich die Arbeiter der ganzen polnischen Ostseeküste beteiligten und wurde erst durch Panzer gebrochen. Walesa saß im Streikkomitee, »nur war ich damals zu jung und zu dumm«. Obgleich Walesa seinen Kollegen zuschrie, die Werft nicht zu verlassen, konnte er nicht verhindern, daß sie auf die Straße gingen. Wie beim »Bromberger Blutsonntag« war ein dummes Gerücht an dem folgenden »Gemetzel« schuld. Auf der Werft glaubte man, die Panzer auf den Straßen von Danzig, Zoppot und Gdingen seien nicht von polnischen Soldaten, sondern von Russen besetzt. 33 Miliz- und Militärfahrzeuge wurden von den Arbeitern mit Molotowcocktails beworfen und zerstört, 17 öffentliche Gebäude wurden niedergebrannt, darunter das Parteihauptquartier der Wojwodschaft von Danzig. Man sprach von 1200 Verwundeten und sogar 400 Toten, vermutlich waren es »nur« 140 auf beiden Seiten. Walesa, der sich die Bescherung nur einmal auf der Straße ansah, wurde damals zum erstenmal festgenommen. Sicher war das ein Schock für den jungen Arbeiter, der ein Jahr zuvor, nach kurzer Bekanntschaft und spontan, die Blumenbinderin Danuta geheiratet und mit ihr seine erste Wohnung bezogen hatte.

Walesas erster Konflikt mit den Autoritäten hätte ihn Jahre seines Lebens kosten können, denn Gomulka schrie von »Konterrevolution«. Aber mit seinem Befehl, auf die meuternden Arbeiter zu schießen und seiner Drohung, notfalls, wenn dies kein anderer täte, die Sowjets dazu einzuladen, hatte der Parteiführer alle Regeln verletzt, vor allem die, daß Polen nicht aufeinander schießen. Das Militär, das der Miliz das blutige Handwerk überließ, sorgte dafür, daß Gomulka gehen mußte – und Walesa schon bald wieder frei kam: Verteidigungsminister Wojciech Jaruzelski ließ mit Luftwaffen-Flugzeugen die Mitglieder des Zentralkomitees nach Warschau einfliegen, wo sie Edward Gierek als Nachfolger Gomulkas wählten. Für Walesa bündelten sich in diesen Tagen die ersten politischen Erfahrungen. Bis heute macht er sich mit seiner Behauptung unbeliebt, in Danzig wäre es nicht zu dem Blutbad gekommen, wenn die Arbeiter vernünftiger gewesen wären: »Die Miliz hatte keinen anderen Ausweg!« Nicht die Straße, sondern das Fabrik- oder Werksgelände ist für Walesa die Festung, in der Arbeiter sogar mit sowjetischen Interventionisten fertigwerden können. Denn im Interesse – selbst der Sowjets – muß es liegen, diese Fabriken, die zum Teil für sowjetischen Bedarf arbeiten, wieder in Betrieb zu versetzen, aber »niemand kann uns zum Arbeiten zwingen; wir könnten Ausschuß produzieren«. So, wie Mao Tse-tung in den chinesischen Dörfern den Ozean sah, in dem der Geist des Widerstandes wie ein Fisch frei leben kann, erklärte Walesa das Werksgelände zum Reich, wo Arbeitermacht nicht einmal durch Panzer und Flugzeuge gebrochen werden kann. Obgleich Walesa damals kaum die Hintergründe des Sturzes von Gomulka kennenlernte, kreuzte sich sein Schicksal erstmals mit dem des Generals Jaruzelski: »Eine Uniform, der man trauen kann«, wie Walesa über zehn Jahre später, als Jaruzelski in ähnlicher Situation selbst die Macht ergriff, formulierte. Als der neue Parteichef Gierek unmittelbar nach der Machtübernahme persönlich auf der Leninwerft erschien und an die Arbeiter appelierte: »Wir können euch nur helfen, wenn ihr uns helft«, schrie Walesa, wie alle anderen: »Pomozemy!«

(»Wir helfen!«). Dazu hatte sich Walesa schon schriftlich verpflichtet, als man ihn aus der Haft entlassen hatte: »Was ich einmal unterschrieben habe, daran halte ich mich auch.« Was für Gierek und Walesa die Folge hatte, daß Frieden zwischen ihnen einkehrte. Walesa, von Lohnerhöhungen und Zusagen des neuen Parteichefs überwältigt, zog sich sechs Jahre aus der Politik zurück, machte nicht mehr den Mund auf, sechs Jahre lang kam er treu seinen Pflichten als Arbeiter, Katholik und Ehemann nach. Er »bevölkerte« die zwei Zimmer seiner Arbeiterwohnung unweit des Werksgeländes, jeder Familienplanung abhold, mit einem Kind nach dem anderen: 1970 kam Bogdan, 1972 Slawomir, 1974 Przemyslaw, 1976 Jaroslaw – später die erste Tochter, Magda, unmittelbar vor Walesas großer Stunde, 1980, Anna.

Walesa ging es schlechter als weniger kirchenfrommen Kollegen. Er konnte sich nicht einmal Radio oder Staubsauger, die ersten Attribute einer erwachenden polnischen Konsumgesellschaft, schon gar kein Fernsehgerät oder Auto erlauben. Einen Hocker bastelte er sich selbst. Auf ihm füllte Walesa Totozettel aus, nach eigenem »todsicherem« System, was ihn auch noch einen Kredit kostete, den er sich von seiner Werft hatte geben lassen.

Es gab Zank, zumal Walesa nie einen Hehl daraus machte, daß er sein Auge auch gern einmal auf ein schönes Mädchen warf; Danuta, sechs Jahre jünger als Lech, sah in ihm gern den Spinner, der sich verzettelte. Für sie gehörte der Mann feierabends ins Haus zu den Kindern.

Vermutlich waren es vor allem die Kinder, die die für den Katholiken Walesa ohnehin unscheidbare Ehe soweit festigten, daß sie später auch stürmische Zeiten aushielt. Ein gewisses Spannungsverhältnis ist geblieben: Danuta warf ihrem Mann immer wieder vor, daß er sich als Führer einer polnischen Gewerkschaft zu oft mit ausländischen Journalisten aus dem Westen statt mit Berichterstattern der polnischen Presse abgab – noch ehe auch Walesas gefährlichere Kritiker im Osten diese Neigung entdeckten. Und als Walesa aus der Frage arbeitsfreier Sonnabende eine Staatsaffäre machte, die ganz Polen in neue Turbulenzen zu stoßen drohte, war es seine Frau, die diese Idee für »verrückt« erklärte: Freie Sonnabende seien in Polen »eine Katastrophe«, weil dann die Schlangen vor den Geschäften am Freitag noch länger würden. Walesa gab sich mit einigen arbeitsfreien Samstagen zufrieden – und riskierte nun Streit mit seiner Gewerkschaft. Walesa, der von seiner Frau auch 'mal, so am Neujahrstag 1981, zum Tanz geschleppt wurde, ist »zu 90 Prozent Gewerkschaft und nur noch zu zehn Prozent Mensch«. Aber seine dunkelhaarige Frau gleicht dieses Verhältnis gerne einmal aus – durch Kritik am Funktionärsverhalten Walesas, der, je gefeierter er wird, immer weniger von den eigenen Kindern, den Sorgen der Hausfrau und vielleicht auch der Arbeiter, die sich ihm anvertraut haben, Kenntnis nimmt. Walesa: »Wenn meine Frau nicht gewesen wäre, hätte ich das alles nicht geschafft. Im übrigen, beweisen die inzwischen sechs Kinder nicht, daß wir uns im Bett gut verstehen, gut und oft?«

Walesa stand immer unter dem Einfluß von Frauen – der Mutter, der eigenen Frau und der Jungfrau Maria, deren Abbild er ständig am Rockaufschlag trägt: Hinter seinem buschigen Schnurrbart und Sprüchen, in denen er sich gern auch als »Satan« darstellt, verbirgt sich eine empfindsame Seele. In der Zeit, da er als Heranwachsender »soff, herumhing und Mädchen hatte«, passierte etwas: »Eines Tages, mir war besonders kalt und ich war sehr müde, suchte ich einen Platz zum Ausruhen. Ich fand eine Kirche und setzte mich auf eine Bank. Sofort ging es mir besser. Da kam ich wieder auf den richtigen Weg.« – »Einmal, da habe ich mit einem Mädchen ein Stück Brot geteilt und war ganz glücklich dabei. Ein andermal hat mir meine Frau eine große Portion ganz ausgezeichneter Wurst vorgesetzt, aber so lieblos serviert, daß ich darüber ganz unglücklich wurde und ich sie nicht essen konnte.« Als er 1970 zum erstenmal, nur für wenige Tage, festgenommen wurde, »war ich ganz mit den Nerven fertig«; als Kardinal Wyszynski starb, brach er fassungslos in Tränen aus. 1973 machte seine Mutter eine Reise zu Verwandten in den USA; sie kam bei einem Verkehrsunfall in New Jersey ums Leben. Der Stiefvater entschloß sich, bei seinen Verwandten in den USA zu bleiben, lud Lech Walesa mehrfach ein und glaubte, es würde am Paß liegen, daß der Sohn nie kam: »Wo der doch jetzt mit Ministern verkehrt.« Doch Walesa hatte keine Paßschwierigkeiten, man bot ihm sogar an, für seinen Betrieb nach Libyen auf Montage zu gehen und wäre ihn sicher ganz gerne auch an die USA losgeworden. Aber mit dem Tod seiner Mutter war auch sein Verhältnis zum Stiefvater beendet. Walesa, der Stiefvater Stanislaw (gest. 18. Aug. 1981) erst bei seinem Besuch in Rom wiedersah, fand in ihm einen »fremden« Mann vor, der nur noch auf Geld aus ist. – »Nach Amerika? Nein, nein, nein, niemals, niemals, niemals!«

Der Tod seiner Mutter muß Walesa tief getroffen haben. Er legte mit seinen Geschwistern, die alle etwas »Richtiges« geworden waren, zusammen und ließ die sterblichen Überreste in die Heimat überführen. Eine Polin gehört nach Polen. Unweit seines Heimatdorfes lebte nur noch ein Vetter, eine Cousine lebt in Deutschland, aber »ich habe die Adresse verloren«. Mit dem Tod der Mutter brach für Walesa eine Welt zusammen. Aber in seinen Entschlüssen wurde er freier, denn Rücksicht brauchte auf keinen Menschen mehr genommen zu werden.

1975 starb die Mutter, ein Jahr später warf Walesa den Autoritäten wieder den Fehdehandschuh hin: Bei den Neuwahlen zur Gewerkschaftsvertretung auf der Leninwerft bezeichnete Walesa Giereks Versprechungen von 1971 als glatten Betrug an den Arbeitern. Es gab damals, nach Feststellungen von »Amnesty International«, keinen einzigen politischen Gefangenen in Polen. Auch Gierek folgte der liberaleren Linie, die der polnischen Partei immer eigen war; anders als anderswo war Kritik an seinem Kurs nicht gefährlich. Richter weigerten sich, Haftbefehle für Verbaldelinquenten, die nur mal geschimpft hatten, auszustellen. Die Miliz konnte festnehmen – mußte aber vor Ablauf von 24 Stunden wieder entlassen. Walesa, der sich darüber beklagt hatte, daß schon vor der Wahl eines neuen Gewerkschaftsvorstandes in seiner Werft die Ergebnisse feststanden, wurde nicht festgenommen, auch nicht sofort entlassen, da es dafür, nach polnischen Vorschriften, einer Begründung bedurfte. Als »aufmüpfig« bekannt, wurde Walesa innerhalb des Betriebes nur von seinen Arbeitskameraden getrennt und in anderen Werftabteilungen weiterverwendet; nach eigenen Angaben will ihn der Betrieb schließlich gebeten haben, Verständnis für Rationalisierungsmaßnahmen zu haben; nach anderen Angaben wurde Walesas Entlassung mit Absentismus begründet. Er war einen Tag nicht zur Arbeit erschienen. Aber kurz zuvor war er als ausgezeichneter Arbeiter noch gelobt worden.

Anderen polnischen Arbeitern erging es schlimmer: Der Beschluß der Regierung, streikende Arbeiter in den »Ursus«-Werken bei Warschau nicht nur zu entlassen, sondern zu verhaften und zu verurteilen, war das Ergebnis einer ausweglos gewordenen wirtschaftlichen Situation. Anders als Gomulka, der die Arbeiter vor allem mit der Zusage köderte, ihnen die Betriebe zur Selbstverwaltung zu überlassen, hatte Gierek ein Füllhorn materieller Wohltaten über die Polen ausgegossen. Zwischen seinem Antritt und 1975 stiegen die Realeinkommen jährlich um acht Prozent – wesentlich schneller als unter Gomulka. Ökonomisch schien diese Lohnexplosion gerechtfertigt, denn während die Realeinkommen in diesem Zeitraum um 41 Prozent stiegen, wuchs das Nationaleinkommen sogar um 59 Prozent. Dieses enorme Wachstum konnte freilich nicht allein von der Produktivität der Arbeiter herrühren; Gierek erhöhte zwischen 1970 und 1975 die Zahl der Arbeitsplätze um 15 Prozent; zu diesem Zweck mußten die Investitionen bei Kapitalgütern um 147 Prozent gesteigert werden – mit Hilfe westlicher Kredite. 1975 hatte Polen 9 Milliarden Dollar Schulden. Investitionen im Kohlebergbau rentieren sich erst sehr langsam; die Bürokratie sorgte dafür, daß auch am Markt vorbei investiert wurde. 1976 war Polen mit Geld überschwemmt, aber Gierek stand gleich zwei Erwartungen gegenüber, denen der Arbeiter, die mehr erwarteten, und denen der ausländischen Kapitalgeber, die auf Kreditrückzahlung bestanden. Während die auswärtigen Gläubiger, unter dem Eindruck der Ölkrise und der polnischen Kohlereserven, bereit waren, ihre Kredite sogar noch zu verdoppeln – um 1980 auf einen Schlag gleich 7 Milliarden Dollar von Gierek zurückzuverlangen –, weigerten sich die polnischen Arbeiter, einer von der Regierung angestrebten Fleischpreiserhöhung zuzustimmen. Auch nach internationalen Maßstäben lag der Verbrauch von Fleisch in Polen sehr hoch, jedenfalls zu hoch, um gleichzeitig mit dem Export von Agrarprodukten Polens extrem hohe Auslandsschulden abzahlen zu können.

Unter dem Druck eines drohenden landesweiten Streiks und gewalttätiger Aktionen einiger Arbeiter in Radom zog die Regierung ihr Preisvorhaben wieder zurück. Man versprach den Arbeitern sogar ständige Konsultationen, also ein Mitspracherecht bei künftigen Entschlüssen. Aber schriftlich festgelegt wurde das nirgendwo. Ohne die Arbeiter zu fragen wurde im August der Zucker rationiert, wurden vom Zentralkomitee fünf Kommissionen eingesetzt, deren Aufgabe es war, die unruhig gewordenen Arbeiter zu »selektieren«. Walesa und seine Werft waren an den Unruhen von 1976 nicht beteiligt; aber Walesa wurde »selektiert«, denn, so seine Kollegen: »Er konnte gut reden und hatte keine Angst vor großen ›Tieren‹.« In den folgenden Jahren wurde Walesa »mindestens hundertmal verhaftet«, aber »nicht immer für 48 Stunden. Manchmal bin ich auch eher herausgekommen«. Als er im Dezember 1978 zum Jahrestag der Danziger Schießereien von 1970 demonstrativ einen Kranz direkt vor seiner ehemaligen Werft niederlegte, wurde er auch einmal bestraft. Aber die drei Monate Gefängnis, die ihm zugedacht waren, wurden schnell in eine Geldstrafe in Höhe von 5300 Zloty verwandelt. Aus diesen jährlichen Kranzniederlegungen machte Walesa eine Gewohnheit, was ihm immer wieder Ärger, aber auch anhaltendes Interesse seiner Kollegen von der Werft eintrug. Übrigens wird oft gesagt, Walesa sei drei Jahre arbeitslos gewesen. In Wirklichkeit stellten ihn eine Gesellschaft für Baumaschinen-Reparaturen, dann eine Elektromontagefirma an. Er hatte zwar Schwierigkeiten, aber immer wieder Arbeit. Endgültig entlassen wurde er erst, als er im Dezember 1979 erneut einen Kranz an der Danziger Werft niederlegte und mit ihm viele andere Teilnehmer dieser Kundgebung gehen mußten.

»Hampelmann« von KOR – oder ein neuer »Führer«?

Schon 1976, nach dem Streik von Radom, hatten sich polnische Intellektuelle zur Verteidigung der entlassenen und bestraften Arbeiter zusammengeschlossen: Sie sammelten Geld für deren Familien und protestierten in offenen Briefen an die Regierung. 1978 mußte Gierek den letzten der noch in Haft befindlichen Arbeiter wieder entlassen. Daraufhin erweiterten die Intellektuellen ihren Aufgabenkreis: Sie setzten es sich zum Ziel, nicht nur akut betroffene Arbeiter, sondern die ganze polnische Gesellschaft gegen Willkür und Bürokratie zu verteidigen. Ihre Organisation, KOR, nennt sich »Komitee für Arbeiterverteidigung«. Unter ihrem Einfluß wurden, zur Erziehung des Volkes, »fliegende Universitäten« gegründet, für die Arbeiter gewerkschaftliche Zeitungen wie »Der Küstenarbeiter«, »Robotnik«, »Der Arbeiter« (so hatten früher schon Polens Sozialisten eine ihrer Zeitungen genannt). Auch Walesa kam unter ihren Einfluß, aber er wurde nie Mitglied von KOR, hatte dort selbst keinen Einfluß – was später zur Anschuldigung führen sollte, er sei nur der »Hampelmann« dieser »antisozialistischen« Organisation, die sich in Verteidigung der Arbeiterrechte auf die Traditionen der alten Gewerkschaftsbewegung in Polen berief, die vor dem Zweiten Weltkrieg als äußerst militant und politisch einflußreich galten, obgleich ihnen damals nur eine Million Mitglieder angehörten. Die Militanz ergab sich aus dem Umstand, daß es damals 300 polnische Gewerkschaften gab, die sich keiner zentralen Disziplin unterwarfen. Erst den Kommunisten war es im Rahmen ihrer Einheitsgewerkschaft gelungen, die Zahl der polnischen Gewerkschaften zunächst auf 36, Mitte der siebziger Jahre auf nur mehr 23 von der Zentrale völlig abhängige Verbände zu beschränken.

Aber KOR und mit dieser Organisation verbündete »Freie Gewerkschaften« im Halbuntergrund beriefen sich auch auf die Päpste und ihre sozialen Enzyklopädien, auf Bestimmungen der Internationalen Arbeitsorganisation der UNO über die Freiheit eines jeden Arbeiters, sich gewerkschaftlich organisieren und mit ihrer Hilfe Tarifverträge auskämpfen zu dürfen, und nicht zuletzt auf polnische Arbeitsgesetze und Verfassungsrechte, weshalb KOR sich auch als legale Organisation ansah. Ende 1978 erreichte allein »Robotnik« eine wöchentliche Auflage von 10000 Exemplaren. Von Arbeiter zu Arbeiter weitergegeben, lasen rund 100000 Menschen dieses Organ – daneben entfaltete sich ein breites Spektrum anderer halbillegaler Zeitschriften, ohne daß die polnischen Behörden dagegen energisch einschritten. Die gefährlichste Feststellung, die man nachträglich treffen muß, ist der Hinweis, daß Walesa und seine Gewerkschaft »Solidarnosz« ohne den relativen Liberalismus der polnischen Kommunisten nie möglich gewesen wären. Vor allem Dissidenten in der benachbarten ČSSR waren deshalb auch geteilter Meinung, als Walesa und die »Solidarität« begannen, das ganze Land zu verwandeln. Walesa und seine Gewerkschaftsbewegung lieferten allen Gegnern dieser Entwicklung den handfesten Beweis dafür, daß es nur in schwach regierten kommunistischen Ländern zu solchen Bewegungen kommen könne.

Freilich, in Polen gab es schon kaum jemanden mehr, der verdächtige Aktivitäten der vielen Selbstverleger, der »fliegenden Universitäten« mit ihren Auslandsverbindungen, der freien Gewerkschaften im Untergrund und auch Lech Walesas denunziert hätte. Wenn Walesa wieder einmal aus einer Arrestzelle entlassen wurde, »habe ich mich an die Bushaltestelle gestellt und so getan, als ob ich kein Geld hätte, um eine Fahrkarte zu lösen. Dabei habe ich erklärt, daß ich aus der Haft käme und weshalb. Die Menschen interessierten sich, kauften mir eine Fahrkarte, und während der Fahrt gab ich weitere Erklärungen ab. Wie bei einer Kundgebung habe ich ihre Gefühle angeheizt. Das tat ich jahrelang so. Wo immer ich hinkam und was auch immer ich tat, ich habe immer dafür gesorgt, daß was passiert.« Sogar in der Haft diskutierte er mit den Wächtern: »Ich erreichte, daß sie einsahen, wie sie dem Land und sich selbst schadeten«, wenn sie gegen Walesa vorgingen. Schließlich waren auch die »kleinen« Vernehmenden, die mit einem Finger auf der Schreibmaschine Protokolle aufnahmen, Polen. Walesa traf sich regelmäßig mit KOR-Mitgliedern und anderen Arbeitern. Er lernte etwas polnische Geschichte, vor allem Gewerkschaftsgeschichte dazu, berichtete über seine Erfahrungen und bat darum, »sofort benachrichtigt zu werden, wenn Unruhe ausbricht«.

Was damals noch keiner ahnte, Walesa, der in der Jugend einmal Pilot werden wollte, hatte schon immer die Führungspersönlichkeit in sich gespürt: »Ich war schon immer einer, der seine ›Herde‹ anführt.« Walesa: »Die Leute brauchen so einen Ochsen, so einen Leitbock, sonst verzettelt sich die Herde und frißt, wo sie etwas Gras findet, ohne dem richtigen Weg zu folgen. Eine Herde ohne Leittier hat keinen Sinn und keine Zukunft.« Von Parteiendemokratie wie im Westen hält er deshalb auch nicht viel, auch nicht von zuviel Freiheit auf einmal: »Freiheit ist wie Nahrung, die langsam verabreicht werden muß, wenn die Menschen zu hungrig sind.« Der ernsteste Einwand gegen Walesa ist, daß er gelegentlich den Eindruck erweckt, er wolle die Führungsrolle der Partei nur durch seine eigene Führung ersetzen. Er ist der Führer, der »die Dinge riecht und die Situation erfühlen kann«, der die schweigende Mehrheit »versteht und ihre Worte mit meiner Stimme in die richtigen Worte kleiden kann«, Parteienwirtschaft ist für ihn hingegen ein »Bordell«. Tatsächlich machte Walesa später Versuche, seine Gewerkschaft, die er selbst als »soziale Bewegung« bezeichnete, organisatorisch nach dem Vorbild der Polnischen Vereinigten Arbeiterpartei zu organisieren: Mit einflußlosen Grundzellen, einem von ihm zusammengesetzten Zentralkomitee und einem Politbüro mit ihm an der Spitze. Aber auch korporativstaatliches Denken dringt durch. Statt sich in Parteien zu organisieren, soll sich die ganze Gesellschaft in Interessenverbänden organisieren, die wiederum »der Gesellschaft dienen« sollen. Als sich Italiens »eurokommunistische« Partei für Walesa erwärmte, traten der

Führung in Rom einfache Genossen von der Basis entgegen: Walesa erinnerte sie an Mussolini mit seinem faschistischen Sozialstaat.

Walesa besteht allerdings darauf, daß in seiner Gesellschaft niemand in Furcht vor Verhaftung leben müsse und gesteht, daß er vielleicht auch dummes Zeug rede: »Ich habe nie die Zeit, Dinge zu durchdenken, und es gibt so viele Probleme, über die ich mir klarwerden muß.« Walesas Theoriefremdheit läßt ihn in keine Schablone zwingen: Er möchte weder »links noch rechts, weder Christdemokrat noch Sozialdemokrat«, kein Enkel von Rosa Luxemburg, kein Eurokommunist und schon ganz und gar kein Anarchist sein, sondern teilt die Welt schlicht in »gut und böse« auf: »Was den Leuten hilft, ist gut, was ihnen nicht hilft, schlecht.« Er meint, nicht alles, was von den Massen als gut empfunden wird, mache auch glücklich – der Mensch lebt nicht vom Brot allein. Er hat seinen Pfarrern und Beichtvätern gut zugehört – aber Wirtschaftsfragen interessieren ihn nicht. Dabei fallen gerade im Wirtschaftsleben Entscheidungen, die nicht so einfach einzuordnen sind. Wäre es für Polens Arbeiter nicht besser gewesen, der Streichung staatlicher Subventionen für Grundnahrungsmittel in einer Zeit zuzustimmen, als es sie noch reichlich gab? Walesa muß dieses Unvermögen, auf komplizierte ökonomische Fragen Antwort zu geben, gespürt haben, denn als im Sommer 1980 in Danzig neue Unruhen ausbrachen, hatte er »keine Angst vor dem Verlieren, aber für den Fall, daß wir gewinnen«, wußte er, daß er die Verantwortung tragen müsse.

Es wurmte ihn, daß bei der Gründung der »Freien Gewerkschaft des Küstenlandes« am Vorabend des 1. Mai 1978 nicht er, sondern Andrzej Gwiazda zum Vorsitzenden gewählt wurde, den Walesa später zu seinem Stellvertreter machte. Walesa entwickelte schon damals einen ausgeprägten Sinn für wirkungsvolle Auftritte, so, als er sich in einem Container durch das Tor seiner ehemaligen Werft schmuggeln ließ, um vor Tausenden Arbeitern »die Solidarität aller Polen im Kampf um ihre Rechte« zu fordern. In der freien Zeit ging er zum Fußball, immer häufiger von Sicherheitsbeamten begleitet – aber im Taxi, wo nur für ihn Platz war, ließ er den Chauffeur 15 Minuten eine Sonderrunde drehen, um auch ihn davon zu überzeugen, daß es in Polen unabhängige Gewerkschaften geben werde, »aber nicht mehr zu meinen Lebenszeiten.«

Die Aussichten der Arbeiter waren so schlecht wie 1956, 1970 und 1976: Zwar waren Polens Kommunisten immer elastisch im Nehmen von Schlägen, aber auch bei der Zurücknahme von Zugeständnissen. Versammelten sich die »Führer« der illegalen Gewerkschaft, eher ein kleiner Haufen, erschien unauffällig ein Wojwodschaftbeamter in Zivil und übergab ein Schreiben im Namen des Staatspräsidenten. Darin wurde mitgeteilt, die Versammlung sei ungesetzlich – auf dem Nachhauseweg wurde dann wieder »selektiert«, disziplinierte man die verdächtigen Unruhestifter durch Festnahme und Feststellung ihrer Personalien. Erst, als sich eine resolute Kranführerin von der Danziger Werft, Anna Walentynowicz, der freien Gewerkschaft anschloß, »ging es bergauf«. Wie Gwiazda sollte sie Walesa noch viele Schwierigkeiten machen – und zum Funken für jene Bewegung werden, an deren Spitze Walesa trat.

1976 war es auf der Danziger Werft Walesas ruhig geblieben. Die Werftarbeiter verdienten nicht schlecht. Aber 1980 lebten nach Feststellungen des Warschauer Sozialpolitischen Instituts nicht 33, sondern schon 50 Prozent aller Polen an der unteren Grenze des sozialen Lebensminimums, worunter einiger bescheidener Luxus eingeschlossen zu verstehen ist. 1,25 Millionen Familien mit mehr als drei Kindern gehörten dazu. Zu diesem Ergebnis kommt man auf Grund einer einfachen Rechnung. Zwar waren im »sozialistischen Sektor« der polnischen Wirtschaft während der Amtszeit Edward Giereks die Durchschnittslöhne von 2497 auf 5409 Zloty pro Monat gestiegen, vor allem in den ersten Jahren. Die Lebenshaltungskosten stiegen freilich ebenso rasch: von 4210 auf 8600 Zloty für eine vierköpfige polnische Familie. Daraus ergab sich Stagnation für die breite Masse, aber absolute Verelendung vor allem für die ohnehin schlechter Gestellten. Dazu gehörten Familien mit nur einem Elternteil, aber 800000 Kindern insgesamt, deren Budgetdefizit sich glatt verdoppelt hatte, Rentner, Landbewohner und Kranke, denn auch die Sozialleistungen des Staates wurden innerhalb von drei Jahren um 14 Milliarden Zloty zusammengestrichen. Rund 6,2 Millionen Polen konnten sich 1980 nicht nur keinen bescheidenen »Luxus«, sondern nicht einmal mehr das ganz einfache Leben leisten.

Rebellion der Mittelfunktionäre und Manager

Als die Regierung am 1. Juli 1980 erneut Fleischpreiserhöhungen bis zu 100 Prozent beschloß, die ihr die Arbeiter schon mehrfach verweigert hatten, wagte sie es nicht einmal, die Schreckensbotschaft zu veröffentlichen. Die Bevölkerung erfuhr größtenteils erst durch ein Interview mit einem kleinen Handelsfunktionär im Warschauer Rundfunk davon – was sofort Streiks, unter anderem wieder unter den Landmaschinenarbeitern von »Ursus« in Radom und bei den unterbezahlten Textilarbeitern in Lodz, auslöste. KOR schaltete sich sofort mit Streikmeldungen ein. Die Streiks dauerten nur wenige Stunden: in Radom beteiligten sich die meisten Arbeiter nicht. Die Partei beging einen schweren Fehler. Sie befahl den mittleren und unteren Behörden und den Parteifunktionären, der Bevölkerung den harten Beschluß bekanntzugeben und zu erläutern. Diese wollten aber die Rolle des Ambosses zwischen Politbüro und Regierung einerseits und den Arbeitern andererseits nicht spielen.

Noch ehe Polens Arbeiter in sich schnell ausweitenden Streikaktionen im Sommer 1980 rebellierten, war es zum Aufstand dieser nur Befehle ausführenden mittleren Funktionäre gekommen. Schon im März 1979 schoß eine wachsende Opposition in den eigenen Reihen Giereks wirtschaftlichen Berater, den Vizeplanchef Jozef Pajestka, ab. Er war der Vater des Gedankens gewesen, Polen im Westen zu verschulden. Inzwischen hatten diese Schulden das Ausmaß von 17 Milliarden Dollar erreicht. Als Gierek vor Landwirten im Zentralkomitee seine Politik rechtfertigen wollte, gleichzeitig aber bekanntgeben mußte, daß der Ernteplan um 4 Millionen Tonnen Getreide unterschritten worden sei, und es für die Privatbauern auf absehbare Zeit kaum Futtermittel geben werde, zensierten ihn Genossen im eigenen Presseapparat: Was der Parteichef sagte, war völlig unzumutbar. Zum Erntedankfest 1979 in Piotrkow Trybunalski erschien er vorsichtshalber überhaupt nicht mehr. Er ließ sich durch seinen kaum genesenen Premier Piotr Jaroszewicz vertreten, der es unterließ, Gierek, wie üblich bei solchen Veranstaltungen, auch nur zu erwähnen und die Bauern nur an die Versprechen Giereks erinnerte – von denen bereits feststand, daß sie Gierek nie einhalten würde. Jaroszewicz war kein Freund Giereks. Während dieser in Frankreich schon wieder nach neuen Krediten suchte, war der Premier für einen Abbau der schon zu engen finanziellen Verfilzung mit dem Westen und stärkere Anlehnung an die Sowjetunion, die Polen gleichfalls schon mehrfach durch Kredite aus der Patsche geholfen hatte.

Dann wurde Gierek sogar im Zentralkomitee der Unfähigkeit und Großmäuligkeit bezichtigt. Der Ankläger, Tadeusz Grabski, jahrelang erfolgreicher Fabrikdirektor. Gierek selbst hatte den demobilisierten Berufssoldaten zum Parteichef der Wojwodschaft Konin an der Warthe ernannt, wo aus Braunkohle Energie und aus Bauxit Aluminium gewonnen wird. Grabski war auch durch Gierek Mitglied des Zentralkomitees geworden – und hielt ihm nun den Spiegel der Wahrheit vors Gesicht: »Chaos und Konfusion«, »Schlangen nach Brot, Seife, Waschpulver, Schuhwichse, Zahnpasta, Farben, Schuhen« und »Bestechlichkeit und Korruption« bestimmten das Bild des »sozialistischen« Polens, »und das 35 Jahre nach dem Krieg«. Die Parteiführung mache für solche Zustände laufend das Volk oder die Funktionäre vor Ort verantwortlich, aber: »Wer sind die wirklich Verantwortlichen?« Sie säßen hoch oben in der Spitze, malten nur »rosige Bilder« und redeten ständig von »Erfolgen und Rekorden« – »besonders die aus dem Süden des Landes.« Gierek, der aus dem südpolnischen Kattowitz stammt und die Auslandskredite, zum Teil auch willkürlich und unsinnig, vor allem über »seinem« Schlesien ausgegossen hatte, verstand die Anspielung. Er verbot der Presse, diese Kritik zu veröffentlichen und sorgte dafür, daß Grabski alle öffentlichen Ämter verlor.

Grabski hatte sich zum Sprecher der kleinen und mittleren Funktionäre, an zentrale Pläne gebundenen Betriebsdirektoren und ohnmächtigen Manager gemacht, die schon lange nach mehr Macht und Unabhängigkeit von der Parteizentrale verlangten. Sie wollten Dezentralisierung der Macht und eine Reform der Wirtschaft, weniger bürokratisches Chaos und mehr technokratische Disziplin, eine neue Ordnung, die schließlich auch den Arbeitern zugute kommen sollte. An eine Teilung ihrer Macht mit den Arbeitern dachten sie allerdings nicht. Eigenartig milde klang Grabskis Kritik an dem für die Mißstände in der örtlichen Wirtschaft verantwortlichen Minister Jozef Kepa, damals 51 Jahre alt. Wäre es nach Kepa gegangen, hätte die Partei nie dem Druck der Arbeiter nachgegeben und 1970 Gomulka fallen lassen. Grabski wurde wegen seiner Kritik an Gierek damals im Westen, aber auch in Polen, als Held gefeiert – aber er war nicht der Held der Arbeiter, sondern der Technokraten und mittleren Parteifunktionäre, die von Gierek längst enttäuscht waren. Ein Fabrikdirektor schilderte, daß er für ein Stück Werksseife aus Spanien DM 1,50 zahlen mußte, weil es in Polen keine gab. Damit riskierte er, von der Partei kritisiert zu werden, weil er unnötig die Importe erhöhte.

Ein Dutzend Wojwoden weigerten sich, die in Warschau beschlossene Fleischpreiserhöhung den Arbeitern bekanntzugeben. Manager, die jahrelang vergeblich nach neuen Mechanismen in der polnischen Wirtschaft und eigenen Arbeitsplänen für ihre Fabriken verlangt hatten, sahen im Widerstand der Arbeiter einen geeigneten Hebel, um endlich die Zentralmacht zu stürzen – und selbst an die Macht zu kommen. Statt den Streiks der Arbeiter sofort entgegenzutreten, wichen die lokalen Funktionäre vor den Forderungen zurück, stellten sich viele sogar an die Spitze der Streikbewegung. Schon damals, im Juli 1980, wurde in Polen eine Bewegung geboren, die möglicherweise viel entscheidender als die noch ungeborene Solidaritätsbewegung Veränderungen hervorrufen konnte: eine Reformbewegung in der Polnischen Vereinigten Arbeiterpartei, die freilich in sich nicht einig war. Während Grabski nach dem Sturz Giereks sogar ins Politbüro kam und von dieser hohen Position aus vor allem nach Disziplinierung der unübersichtlich gewordenen Arbeiterbewegung rief, wollten kleine kommunistische Funktionäre ihre bescheidenen Positionen retten, indem sie sich mit den Arbeitern gegen die umgebildete Parteizentrale verschworen.

Streikbewegung

Statt die Fleischpreiserhöhungen der Regierung durchzusetzen, gewährten schon am 3. Juli drei Fabrikdirektoren den von den Streikenden gebildeten Komitees sogar Lohnerhöhungen. Ihnen mußte der Fortgang der Produktion in ihren Betrieben wichtiger sein als die ohnehin ausweglose Lage Giereks. Am 9. Juli erklärte Gierek vor dem Zentralkomitee, die Preiserhöhungen müßten bleiben, eine breite Lohnbewegung sei völlig unannehmbar. Als Mitte Juli, durch Lohnzugeständnisse andernorts, die Lokomotivführer von Lublin gleichfalls nach höheren Löhnen verlangen und in ihr Streikprogramm auch politische Forderungen, etwa nach Neuwahlen für die bisher von der Partei einseitig besetzten Gewerkschaftsorgane, aufnehmen, breitet sich in Warschau Nervosität aus. Da durch den Lubliner Streik erstmals auch die »Freunde« im Osten, deren Eisenbahnverbindungen durch Lublin führen, betroffen sind, beruft Gierek das Politbüro ein: Die Sowjets hätten »Unruhe« signalisiert. Erstmals rollen Armee- und Polizei-Lkws durch die Straßen, werden Arbeiter und »Anstifter« verhaftet. Ende Juli trifft sich Gierek auf der Krim zu einem »Informationsaustausch«: Breschnjew rät von sofortiger Gewaltanwendung ab. Die Partei begeht ihren zweiten Fehler: Zwar bildet sie »Streikverhütungskomitees« in den Fabriken, aber verhüten kann man weitere Streiks nur, indem man überall dort Lohnerhöhungen billigt, wo die Streiks schon flackern – und indem man in aller Eile für den Export gedachtes Fleisch in die Unruhezentren transportiert, wo es zu den alten Preisen verkauft wird – intern wird den Fabrikleitungen mitgeteilt, sie müßten später den Preisunterschied aus der Betriebskasse an den Staat zurückzahlen.

Niemand will jetzt mehr auf solche Zugeständnisse verzichten: In Danzig, wo Walesa die ganze Entwicklung für verfrüht hält, sind es nicht die Werftarbeiter, sondern die

Straßenbahnfahrer und Buschauffeure, die sich mit einem halbstündigen Warnstreik anschließen; ihnen schließen sich 2000 Hafenarbeiter im benachbarten Gdingen an. Erst, als es Arbeitern in Bierun Stary bei Kattowitz gelingt, nach nur sechs Stunden Streik sogar 20 Prozent Lohnerhöhung zu ertrotzen, greift, Anfang August, die Streikbewegung auch auf die bis dahin ruhigen Werften von Danzig über. Einige »Anstifter« werden kurzfristig festgenommen, aber Walesa ist nicht dabei. Wenn die Partei überhaupt noch eine Taktik verfolgt, besteht sie darin, die Reihen der Arbeiter zu spalten – auf unglücklichste Weise. Denn manchenorts erhalten nur solche Arbeiter Lohnzuschlag, die sich auch an Streiks beteiligt hatten; auch in den Werften hofft man, durch Lohnzugeständnisse an einige Arbeitergruppen, die Situation zu beruhigen – und erzielt exakt das Gegenteil. Mehrfach läßt die Partei, die die ersten Streiks völlig verschwieg, erklären, die Streikbewegung sei zu Ende; für gefährlich erachtete Elemente werden innerhalb der Betriebe an einflußlose Arbeitsstellen versetzt und sogar entlassen. Als Mitte August davon auch Anna Walentynowicz, die längst insgeheim den »Unabhängigen Gewerkschaften« angehört, betroffen wird, versammeln sich auch hier die Arbeiter: »Wir wollen die Wiedereinstellung von Anna Walentynowicz, 1000 Zloty mehr Lohn und einen Zuschlag für die höheren Lebenshaltungskosten.«

Die Augustereignisse in der Danziger Leninwerft sind inzwischen schon so oft beschrieben worden, daß es sie sogar in verschiedenen Versionen gibt. Einmal soll Walesa, der sofort nach Beginn der Arbeiterdemonstrationen vergeblich versuchte, aufs Werksgelände zu gelangen, über einen Zaun, dann wieder über eine Mauer gesprungen sein; andere wollen beobachtet haben, daß er, nachdem die rebellierenden Arbeiter bei der Betriebsleitung auch seine Wieder-

Die berühmt gewordene Kranführerin Anna Walentynowicz mit Lech Walesa während der Messe auf der Lenin-Werft, August 1980.

einstellung durchgesetzt hatten, sogar mit einem Auto herbeigeholt wurde. Unter den Wiedereingestellten war Walesa in den Augen der Leitung offenbar der Ungefährlichste. Denn während Anna Walentynowicz, die bald den Ehrennamen einer »Passionaria von den Werften« erhielt, die Stimmung weiter anheizte, wollte der Direktor von einem dritten Opfer seiner Disziplinierungsmaßnahmen überhaupt nichts wissen: Andrzej Kolodzej, der wegen Verteilung des »Robotnik« von der Werftleitung gefeuert worden war und nur zwei Tage brauchte, um an seinem neuen Arbeitsplatz, einer Werft in Gdingen, gleichfalls den Streik auszurufen. Während Anna Walentynowicz darauf bestand, es müsse jemand »aus Warschau kommen, der unsere Forderung nach einer freien Gewerkschaft diskutiert«, trat Walesa mit der Betriebsleitung in Verhandlungen ein, um sich zunächst mit 1500 Zloty mehr Lohn und einem Lebenshaltungskosten-Bonus zufrieden zu geben. Gegen eine deutliche Mehrheit der Arbeiter verkündet er das Ende des Streiks, eine Episode, über die er heute ungerne redet. Denn in dieser Rolle als Bremser kann er leicht mit anderen Werftarbeitern verwechselt werden, die von der Partei nach Warschau ausgeflogen wurden, um nach ihrer Rückkehr gleichfalls »Kompromißangebote« zu unterbreiten. Jedenfalls gab es auf der Leninwerft mehrere Streikkomitees: von der Partei beeinflußte und radikale. Walesa, der eine Mittelposition vertrat, widerrief das Streikende und wurde als jetzt unangefochtener Streikleiter in ein überbetriebliches Streikkomitee entsandt, das in der Leninwerft sein Hauptquartier aufschlug. Eine unkluge Rede des Ministerpräsidenten Babiuch trug dazu bei, die schon abebbende »heiße« Stimmung an der Leninwerft wieder aufzuheizen. Babiuch hatte wesentlich von den »Sorgen« der sozialistischen Nachbarn Polens und einer »außergewöhnlichen Lage« in Polen gesprochen – was als Drohung verstanden wurde und dazu beitrug, daß aus dem überbetrieblichen Streikkomitee in der Leninwerft, mit Lech Walesa an der Spitze, ein Nationales Koordinationskomitee einer völlig neuen Arbeiterbewegung in Polen wurde.

So wurde Lech Walesa für die Welt zum »Symbol der polnischen Revolution gegen ein korruptes System« (»Financial Times«), zum »Helden und Gefangenen des polnischen Wunders« (»Die Zeit«), zur »Hoffnung eines Volkes« (»L'Express«), einem »echten Volkstribun (»DER SPIEGEL«), einem »David, der gegen den russischen Goliath kämpft« (»New York Times«), einem »fröhlichem Schnauzbart« (»Süddeutsche Zeitung«) »mit Charisma«. »Lech Walesa«, so der Vorsitzende des kommunistischen Gewerkschaftsverbandes von Italien, CGIL, Luciano Lama, »ist natürlich, intelligent, aber auch schlau. Er weiß, was zu sagen und was zu verschweigen ist.« Walesa über sich selbst: »Ich wäre ein gefährlicher Mann, wenn ich nicht Katholik wäre.« Jedenfalls wird Walesa, den »Newsweek« mit de Gaulle verglich, weil sich in ihm die völlige Identifizierung von Nation und Einzelperson vollzogen habe, als Inkarnation eines unbesiegbaren Volkes empfunden.

Walesas Plan war es eigentlich gewesen, wie in anderen polnischen Betrieben auch nur die speziellen Anliegen der Werftarbeiter durchzusetzen, aber inzwischen hatten sich aus Solidarität mit den Werftarbeitern über 30 000 Arbeiter in anderen Danziger Betrieben angeschlossen. Walesa, der sein Teilabkommen mit der Werftleitung für »eine große Sache« hielt, wollte das Wochenende nutzen, um diese anderen Betriebe zu besuchen, um auch ihnen bei der Durchsetzung der Streikziele behilflich zu sein, »allen über die Schulter gucken« und bei Erfolg am Montag wieder zur Aufnahme der Arbeit aufrufen. Da in der Werft übers Wochenende ohnehin nicht gearbeitet wurde, sollte der Betrieb, dessen Lohnempfänger er gerade wieder geworden war, nur besetzt bleiben. »Erst, wenn es Vergeltungsmaßnahmen gibt oder die Probleme in den anderen Fabriken nicht gelöst werden, werden wir erneut streiken.« Es sprach nichts gegen eine solche schnelle Lösung. Der Danziger Parteichef Fiszbach garantierte schriftlich, daß es keinerlei Vergeltungsmaßnahmen geben werde, Lohnforderungen wurden überall in Polen erfüllt. Walesa legte dem von ihm nun geführten Streik, der eher eine Werksbesetzung mit der polnischen Fahne vor dem Werkstor war, keine besondere Bedeutung bei. Müde, mürrisch und nachdenklich wirkend, hing er im Sessel eines Werkschutzmannes: »Wen interessiert das, was wir hier machen?« Die Warschauer Parteizentrale tat ein übriges, um die Streikbewegung von Danzig nicht bekannt zu machen. Sie ließ alle Fernsprechverbindungen nach Danzig kappen und verschwieg den Umstand, daß sich inzwischen schon 90000 Menschen der Bewegung in Danzig angeschlossen hatten.

Doch am entscheidenden Sonntag, an dem die Würfel fallen sollten und die Kirche, die sich schon zuvor vermittelnd eingeschaltet hatte, Priester die Messe auf dem Werksgelände zelebrieren ließ, kamen immer mehr Arbeitervertreter aus dem ganzen Danziger Raum auf die Werft, um sich Walesas überbetrieblichem Streikkomitee anzuschließen. Es wurde immer deutlicher, daß mit Lohnerhöhungen in einigen Betrieben nur neue Ungerechtigkeit geschaffen und nichts gelöst wurde. Bald hatten sich 330 Fabriken dem Streik angeschlossen. Walesa: »Wir brauchen einen Computer!« Immer unübersichtlicher wurden auch die Forderungen der Delegationen aus den verschiedenen Betrieben; als sich das überbetriebliche Streikkomitee schließlich auf zunächst 16 Forderungen einigt, müssen diese Forderungen notwendigerweise überbetrieblicher, grundsätzlicher und zum Teil rein politischer Natur sein. Dazu gehören »Wünsche« nach Legalisierung einer echten Gewerkschaft als Vertretung der Arbeiter allein, nach Abschaffung der Zensur und aller Privilegien für die Angehörigen der uniformierten und zivilen Polizei und der Parteifunktionäre.

Da an diesem ersten Sonntag nach Beginn der Streikbewegung an der Danziger Werft auch Kardinal Wyszynski das Recht auf bürgerliche Freiheiten als völlig legitim bezeichnet, dabei aber zu ehrlicher Arbeit aufgerufen hatte, deutsche Bankiers erklären ließen, sie wollten der polnischen Regierung durch einen neuen Milliardenkredit helfen, die Lage zu stabilisieren – was Gelächter bei den Streikenden auslöste (außerdem die meisten Werftarbeiter von Danzig nicht an der Werftbesetzung teilgenommen hatten), ging die

Nach Beendigung des Streiks: eine katholische Messe, 31. August 1980.

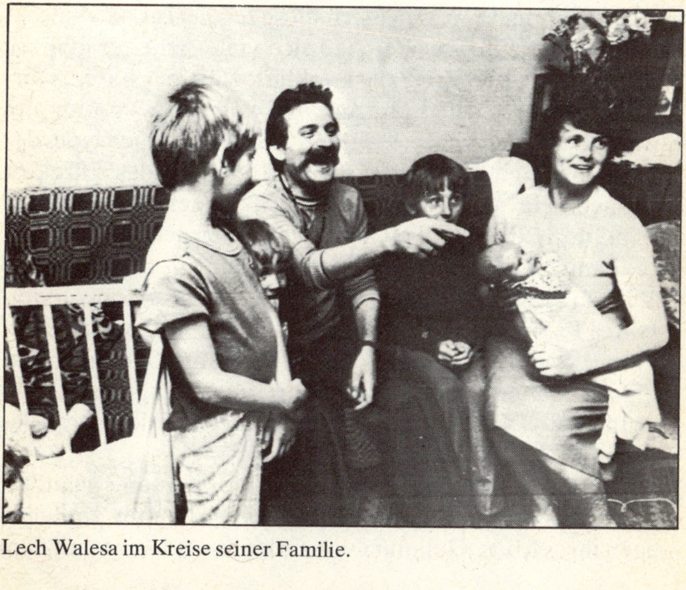

Lech Walesa im Kreise seiner Familie.

Werftleitung davon aus, daß diese politischen Forderungen von der Mehrheit der Arbeiter nicht getragen würden. Als gegen 6 Uhr am Montag Tausende Arbeiter durch ein Seitentor strömten, viele unsicher, ob sie die Arbeit wieder aufnehmen oder sich der Streikbewegung anschließen sollten, versuchte Werksdirektor Klemens Gniech, die Entwicklung wieder in seine Hände zu nehmen. Er ließ dem überbetrieblichen Streikkomitee, das bei harten Eiern und Sandwiches in Permanenz tagte, den Strom und die Lautsprecher »abkneifen« und ordnete die Ausweisung der betriebsfremden Elemente vom Werksgelände an. Walesa verhielt sich legal. Er gab den Streikposten Anweisung, niemanden an der Arbeitsaufnahme zu hindern und stellte sich selbst, mit seinen Händen zum Sprachrohr geformt, zwanzig Meter vor dem Werkstor auf: »Der Eingang ist frei. Wir hindern niemanden am Hereinkommen, um nicht der Obstruktion bezichtigt zu werden.«

Für die Werftleitung, die inzwischen auch von außen Unterstützung erhält, denn Flugblätter, die zur sofortigen Wiederaufnahme der Arbeit aufrufen, »regnen inzwischen sogar vom Himmel«, erweist sich diese legale Taktik Walesas als verhängnisvoll. Zwar ziehen sich viele Arbeiter in ihren Kabinen um, aber als Walesa erklärt, statt der bereits verhandelten 1500 Zloty Lohnzuschlag wolle der Direktor nun nur noch 600 gewähren, womit das Abkommen von der Werftleitung gebrochen sei, ziehen sie vor das Direktoriumsgebäude, um Direktor Gniech niederzuschreien. In Flugblättern, die plötzlich auftauchen, werden sie ermahnt, ihre Familien nicht zu vergessen; ein nur mit der Maschine geschriebenes und wahrscheinlich in der Direktion vervielfältigtes Pamphlet ist allerdings viel härter und weist darauf hin, daß Walesa mit der Werftleitung ein Abkommen geschlossen habe, in dem er sich zur Einstellung des Streiks verpflichtete. Nicht die Direktion, sondern Walesa habe das Abkommen gebrochen.

Tatsächlich war es Walesa, der seine Meinung geändert hatte. Als ihm eine 22jährige Arbeiterin, unter Kollegen wegen ihres Muts »Johanna von Orleans« genannt, mit dem laut ausgerufenen Vorwurf begegnet war, er sei ein »Verräter«, wechselte Walesa plötzlich seine Taktik: »Alle Fabriken haben uns unterstützt, jetzt müssen wir sie unterstützen. Daß wir gewonnen haben, bedeutet noch nicht, daß sie gewonnen haben. Wir müssen bis zum Ende an ihrer Seite stehen.« So entstand die neue polnische Arbeiterbewegung aus Solidarität – aber es war nicht Walesa, der diesen Namen für diese neue Arbeiterbewegung erfand. Auch seine weitere Taktik blieb umstritten. Während Walesa, unter dem Druck der teilweise politischen Forderungen des überbetrieblichen Streikkomitees und wohl in Erinnerung an das Jahr 1971, als Parteichef Gierek persönlich auf der Werft erschien, nun Verhandlungen mit der Partei- und Regierungsspitze verlangt und mit gebeugtem Kopf den Rosenkranz betet, um sich die Hilfe der Jungfrau Maria zu holen, agitiert die viel entschlossener wirkende Kranführerin Anna von einem LKW herab: »Kein Arbeiter nimmt Gierek mehr ernst.«

Die Situation radikalisiert sich. KOR gibt die Parole heraus, im ganzen Lande »Komitees zu gründen«, wie auf der Danziger Werft. Aber der Aufruf enthält auch die Mahnung, »kein Feuer zu legen«.

In Warschau ziehen Tausende zu den Gräbern jener Polen, die 1920 im Kampf gegen Rußland gefallen waren – damals aber als Sieger; selbst von ihrem Kardinal zu äußerster Mäßigung angehaltene Geistliche vergleichen die Streikbewegung mit früheren Schlachten gegen die heidnischen Türken und Russen. 7000 Danziger ziehen zum Denkmal des Königs Sobieski und verlangen nicht nur eine »Erziehung ohne Lügen«, sondern gedenken auch der polnischen Opfer von Katyn und fordern schlicht »Freiheit für Polen«; zwar spricht bei dieser Kundgebung auch ein Vertreter der »Bewegung für freie Gewerkschaften«, aber Walesa gelingt es, »seine« Arbeiter auf dem Werftgelände zu halten, wo der Werftdirektor seine Situation umso bedrohter sah, so daß er, um der Arbeiterwut und einem möglichen Lynchmord zu entgehen, sogar schon mit einer Barkasse geflohen war, bis er merkte, daß von Walesa keine Gewalt ausging. Aber zum erstenmal erwähnen die Sowjets die Bewegung in Polen, beginnen sowjetische Störsender, wenigstens die anderen sozialistischen Länder von der Berichterstattung über Polen zu isolieren, macht polnische Miliz Versuche, Danzig völlig abzuriegeln, weigert sich die polnische Nachrichtenagentur, ein Foto von Walesa in den Westen zu übermitteln, kündigt man bevorstehende Manöver an – die umfangreichsten seit zehn Jahren. Vor allem junge Menschen, die sich weder an 1953 in Ostberlin, 1956 in Budapest und Posen, 1968 in Prag und 1971 in Danzig, ihrer eigenen Stadt, gut erinnern, tauchen ihre Stadt in ein Meer rot-weißer Fahnen. Sie wollen »kämpfen, wie 1920 an der Weichsel«.

Die Partei versucht, den Ausgangspunkt dieser Bewegung, das von Walesa geführte überbetriebliche Streikkomitee auf der Lenin-Werft, wo das Bild Lenins inzwischen abgehängt wurde, zu ignorieren. Ein unbedeutender Minister namens Pyka, der von Gierek nach Danzig geschickt wird, weigert sich, auch nur eine Delegation dieses Komitees zu empfangen und möchte am liebsten mit jeder durch Streik gelähmten Fabrik gesondert verhandeln – nicht ganz ohne Erfolg. 17 streikende Betriebe gehen auf das Regierungsangebot ein, auch eine Betriebsabteilung der Leninwerft. Lech Walesa, von der Angst vor einem Gemetzel wie 1971 in den Straßen von Danzig ebenso geplagt wie von Zersetzungserscheinungen in den eigenen Reihen, hält »Konzessionen natürlich für möglich« und »glaubt nicht an Gewalt«, obgleich ihn Werksdirektor Gniech an das bereits geschlossene Abkommen erinnert und droht, es könne Blutvergießen geben, wenn der Streik nicht bald aufhöre. Aber die Ereignisse überrollen Walesa, wie er später selbst zugibt. Seinem überbetrieblichen Streikkomitee haben sich inzwischen schon 253 Betriebe angeschlossen, rund 100000 Mann. So, wie Walesa bisher ein Kind seiner provinziellen Herkunft, seiner Kirche und seines Vaterlandes war, wird er in der ersten Woche nach Streikbeginn von der polnischen

Lech Walesa wird von seinen Mitstreitern gefeiert,
August 1980.

Arbeiterklasse gestählt. Walesa, immer selbstbewußter: Ohne Verhandlungen mit dem überbetrieblichen Streikkomitee gebe es kein Streikende, ohne die Billigung von Gewerkschaften, die »unabhängig von Partei und Regierung« sind, keine Einigung. Jan Szydlak, der Chef der Partei-Einheitsgewerkschaft: »Wir werden unsere Macht weder aufgeben noch teilen.« Minister Pyka ist mit seinem Versuch, die Arbeiter von Danzig zu spalten, gescheitert, und wird nach Warschau zurückgezogen. Auch die schon abtrünnig gewordenen 600 Arbeiter in den Reparaturhallen der Werft schließen sich wieder an. Als Walesa bei ihnen erscheint und erklärt, »daß wir nichts erreichen, wenn wir nicht einig sind«, antworten sie ihm mit der polnischen Nationalhymne. Er steht jetzt an der Spitze von 400 streikenden Betrieben: »Ohne uns kann der Streik nicht beendet werden, und wir sind zur Fortsetzung dieses Streiks bereit – sollte er auch ein Jahr dauern.«

Danziger Abkommen

Erst unter diesem Druck entschließt sich Warschau, einen neuen Funktionär nach Danzig zu entsenden – Mieczyslaw Jagielski; einen weiteren Unterhändler, Kazimierz Barcikowski, schickt man nach Stettin, wo es, wie inzwischen überall an der Küste, auch ein überbetriebliches Streikkomitee gibt. Doch ehe sich Walesa in Verhandlungen mit der Regierung einläßt, von denen er weiß, daß sie ohne beidseitige Konzessionen nicht zu einem guten Ende geführt werden können, läßt er sich, durch vorangegangene Angriffe gegen seine zu große Konzilanz gewarnt, von den Arbeitern in seinem Amt bestätigen. Er bietet den Rücktritt an – von dem die von Walesas Geschick schon faszinierten Arbeiter natürlich nichts wissen wollen. Walesa sollte das Instrument des angedrohten Rücktritts später noch oft einsetzen. Schon damals entstand, hinter den Kulissen, eine eigenartige Verbindung. Der Danziger Bischof Kaczmarek hatte in Warschau den Kardinal aufgesucht, dieser vermutlich mit der Regierung oder der Partei gesprochen – und ihr versprochen, daß der gute Katholik Walesa Mäßigung zeigen werde, wenn man mit ihm verhandele. Die Kirche, die sich in Polen größere Rechte als irgendwo anders in Osteuropa erobert hatte, wollte diese Resultate nicht durch eine abenteuerliche Entwicklung aufs Spiel setzen lassen. Sogar der Papst war informiert – und appelliert in einem vom polnischen Episkopat verbreiteten Brief an seine Landsleute.

Doch obgleich Walesas Autorität groß ist, Verhandlungen mit der Regierung sind nicht populär. So muß Walesa heimlich die Werft verlassen, um in einer Danziger Vorstadtvilla, in der der sozialistische Pfadfinderverband seinen Amtssitz hat, zum erstenmal jenem Funktionär Jagielski, in mittlerem Alter, zu begegnen. Als Jagielski, der am liebsten nicht auf der Werft verhandeln möchte und zunächst nur von möglichst schneller Wiederaufnahme der Arbeit spricht, also überhaupt nichts verspricht, schließlich in einem Auto bei der Werft eintrifft, treten Arbeiter mit Füßen gegen das Funktionsgefährt, so daß Walesa seine Kollegen um Ruhe und Anstand gegenüber dem Besucher aus der Warschauer Zentrale bitten muß. Neben ihm, sichtlich nervös, Werftdirektor Gniech – auch dies eine eigenartige Koalition. Denn Gniech, der Walesa zunächst nicht wieder einstellen wollte und dann vor den Arbeitern sogar geflohen war, stand kurz zuvor noch in Gefahr, von den Streikposten Walesas »verhaftet« zu werden, weil ihn Walesa bezichtigte, durch Provokationen die Stimmung auf der Werft noch anzuheizen. Aber als die Delegationen in einem mit 600 Arbeitern gefüllten Saal, neben einem Leninbild ein christliches Kreuz an der Wand, endlich in ihre Verhandlungen eintreten, setzt sich der Schiffsingenieur, der auch ausgezeichnet Deutsch spricht, überraschend für die Arbeiter, auf ihre Verhandlungsseite – auch er gehört, obgleich durch Planzwang von oben zunächst in die Front gegen seine Arbeiter getrieben, zu jenen jungen, aufgeweckten polnischen Technokraten, die sich entscheidende Veränderungen erwarten – und in dieser Erwartung durch den Sturz des bisherigen Ministerpräsidenten Babiuch, der völlig unfähig war, bestärkt werden. Jagielski, auch vom Werftdirektor verlassen und von der Regierung mit nur geringen Vollmachten ausgestattet: »Ich bin das nicht gewöhnt.«

»Sehen Sie den Arbeitern direkt in die Augen«, fordert Walesa den Wojwoden von Danzig auf, der Jagielski begleitet. Der Wojwode: »Ich werde es tun.« Jagielski zieht es später vor, eine dunkle Sonnenbrille aufzusetzen, ihn störe, so sagt er, das Licht. Die Verhandlungen beginnen mit Ausflüchten: Als Walesa den Beginn der Gespräche von einer Wiederherstellung der immer noch unterbrochenen Fernsprechverbindungen abhängig macht, erklärt Jagielski, dafür sei das Postministerium in Warschau zuständig. Walesa: »Nebenan steht ein Telefon. Rufen Sie doch den Minister an. Sie als Vizepremier kennen ihn doch besser als ich.« Da es keine Telefonverbindung gibt, muß Jagielski nach Warschau zurückfliegen, wo das Zentralkomitee schon den

Sturz Giereks vorbereitet. Tadeusz Grabski, der technokratische Kritiker des Parteichefs, wird Vizepremier und soll in der Folgezeit zu einer der wichtigsten Persönlichkeiten im Politbüro aufsteigen – und, obgleich er einen radikalen Wechsel anstrebt, zu einem der gefährlichsten Gegner der aus allen Fugen geratenden neuen polnischen Arbeiterbewegung und Walesas. Der Chef der bisherigen polnischen Staatsgewerkschaft, Jan Szydlak, hingegen wird gestürzt. Damit gibt es faktisch nur noch einen polnischen Gewerkschaftsvorsitzenden – Lech Walesa. Walesa: »Sie können uns nicht ignorieren – nicht bei 500000 Mann im Streik!« Walesa fühlte sich damals »wie ein Löwe«.

Als Jagielski endlich wieder auftaucht, will er nur über Lohnerhöhungen, Verbesserung der Arbeitsbedingungen und einige soziale Probleme reden – selbst die geforderte Herabsetzung des Rentenalters übergeht er. Außerdem verspricht er, was die zu Exporten gezwungene Regierung gar nicht auf Dauer halten kann – mehr Lebensmittel in den Läden. Walesa, der sich inzwischen durch einen vierschrötigen ehemaligen Seemann, Henryk, als Leibwächter begleiten läßt: »So mußte das laufen, damit hatte ich schon gerechnet. Schon bei den Streiks in Lublin sind sie so vorgegangen. Sie haben sofort Geld auf den Tisch gelegt, das sie gar nicht haben. Der Herr Ministerpräsident Jagielski ist ein Ehrenmann. Aber weil er kein Arbeiter ist, kann er eines nicht verstehen. Alles, was wir hier am Verhandlungstisch erreichen, werden uns die Funktionäre Stück für Stück wieder wegnehmen, wenn wir keine freie Gewerkschaft gründen.«

Immer deutlicher tritt für Walesa die Frage der Institutionalisierung der Arbeiterbewegung in den Vordergrund. Im Grunde ist es unsinnig, der Regierung noch mehr Geld abzuknöpfen, »für das man sich in den Läden ja doch nichts kaufen kann«. Die Arbeiter müssen wieder an der Arbeit interessiert werden, mehr produzieren. Da der Staat materiell nichts bieten kann, muß er politische Rechte, vor allem in den Betrieben, herausrücken. Um dies zu erreichen, müssen die Streikkomitees unter seiner Führung zu Partnern der Partei und Regierung werden. Höflich hatte Jagielski Walesa zum erstenmal als »Herr Vorsitzender.« tituliert, noch höflicher hatte Walesa Jagielski, der nur Vizepremier und einer unter Vielen ist, zum Premierminister aufgewertet: »Jagielski ist ein sehr gebildeter Mann, der viel weiß und viel erlebt hat, jemand, den ich respektieren kann. Ich habe das Gefühl, der akzeptiert mich auch.« Jagielski hatte Walesa mit Kriegserinnerungen beeindruckt: Unter schwerer Folter sei ihm von den Deutschen sogar ein Finger abgeschnitten worden. Doch das deutsche Gespenst, mit dem man die Polen jahrelang erschreckte, wenn sie wieder einmal »aufmuckten«, ist transparent – hinter ihm erscheint immer deutlicher das Gespenst aus dem Osten. Die amtliche sowjetische Nachrichtenagentur TASS spricht offen von »Subversion« an der Küste, nachdem Walesa, danach gefragt, ob er an eine Reform der Partei glaube, geantwortet hatte: »Wir sollten uns lieber eine neue Maschine kaufen, denn es bringt nicht viel, Reparaturen durchzuführen.« Das Geld für den Ersatz der verbrauchten Maschine Kommunismus aber kam, in den Augen Moskaus, aus dem Westen – direkt vom CIA.

Schon damals, Ende August 1980, hatte die KPdSU allen Grund, der polnischen Bruderpartei ebenso zu mißtrauen wie Walesas Arbeiterbewegung, die von Intellektuellen und katholischen Laien beraten wurde. Denn um die angestrebten Verhandlungen mit der Regierung zu Ende führen zu können, mußte sich Walesa, von dem es noch ein Jahr nach dem Ausbruch der Streiks keinen einzigen schriftlichen Aufsatz gab, sondern nur viele Interviews, bevorzugt mit Westjournalisten, juristische, ökonomische und politische Berater zulegen. So erschien in den Augen Breschnjews und seines Chefideologen Michail Suslow die Bewegung Walesas als eine vom Westen gesteuerte und sogar finanzierte Koalition aus katholischem Klerus, purem Antikommunismus und aufgehetzten Arbeitern, die Bruderpartei aber als auseinanderfallende Koalition völlig verschiedener Richtungen. In »Trybuna Ludu«, dem Zentralorgan der »Polnischen Vereinigten Arbeiterpartei«, meldete sich der Deutschlandexperte Ryszard Wojna nicht etwa mit Warnungen vor dem drohenden deutschen »Revanchismus«, sondern dem Vorschlag einer Regierung der Arbeiter und Katholiken zu Wort. Aber, so das Parteiblatt, solche Veränderungen, die übrigens sogar Parteichef Gierek verlangte, müßten im Rahmen der bestehenden Organisationen, also in der alten, sich schnell von selbst auflösenden Staatsgewerkschaft vollzogen werden. Das war für Moskau als auch für Walesa unannehmbar, denn während der Kreml befürchten mußte, auf diese Weise würde nach der Gewerkschaft die Partei selbst von unten aufgeweicht, weigerte sich Jagielski bis zuletzt, eine Arbeiterbewegung außerhalb der von der Partei gegründeten Institutionen zuzugestehen.

Erst am 8. Verhandlungstag erfolgt der Durchbruch: Zwar soll es keine »freien« Gewerkschaften geben, wohl aber eine »unabhängige und selbstverwaltete« neue Interessenvertretung der Arbeiter. Jagielski, der am Schluß unter dem Eindruck der sich weiter ausweitenden Streikbewegung sogar auf Eile drängt, trübt freilich die triumphale Stimmung auf der Leninwerft. Das Recht auf Streik wird in einem noch auszuarbeitenden Gewerkschaftsgesetz verankert. Solange es dieses Gesetz nicht gibt, sind Streiks illegal – gibt es auch keine Gewerkschaft. Unklar bleibt, ob das Abkommen nur für den Raum von Danzig oder ganz Polen gilt – in Stettin haben, unabhängig von Walesa, Streikende mit einem eigenen überbetrieblichen Streikkomitee ein eigenes, viel schlechteres Abkommen unterschrieben. Da ist von der Führungsrolle der Partei die Rede – auch über die neuen Gewerkschaften? Und die Forderung, alle politischen Gefangenen zu entlassen, kann Jagielski überhaupt nicht erfüllen. Aber wer während der Unruhetage festgenommen worden war, wird entlassen – und mit einem schriftlichen Dokument versehen, demzufolge es keinen Haftgrund mehr gibt.

Rundfunk und Fernsehen Polens übertragen die Unterzeichnungszeremonie in voller Länge, auch die Rede Walesas: »Wir haben bewiesen, daß die Polen miteinander immer Abkommen schließen können, wenn sie nur wollen. Das ist die Garantie für die Zukunft.« Jagielski: »Wir haben von

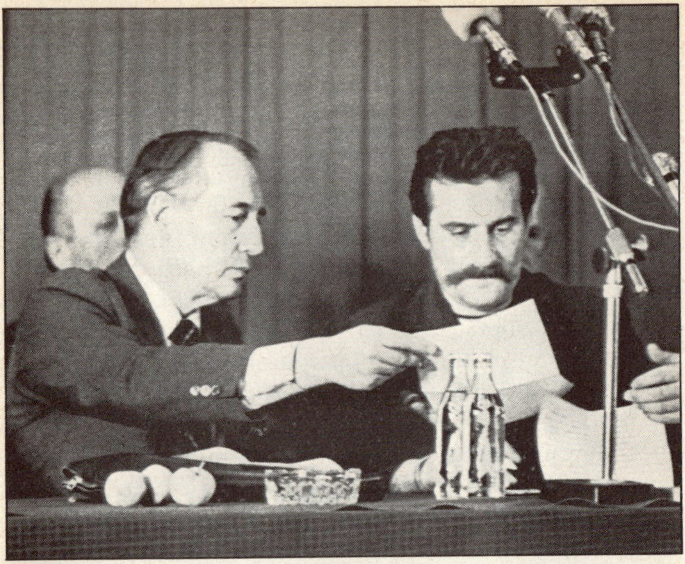

Der Verhandlungspartner der Regierung,
Mieczyslaw Jagieslki und Streikführer Lech Walesa, August 1980.

Polen zu Polen miteinander gesprochen. Wichtig ist, daß wir uns verstanden haben.« Auf den Schultern der wie erlöst wirkenden Arbeiter verläßt Lech Walesa das Verhandlungsgebäude: »Ihr Lieben, wir kehren am 1. September zur Arbeit zurück.« Eitle Sonne scheint alles zu beherrschen: Man läßt sich auf dem Werksgelände und vor dem Werkstor bräunen, zieht sich schön an, macht sich über den alten, jetzt entmachteten Betriebsrat lustig, »diesen Bürokratenverein«. Jagielski nimmt von der Werft einen riesigen Kugelschreiber mit Papstporträt, den Walesa wie einen Marschallsstab geschwungen hatte, als Geschenk mit nach Warschau. Von einem Elektrokarren aus verkündet Walesa den Wartenden draußen und drinnen, es sind rund 20000 inzwischen: »Leute, macht Platz, unsere Jungs von der Werft sind müde und wollen nach Hause. Zwar wird das den Geburtenzuwachs steigern, aber das ist schließlich normal. Laßt die Kollegen raus, damit sie endlich feststellen können, ob zu Hause noch alles in Ordnung ist oder ob sich die ›Alte‹ anderwärts umgetan hat.« Man lacht: »Ich habe euch am ersten Tag gesagt, wir werden gewinnen. Erinnert euch. Wir haben gesiegt. Das ist die einfache Wahrheit. Vielleicht auf Knien, habe ich gesagt, aber vorwärts.« Naiv winkt Walesa mit einem riesigen Geldbündel, 150000 österreichischen Schillingen, persönlich auf der Werft von den christlichen Gewerkschaftern Österreichs abgegeben – man ist erfolgreich und reich und die Krise ist zu Ende.

Nicht für alle. Vereinzelte Kritiker, auch aus den Reihen der Berater von KOR, halten das Abkommen für unzureichend. Walesa: »Was gehen mich diese Dissidenten an?« Auf der anderen Seite kaum noch Kampfbereitschaft, so daß Walesa dazu auffordern muß, wenigstens »entschlossenere Gesichter« aufzusetzen. Walesa über seine weiteren Pläne: »Ich will keine Macht. Lieber möchte ich mich zurückziehen und mich um meine Familie kümmern. Zuerst muß ich noch alles erledigen, was mir aufgetragen worden ist. Dann kann ich mich privaten Dingen widmen. Zu Hause leiden alle unter der jetzigen Situation. Ich bin im Grunde ein sehr stiller Mensch, weder auf Beifall noch auf Hektik angewiesen. Am liebsten möchte ich unbemerkt bleiben. Es fällt mir immer schwerer, so zu leben wie jetzt. Ich bin nicht eitel, habe aber Vergnügen an schönen Dingen. Ich war immer darauf bedacht, bestimmte Grenzen nicht zu überschreiten. Ich amüsiere mich ganz gern, trinke manchmal auch einen Schluck, und schöne Mädchen gefallen mir – aber alles, wie gesagt, in Grenzen.«

Ahnte Walesa schon, was auf ihn zukam? In Danzig fahren wieder die Straßenbahnen – die Führerin des Streiks ließ es sich nicht nehmen, den ersten Zug selbst durch die Stadt zu fahren. Soldaten mußten, nach 17 Streiktagen, erst einmal den Straßendreck aus den Schienen kratzen. Walesa schläft lange, verbummelt den Arbeitsbeginn, will sich dafür später bei der Werftleitung entschuldigen, aber das ihm vom Wojwodschaftschef zugewiesene neue Hauptquartier außerhalb der Werft erweist sich als Enttäuschung. Auf der Werft verbreitete sich das Gerücht, der Wojwodschaftschef wolle Walesa mit seinem Streikkomitee in sein eigenes Büro einziehen lassen – statt dessen nun eine verfallene Jugendstilvilla, in der vorher der Kanarienzüchterverband saß. Keine Schreibmaschinen, kein Papier, keine Büroklammern, Chaos. Walesa nagelt als erstes ein Kreuz an die Wand: »Es ist unser Symbol und wird stets an meiner Seite bleiben. Das heißt aber nicht, daß wir aus unserer Bewegung einen klerikalen Verein machen.«

Zwei Kollegen von der Werft stehen ihm zur Seite: Andrzej Gwiazda, der bei den Verhandlungen mit Jagielski auch die prinzipielle Anerkennung einer neuen Gewerkschaft durchboxte, ist sein »Generalstabschef«. Wie Walesa gehörte er schon vor den Streiks den illegalen Gewerkschaften an, woher ihn Walesa kennt: »Er legt eine Sache erst dann aus der Hand, wenn sie hundertprozentig in Ordnung ist.« Gwiazda, der langsame Systematiker, das Organisationstalent, soll in der neuen Gewerkschaft als Katalysator wirken, als vermittelndes Glied zwischen Radikalen und Gemäßigten. Wie sich später erweist, hält Gwiazda, der Ingenieur, den Walesa »nicht für den Klügsten hält«, Walesa nicht für radikal genug. Und dann ist da Bogdan Lis, ein von Walesa deutlich bevorzugter Jungarbeiter: »Als Nachfolger fällt mir immer Lis ein. Er braucht vielleicht noch vier oder fünf Jahre, dann ist er der ideale Mensch für diesen Posten« – obgleich Lis, anders als Gwiazda, durch Aufgeregtheit oft aus der Rolle fällt. Im Wesen stehen sich Lis und Walesa näher, auch Walesa läßt gern »alles stehen und liegen«, selbst, wenn was Wichtiges zu erledigen ist: »In schwierigen Situationen braust er auf und bekommt ›fast einen Herzschlag‹.« Um sich vom nervösen Rauchen schwerer Zigaretten zu befreien, greift Walesa zur Pfeife. Er wirkt seitdem entspannter, so wohltuend, daß ihn ein englischer Interessenverband zum Pfeifenraucher des Jahres 1981 ernannte.

Walesa wird mit einer neuen, viel größeren Wohnung bedacht. Er muß sich noch oft gegen den stillen Vorwurf verteidigen, er habe sich damit ködern lassen. Man habe ihm, so Walesa, viel mehr angeboten: ein Auto, das er schon immer gern haben wollte, eine Villa, sogar den Vorsitz über den staatlichen Gewerkschaftsverband. Er wird in Warschau vom Kardinal empfangen, wonach sich Walesa wie »ein elender Wurm dieser Erde« vorkommt, ein Gefühl, das ihn nie losließ – angesichts der mächtigen Maschinen, die sich gegen seine Bewegung in Gang setzen, nicht erstaunlich. Die Regierung selbst weist ihm und seinem Stab eine größere Zentrale an – das ehemalige Seemannshotel »Morski« unweit der Werft. Von allen Seiten versucht man, Walesa und über ihn die neue Bewegung zu zügeln. Aber als sich im Hotel 300 Gewerkschafter aus ganz Polen treffen, wird Walesa überstimmt: Die Mehrheit will der Partei in Warschau frontal Paroli bieten. Dazu braucht man eine starke Einheitsgewerkschaft – Walesa ist dagegen. Er soll es später noch bereuen. In diesem Hotel, inzwischen zum Arbeiterwohnheim »degradiert« und ziemlich heruntergekommen, kommt es übrigens zur ersten Zusammenarbeit zwischen dem neuen polnischen Parteichef Kania und Walesa – Edward Gierek war gestürzt worden. Walesa: »Ich bin jetzt ein von der Regierung anerkannter Vertreter der Werktätigen.« 300 Betriebe mit rund 250000 Arbeitern an der Küste stehen hinter ihm. »Um den Rest Polens« kann er sich nicht kümmern. »Das mache ich später, wenn ich erst einmal hier Ordnung geschaffen habe.«

So beenden die schlesischen Bergarbeiter ihren Streik ohne Vermittlung Walesas; die Partei nutzt die anhaltende Zersplitterung, um mit den Arbeitern zu verfahren wie sie will. In der Flugzeugindustrie von Mielec müssen Arbeiter neu in den Streik treten, weil die örtlichen Behörden erklären, das Danziger Abkommen gelte nur für Danzig, wie das Stettiner nur für Stettin; unter Anwesenheit von Staatssicherheitsleuten sollen die Streikführer gezwungen werden, ein Abkommen zu unterschreiben, das die sofortige Wiederaufnahme der Arbeit vorsieht. Daraus ergibt sich die Forderung der empörten Arbeiter nach sofortiger Entlassung des Wojwoden Leon Kotarba. Überall im Lande flakkern neue Streiks auf: in Lodz, in Bialystok, in Elk und Breslau, in Jelenia Gora und Suwalki im Nordosten des Landes. Da die Abkommen von Danzig und Stettin offenbar nur regionale Bedeutung haben sollen, unerfüllbar sind, wie sich erweisen soll, bietet sich die noch immer existierende kommunistische Staatsgewerkschaft an, die Einhaltung der Abkommen zu überwachen. Die Partei meldet über ihre Gewerkschaft jene Führungsrolle an, die ihr Walesa während der langen Verhandlungen auf der Leninwerft zugestanden hatte.

Als der neue Parteichef Kania Danzig besucht, geht er Walesa und seinem Hauptquartier aus dem Weg; das wichtigste Zugeständnis, eine Forderung der Streikenden von Danzig, wird der Kirche, nicht den Arbeitern gemacht – zum erstenmal soll wieder eine Frühmesse im Staatsrundfunk übertragen werden. Welch Wunder, daß der beglückte Kardinal den »sehr gottesfürchtigen Mann« Walesa sofort für eine persönliche Audienz beim Papst empfiehlt. Aber auch die Partei sieht ein, daß Walesa, der, gegen heftigen Widerstand seiner Berater und sogar unter Tränen einer Arbeiterin, im Abkommen von Danzig die Führungsrolle der Partei anerkannt hatte, ein eher frommer Typ ist. Das Zentralorgan des Jugendverbandes von Polen, »Sztandar Mlodych«, ernennt Bogdan Boruszewicz, einen Mitarbeiter der oppositionellen Intellektuellenvereinigung KOR, zum eigentlichen Aufrührer von Danzig; er habe, nach dem Abschluß des ersten Abkommens mit der Werftleitung, den Streik angeheizt, während Walesa dagegen gewesen sei. Romuald Jankowski, der vom Politbüro den Auftrag erhalten hat, nach dem Sturz des diskreditierten Führers der zentralen Parteigewerkschaft, Szydlak, dessen Arbeit fortzusetzen, bietet sich sogar für ein Gespräch mit Walesa an, denn »beide Gewerkschaften sind jetzt offiziell«.

Während die Parteiführung zwischen Anerkennung und Ablehnung schwankt und Walesa seinen ersten Preis aus dem Ausland, den »Carl-Schurz-Preis der Stadt Erfstadt« (auf Antrag der CDU-Fraktion), verbunden mit 5000 DM, zugeteilt bekommt, hört man jenseits der Grenzen Polens ein Kontrastprogramm: Radio Prag bezichtigt Walesa, den Streik zwei Jahre lang illegal vorbereitet und schon Wochen vor Streikbeginn für Lebensmittel, Benzin und Papier für Pamphlete in den Lagerhallen der Leninwerft vorgesorgt zu haben. Walesa, so der tschechoslowakische Staatsrundfunk, verfüge über sehr gute und bezeichnende Beziehungen zu den USA: »Angeblich lebt sein Vater dort, und Washington hat vermutlich großes Interesse an Walesa.« Vor allem der dortige Präsidentenberater Brzezinski sei selbst »ein polnischer Emigrant aus einer aristokratischen polnischen Diplomatenfamilie«. Die Verteidigungsminister des Warschauer Paktes inspizieren gemeinsam ihre Truppen – dicht vor der polnischen Grenze in der DDR. Es kann keinen Zweifel daran geben, der übrige Ostblock lehnt die neue Gewerkschaftsbewegung, Walesa, den Gemäßigten eingeschlossen, völlig ab. Westliche Hilfsgelder, die immer häufiger in Danzig eintreffen, dienen als Beweis für die These, daß Polen das Opfer einer raffiniert eingefädelten Verschwörung geworden sei, an der nicht nur die westlichen Großmächte, sondern auch Zionisten, Trotzkisten und der Klerus teilnehmen. In Wirklichkeit ist Präsident Carter, der als amerikanischer Präsident an der Spitze dieser weltweiten Verschwörung stehen muß, eher unglücklich über die Idee der amerikanischen Gewerkschaften, Walesa mit 25000 US-Dollar unter die Arme zu greifen. Auch Walesa, der in westlichen Zeitungen immer häufiger als großer Opposi-

September 1980: Gründung eines unabhängigen Gewerkschaftsverbandes in Polen.

Der »dritte Vater« Lech Walesas: Kardinal Stefan Wyszinski.

tionspolitiker dargestellt wird, wehrt sich gegen eine solche Rolle: »Ich hab' mit Marxismus nichts zu tun. Politische Fragen interessieren mich nicht. Ich bin Gewerkschafter und nichts als Gewerkschafter und vor allem kein Politiker. Ich ziehe meine Stärke aus meinem Glauben und meinem Herzen. Eine andere Macht habe ich nicht. Die Kirche, nun ja, sie ist die Kirche und geht ihren eigenen Beschäftigungen nach.« Alles, was ihn und seine Arbeiter mit der Kirche verbinde, sei der Umstand, daß man »natürlich Katholik« ist, »und das ist eine sehr gute Sache«. Denn Religion hindert die Massen, Gewalt anzuwenden.

Den Zentralrat seiner Gewerkschaft, die sich Walesa immer noch als eine lockere Konföderation regionaler Gewerkschaftsführungen vorstellt, möchte er mit Experten besetzen – mit kühlen Köpfen um sich möchte er den Tatendrang junger Eiferer an der Basis dämpfen. Notfalls würde er, scherzt Walesa, sogar Parteichef Kania einen Posten anbieten, »allerdings keinen Führungsposten« – wer wäre aber dann die Führungsmacht?

Walesa, von der polnischen Presse wieder boykottiert, trägt in Interviews mit der westlichen Presse nicht wenig dazu bei, ein Bild aufzubauen, das der Wirklichkeit nicht entspricht. Jeder weiß, daß es in der ČSSR und in Ungarn zu Sympathiekundgebungen gekommen war, aber Walesa zeigt westlichen Korrespondenten auch Briefe, die ihn aus der Ukraine erreicht haben – überall in Osteuropa würden dieselben Träume gehegt. So wurde das Hotel »Morski« in der westlichen Berichterstattung schon bald mit dem »Smolny« in Petrograd verglichen, wo 1917 Lenin über einem Kongreß der Arbeiter- und Soldatenräte präsidierte – ein gestrenger Zentralist, der die Revolution einleitete, bevor sie reif war. Walesa aber saß im Hotel »Morski« unter einer Topfpalme und ärgerte sich darüber, daß der »Streik ein Jahr zu früh stattfand«, denn seine dezentralisierten Gewerkschaften boten ein Bild des Chaos; da es noch nicht einmal ein Programm oder auch nur Statuten gab, war die junge Gewerkschaft allen möglichen Gefahren ausgesetzt: der Spaltung, Verwässerung und Radikalisierung.

Die Kattowitzer Kumpel waren schneller als Walesa und legten dem zuständigen Gericht in Warschau einen eigenen Statutenentwurf vor. Hätte ihn das Gericht nicht wegen einiger formaler Mängel abgelehnt, wäre die Gewerkschaft »Solidarität« in Kattowitz, nicht in Danzig gegründet worden, hätte sich Walesa mit seiner Danziger Regionalgruppe nur noch anschließen und unterordnen können. An der Spitze der Breslauer Neu-Gewerkschafter stand Karol Modzelewski, ein Mann, der 1964 wegen eines offenen Briefes an die Partei zusammen mit Jacek Kuron ins Gefängnis gewandert war und auf der Ablösung des Wojwoden bestand, eine rein politische Forderung, die Walesa, der zum Danziger Parteichef und Wojwoden gute Beziehungen unterhielt, für zu weitgehend hielt. Walesa über die forschen Männer von KOR: »Ich möchte den Namen KOR hier nie wieder hören.«

Es gibt plötzlich Gewerkschaften, die sich gleichfalls autonom nennen – aber offenkundig der »Solidaritäts«-Bewegung nicht anschließen wollen, und sogar, völlig illegal noch, eine »Bauerngewerkschaft«, von der Walesa überhaupt nicht viel hält. Bauern sind keine Arbeitnehmer. Das Gericht in Warschau, das solche Neugründungen als Vereine registriert, geht wählerisch mit ihnen um, nach dem System »Die Guten ins Kröpfchen, die Schlechten ins Töpfchen« wird legalisiert und gleichzeitig konsumiert, wer die Führungsrolle der Partei ohne Widerspruch anerkennt; die anderen werden nach Hause geschickt. Nur dieser ablehnenden Haltung des Wojwodschaftsgerichtes in Warschau ist es zu verdanken, daß Mitte September, einen Monat nach Walesas erstem Auftritt auf der politischen Weltbühne, Delegierte aus ganz Polen in Danzig zusammenkommen, und die schlesischen Bergleute, die schneller sein wollten als Walesa, nun sogar vor einem »gefährlichen Regionalismus« in der neuen Gewerkschaft warnen. Der Stil dieser ersten Zentralversammlung unterscheidet sich erheblich von den muffigen Versammlungen der alten Staatsgewerkschaft, ohne Bierausschank im Foyer, sogar ohne Qualm aus der Pfeife Walesas. Bei weit geöffneten Fenstern, so daß die Menschen auf der Straße mithören können, wird Lech Walesa zum Vorsitzenden eines neuen Nationalen Koordinationskomitees gewählt und damit beauftragt, für 35 regionale Koordinationskomitees die gemeinsame Registrierung vor dem Warschauer Gericht zu beantragen. Walesa: »Wir müssen uns vereinigen.« Aus der Danziger Regionalfigur wird erst jetzt der »Held Polens«. Sein Danziger Hauptquartier wird zur Gewerkschaftszentrale für alle anderen. Das erste Echo aus Warschau ist negativ. Walesa sei ein Vertreter der äußersten Rechten und habe den Streik von langer Hand vorbereitet – obgleich es auch Walesa zu verdanken ist, daß Polen zum erstenmal seit Mitte 1980 wieder völlig streikfrei ist. Die Gewerkschaft, die erst auf diesem Vereinigungstreffen den Namen »Solidarität« erhielt, und ihre Statuten, die vom mäßigend wirkenden Chefredakteur der katholischen Zeitung »Wiez«, Tadeusz Mazowiecki, begründet werden, obgleich auch sie nach Ansicht einiger Gewerkschaftsführer »nicht ideal« sind, teilt ganz Polen in 17 Regionen unter je einem Zentrum auf und sorgt für Ruhe. Der Einfluß von KOR wird deutlich zu Gunsten des Einflusses von »Katholischen Intelligenzlerklubs«, die erst von Walesa während des Streiks gedrängt werden mußten, sich beratend zur Verfügung zu stellen, zurückgedrängt.

Registration

Mit dem Zug fährt Walesa, der Registrierung seiner Gewerkschaft durch das zuständige Warschauer Gericht sicher, in die Hauptstadt. Nach der Frühmesse läßt er sich in einem mit Spruchbändern geschmückten Bus vor das Wojwodschaftsgericht fahren, wo ihn eine schnell anwachsende Menschenmenge mit Hochrufen begrüßt. Zwei Leibwächter bahnen ihm den Weg, durch den Walesa, beide Hände siegessicher erhoben, über die Steintreppe in den zweiten Stock, Saal 203, schreitet. Fast wäre er zu spät gekommen, die Richter, die ihn erwarten, scheinen etwas durcheinander zu sein: »Es ist das erstemal, daß wir mit diesen Dingen zu tun haben.« Walesa läßt durch seinen katholischen Berater, Tadeusz Mazowiecki, die notwendigen Dokumente überreichen. Die wandern, als seien sie bakterienverseucht, aus den Händen des Gerichtspräsidenten Stanislaw Pawela in die von Zdzislaw Koscielniak, Vorsitzender der Registraturkommission. Vor dem Gebäude eine tobende Menge. Aber das Gericht bleibt kühl: »Wir werden etwa zwei Wochen benötigen, um die Statuten zu überprüfen.« Der »Fall Solidarität« wandert erst einmal zu den Akten – und sollte dort, so meinen einige Parteifunktionäre, ruhen, eigentlich auch verstauben. Aber man versüßt Walesa die Niederlage. Nachmittags wird er zum erstenmal im Gebäude des Ministerrates empfangen, wo er dem Mann wiederbegegnet, der ihm die Registrierung seiner Gewerkschaft doch zugesagt hatte. Aber Vizepremier Jagielski ist nicht allein; an seiner Seite sitzen zwei weitere Vizepremiers Walesa gegenüber, außerdem, als Wachhund der Partei, ZK-Sekretär Tadeusz Grabski, der von Giereks Mißwirtschaft ebensowenig hielt wie er nun etwas vom Versuch hält, die Arbeiter an innerbetrieblichen Entscheidungen zu beteiligen. So ist Jagielski zu keiner Erklärung, die Walesa ermutigen könnte, zu bewegen. Man lauscht höflich, verspricht, Walesas Beschwerden

»zu untersuchen«. Walesa am selben Abend vor 5000 noch immer begeisterten, aber nach Resultaten verlangenden Arbeitern im notorisch unruhigen Traktorenwerk »Ursus« bei Warschau: »Alles ist schriftlich fixiert. Jagielski hat viel getan. Man muß Leuten wie ihm helfen. Es gibt nicht viele Leute an der Spitze des Parteiapparates. Vergessen wir nicht Leute wie Jagielski, wenn wir nicht wollen, daß er von den anderen erdrückt wird.« Polens amtliche Nachrichtenagentur nimmt vom Besuch des Arbeiterführers in den heiligen Hallen der Regierung fast keine Notiz.

Aber am Abend veranstaltet sie für Walesa eine Pressekonferenz. Walesa, heiser und müde, macht einen unsicheren Eindruck. Nach der Konferenz notieren westliche Journalisten: »Seine Antworten gingen oft am Kern der Fragen vorbei und bestanden oft nur aus Hypothesen, welches Programm die neue Gewerkschaft haben soll, wie sie funktionieren soll!«

Er will »Polen in ein zweites Japan verwandeln«, bestreitet, für seine nachgiebige Haltung von der Regierung oder der polnischen Partei einen »Mercedes« erhalten zu haben: »Das ist nicht wahr. Ich habe diesen Anzug hier und ein paar gestopfte Socken.« Aus Furcht, der Korruption bezichtigt zu werden, habe er sogar Angst, andere Gardinen in seiner neuen Wohnung aufzuhängen. Anwesende Vertreter der Sowjetpresse, die sonst von Walesa geschnitten werden, nutzen die Chance, um ihm auf den Pelz zu rücken. Walesa: »Wir stellen für niemanden eine Gefahr dar. Wir machen nur Ordnung in unserem eigenen Haus. Die ganze Welt versteht das, andere sollten unserem Beispiel folgen.« Wer soll folgen? Eilig huschen die Kugelschreiber der osteuropäischen Korrespondenten übers Papier, das solche Worte aufbewahrt. Walesa: »Polen gehört weder dem Westen noch dem ...« er verschluckt das Wort, auf das alle lauern und bricht ab. »Wir sind müde, können wirklich nicht mehr.«

»Trybuna Ludu« hält Walesas Antworten gleichfalls für »ausweichend«; um so lauter prasselt der Beifall aus dem Westen über ihn herein: In England schlägt ihn der konservative Abgeordnete Robert Adley erstmals für den Nobelpreis vor: »Was den Mut und den Erfolg anbelangt, müßte sich das Friedensnobelpreiskomitee schon sehr anstrengen, um einen besseren Kandidaten zu finden.« Margaret Thatcher weiß schon von dem Vorhaben, die Labourparty muß dafür sein. An ihrer Jahreskonferenz hatte Edmund Baluku teilgenommen, ein polnischer Streikführer, der nach 1970 an Bord eines Schiffes in den Westen geflohen war, hier eine »Sozialistische Partei Polens« im Exil gegründet hatte und mit Walesa sympathisiert – ihm später aber noch Schwierigkeiten machen wird. Vom linken Flügel der Labourparty bis zu den Tories und ins Weiße Haus von Washington sind alle für Walesa. Präsident Carter empfängt, werbewirksam für seine eigene Präsidentschaftskandidatur, Walesas Stiefvater Stanislaw, für Radio Prag erneut ein Anlaß, diese für Walesa unbedeutende Familienverbindung unter die Lupe zu nehmen: »Wenn Carter jemanden empfängt, will er auch 'was.« Aber wer gab Stanislaw Walesa das Mandat, dem US-Präsidenten für schon erteilte wirtschaftliche Hilfe zu danken? »Sicher nicht das polnische Volk.«

Auch in der Umgebung Walesas ist es Mode geworden, sich nach seinem Vorbild einen wuchernden Schnurrbart wachsen zu lassen: Sechs der acht Gewerkschaftskomitee-Mitglieder in der Danziger Fabrik für Fernsehapparate tragen den »Walesa-Look«. Aber in Wirklichkeit sieht alles viel schlechter aus! Der ohnehin ziemlich selbständig agierende Chef der schlesischen Gewerkschaften, Kazimierz Switon, wirft Walesa, wie die Partei, zu enge Beziehungen zur politischen Opposition vor. Karol Modzelewski, Sohn eines früheren polnischen Außenministers, klagt, daß zu viele Mitglieder der Partei in die Gewerkschaft »Solidarität« eindringen und, zunächst in Breslau, beginnen, die neue Gewerkschaft von der Basis her zu unterwandern und sogar Führungsposten zu übernehmen. Die Arbeiter hingegen, ohnehin enttäuscht über den Umstand, daß Walesa in Warschau keine Registrierung und damit keine Legalisierung der neuen Gewerkschaft erreicht hatte, murren deutlich über mangelnde Militanz, weil die Regierung auch nicht ihre Lohnzusagen aus dem Danziger Abkommen einhält – kaum einhalten kann. Denn die Zuckerrübenernte ist um 4 Millionen Tonnen, die von Getreide um sogar 8 Millionen Tonnen zu knapp ausgefallen. Warschau braucht alles andere als eine neue Ausweitung der Kaufkraft, nachdem als erster westlicher Staat Österreich eine Warschauer Bitte um 1,6 Milliarden Dollar Neukredit abgelehnt hat. Die Situation ist auch für die polnische Regierung schwer. Je mehr sie den Forderungen von »Solidarität« nachgibt, desto kreditunwürdiger wird sie auf dem westlichen Kapitalmarkt.

Walesa muß einen Warnstreik, vielleicht sogar einen ersten Generalstreik in der Geschichte des kommunistischen Osteuropas ankündigen, wenn die Regierung nicht endlich wenigstens einige Zusagen aus dem Danziger Abkommen erfüllt. Er wird prompt zum Kardinal gerufen, der ihn nach der Messe sogar zum Frühstück einlädt und ihn sowohl mit einem Neuen Testament als auch einer Mahnung entläßt: Bevor gestreikt wird, solle Walesa noch einmal mit seinem Gesprächspartner aus Danzig, Jagielski, verhandeln. Gleich zu Beginn der Unterredung klagt Walesa an: Unter Bruch des Danziger Abkommens ziehe es die Regierung vor, nicht mit »Solidarität«, sondern den alten Gewerkschaften zu verhandeln – so daß sich mit etwaigen Zugeständnissen die Gewerkschaft der Partei, nicht aber Walesas Gewerkschaft schmücken kann. Dies sei ein Versuch, Walesa und seine Gewerkschaft von den Arbeitermassen zu trennen. Nach sieben Stunden fruchtlosen Palavers tut Walesa dem Vizepremier kund, nun könne er auch nicht mehr verhindern, daß am nächsten Tag um 12 Uhr alle Sirenen des Landes zum Warnstreik heulen werden.

Der Streik Anfang Oktober wird zum vollen Erfolg für Walesa – oberflächlich. Zwar schließen sich fast alle Arbeiter an, aber sie nehmen Rücksicht auf die Staatsräson und nehmen von ihrem Ausstand alle lebenswichtigen Bereiche aus – woraus die Partei später macht, viele Arbeiter hätten sich Walesas Aufruf widersetzt. In Wirklichkeit streikten alle, sogar die Theater – bei denkbar geringen Verlusten für die ohnehin marode polnische Volkswirtschaft. Aber mit diesem Streik ist die Unruhe wieder eingezogen, wird Walesa von den eigenen Arbeitern und der Regierung, die nicht in der Lage ist, das Danziger Abkommen zu erfüllen, von einer schwierigen Lage in die andere gehetzt.

Die Partei kann weder positiv noch eindeutig negativ auf Walesas Forderungen reagieren: Die Politbüromitglieder bezeichnen sich gegenseitig als »schuldig« oder gar als »Schmierenkomödianten« und beschwören allesamt die bevorstehende Katastrophe; Parteichef Kania kann zwischen den einander bekämpfenden Fraktionen kaum das Gleichgewicht halten – das er verteidigt, indem er weder konkrete Reformen vorschlägt noch personelle Wechsel an der Spitze mehr wünscht. Die Schuld will er allein Edward Gierek geben – wenn der sich wieder von seinem Schock erholt hat. Erich Honecker im Westen Polens erklärt, die DDR könne »nicht unbeteiligt bleiben«, die Sowjetunion im Osten schließt den wichtigsten Grenzübergang und schickt Kriegsschiffe nach Danzig. Unter solchem Druck erklärt Justizminister Jerzy Bafia im Warschauer Sejm, die Aussichten der »Walesa-Gewerkschaft«, anerkannt zu werden, stünden schlecht. Bei Prüfung des Statutenentwurfes habe man nicht weniger als zehn Mängel gefunden. Der schwerste Mangel: die Gewerkschaftsstatuten von »Solidarität« sehen vor, daß politische Funktionäre nicht Gewerkschaftsfunktionäre werden dürfen. Gerade diesen Punkt möchte die Partei beseitigt sehen, um mit kommunistischen Funktionären den Apparat von »Solidarität« einmal übernehmen und in das System reintegrieren zu können. Außerdem soll »Solidarität« ohnehin die Führungsrolle der Partei anerkennen, wie es von Walesa im Danziger Abkommen auch eingestanden worden war. Nur eine Sache will man Walesa offenbar gewähren, den Bau eines Denkmals zu Ehren der Toten von 1970 vor der Werft in Danzig, sein eigener, persönlicher Traum seit Jahren.

Walesa gibt sich nach dem erfolgreich, für die Regierung wenig schmerzhaft verlaufenen Warnstreik wieder versöhnlich: »Wir haben demonstriert, wie man einen Streik macht und ihn wieder beendet. Das ist es, was wir erreichen wollen.« Weitere Streiks weist er von sich – in der Hoffnung, nun nach Warschau gerufen zu werden, um mit dem höchsten Vertreter des Staates, Staatschef Jablonski, über die offenstehenden Forderungen der Gewerkschaft reden zu können. Die Gelegenheit zu einem solchen Treffen soll sich anläßlich einer ersten Sitzung eines von Jablonski einberufenen Fachleutetreffens über ein neues Gewerkschaftsgesetz in Warschau ergeben, zu dem Vertreter von Solidarität, ausdrücklich auch Walesa selbst, aber auch Vertreter der alten Parteigewerkschaft und einige »neutrale« Fachleute und Sejm-Abgeordnete eingeladen worden sind. Walesa, der vom Warschauer Gericht, das sich mit der Registrierung seiner Gewerkschaft schier endlos befaßt, nichts weiter hört, sieht in einem Treffen mit dem Vorsitzenden des Staatsrates die Chance, protokollarisch anerkannt zu werden – was fast ebensoviel wert ist wie eine formaljuristische Eintragung.

Sein Flugzeug aus Danzig kann wegen Nebels nicht starten; so beschließt Walesa den Landweg mit Auto. Er schläft nur wenige Stunden im »Sejmowy-Hotel«, ist eigentlich müde, denn in Danzig schläft er nicht selten in seinem Büro, so daß »meine Kinder mich schon vergessen und damit begonnen haben, mich mit ›Herr‹ anzureden«. Aber »jeder Ausflug aus Danzig bedeutet für mich etwas Erholung« und Walesa fühlt sich »gut ausgeruht und bereit zu jeder Aktion«, beflügelt von den Aussichten des großen Tages.

Aber Jablonski läßt nichts von sich hören. Die von ihm eingesetzte Kommission, an deren Arbeiten Walesa zunächst überhaupt nicht, dann nur in Begleitung seiner Berater teilnehmen will, weil er befürchtet, untergebuttert zu werden, tagt zwar fünf Stunden lang, aber der Vorsitzende, Sylvester Zawadzki, erklärt rundum, dies sei »nicht der Platz, um eine Gerichtssache«, also die Zulassung der »Solidarität«, zu verhandeln und das Gericht, das seine zwei Wochen Denkfrist schon um eine weitere überzogen hat, läßt Walesa mitteilen, die Bedenken gegen den Statutenentwurf seien nicht ausgeräumt – ohne Anerkennung der Führungsrolle der Partei geht nichts. Der »große« Tag bringt Mißerfolg. Walesa: »Ich bin besorgt!« In seiner Gewerkschaft werden Rufe nach dem nur ausgesetzten Generalstreik laut; die polnischen Eisenbahner haben inzwischen sogar einen Katalog mit 45 Forderungen aufgestellt – die weit über alles hinausgehen, was Walesa in Danzig mit der Regierung vereinbart hatte.

Walesa, der, mit Erfolgen im »Gepäck«, eine Rundreise durch andere Teile Polens beginnen wollte, läßt vor 15000 Zuhörern auf einer Massenversammlung bei Krakau eine Erklärung verlesen, daß eine weitere Hinauszögerung der Registrierung der Gewerkschaft »nicht im nationalen Interesse« liege. Walesa: »Wir haben nichts zu befürchten, weil wir so viele sind.« Nach der Messe in der königlichen Burg auf dem Krakauer Wawelhügel wird Walesa 3 Kilometer auf den Schultern der Arbeiter durch die Stadt getragen – bis zum Marktplatz, wo man ihn bittet, nicht das Vertrauen zu verspielen, das Polen in ihn gesetzt hat. Bei schwerem Regen harren 12000 Menschen aus, um Walesa in Nowy Sacz und Tarnow zu hören. Das Volk vertraut, während es in der Gewerkschaft schon »brennt«. Deutlichstes Zeichen wachsender Unzufriedenheit mit Walesa und seinem Abkommen von Danzig: Zum erstenmal findet die Sitzung des Nationalen Koordinationskomitees von »Solidarität« nicht mehr in Danzig, sondern in Jastrzebie statt, wo sich Walesa der Forderung nach einem Generalstreik für die Durchsetzung des Danziger Abkommens nur noch mit einem Geschäftsordnungstrick entziehen kann. Er sagt, die Versammlung sei nach den Statuten, um die der Streit geht, nicht beschlußfähig.

Denn inzwischen hat Parteichef Kania erneut mit dem Kardinal gesprochen: zwei Partner, die einander ernster nehmen als »Solidarität«. Das Ergebnis wird Walesa von der Kirche mitgeteilt. Am 24. Oktober werde das Gericht in Warschau entscheiden. Bricht der von der Mehrheit der »Solidaritäts«-Funktionäre immer stürmischer verlangte Generalstreik aber eher aus, stehen die Chancen für einen positiven Entscheid schlecht. Walesa rät seinen Freunden daher, andere Mittel anzuwenden: Man könnte, beispielsweise, die Parteizeitung boykottieren, in der in diesen Tagen ohnehin nur Schlimmes über »Solidarität« zu lesen sei. Sie stehe im Dienst »subversiver Ziele der NATO«, und Walesa sei in ihr und an ihrer Spitze nur das Werkzeug von Kräften, die »die Säulen des Sozialismus und Polens aufweichen wollen« – ganz so, als sei das Werk jahrzehntelangen »sozialistischen Aufbaus« reines Zuckerwerk. Selbst der eher »liberale« Kommunist Rakowski, der mit seiner Zeitschrift »Polityka« alte freiheitliche Traditionen in der polnischen Publizistik mit seinem Parteiauftrag zu verknüpfen versucht, erklärt, solange sich Walesa weigere, die Führungsrolle der Partei und damit das herrschende Gesellschaftssystem anzuerkennen, müsse man, was »Solidarität« anbelangt, »an Charakter und Absicht zweifeln«. Walesa: Auch er sei »für ein sozialistisches Polen, aber ein »gerechtes Polen mit einem polnischen Sozialismus!« Am Statutenentwurf werde hingegen kein Komma verändert, die Führungsrolle der Partei nicht noch einmal ausdrücklich anerkannt.

Der 24. Oktober setzt allen Hoffnungen Walesas ein jähes Ende: Zwar verkünden Plakate und Aufkleber selbst in den Warschauer Straßenbahnen und Bussen bereits die erfolgte Registrierung, aber nach vier Stunden Verhandlung verkündet der zuständige Richter Zdzislaw Koscielniak etwas ganz anderes: Die Eintragung der Gewerkschaft »Solidarität« mit einem neuen Statut.

Was war geschehen? Schon gleich nach Eröffnung dieser Verhandlung weist Koscielniak darauf hin, daß man den von Walesas Beratern vorgeschlagenen Artikel über Streiks ändern, in der Satzung ausdrücklich die Führungsrolle der Partei anerkennen und außerdem ein Bekenntnis zum Warschauer Pakt ablegen muß. Walesa bietet einen Kompromiß an: Man kann sich in einem Anhang auf die polnische Verfassung und das Danziger Abkommen berufen, in denen die Führungsrolle der Partei festgeschrieben ist. Aber die polnische Verfassung bezieht sich auf Polen als Staat, nicht als Verein oder als Gewerkschaft. Die Partei will den Staat nicht nur von oben, sondern von jeder Zelle ganz unten aus regieren und beherrschen. »Solidarität« soll mit Parteigenossen, die der Parteidisziplin unterliegen, von unten her überschwemmt – und Walesa wieder weggenommen werden. Der Gerichtsvorsitzende: »Anders muß ich die Satzung ganz zurückweisen.« Walesa daraufhin, man werde so tun, als sei die Satzung in ursprünglicher Fassung akzeptiert worden – und den Kampf vor dem Obersten Gerichtshof fortsetzen. Aber dennoch steht er blamiert da. Weil die Partei an freilich bedeutungsvollen Formeln festhält, kann er sein Wort bei den Arbeitern nicht einlösen. Als in Kattowitz Vertreter seiner Gewerkschaft von ihm Aufklärung erwarten, kann er ihnen nur mit nichtssagenden Worten entgegentreten: »Wir werden uns nicht ins Gesicht schlagen lassen.« Da tönt es durch den Saal: »Schildkröten an die Wand!« Die Schildkröte war zur Zeit der deutschen Besetzung Polens das Symbol des bewaffneten Widerstandes! Auf dem Ringplatz von Krakau beeidete vor 186 Jahren Polens Nationalheld Tadeusz Kosciuszko: »Ich schwöre dem ganzen polnischen Volk, daß ich die mir anvertraute Macht lediglich zur Wiedergewinnung der Selbstherrschaft der ganzen Nation und zur Festigung der allgemeinen Freiheit anwenden werde.« Er trat an die Spitze eines Aufstandes gegen die russischen Besetzer, schlug bei Raclawice vernichtend die Armee des russischen Generals Tormassow – brachte aber nur Unheil für Polen. Denn wenige Monate später metzelte des Zaren General Suworow dafür Tausende Polen nieder. Suworow wird heute in der Sowjetunion als Held gefeiert. Als die Einwohner des traditionell bürgerlichen Krakau Lech Walesa auf Schultern von der Kathedrale zum Ringplatz tragen und ihn auf Transparenten als »Schöpfer eines neuen Polen« feiern, mag sich Lech Walesa dieser geschichtlichen Tatsache erinnern. Denn auch er legt hier jetzt einen Schwur ab: »Auch ich, Lech Walesa, will mich an diesem historischen Ort verpflichten, dem Volk zu dienen und alles zu tun, wozu ihr mich beruft.« Aber antirussische Töne vermeidet er.

Was das Volk, die Arbeiterschaft von ihm erwartet, ist nun erst recht der Generalstreik: Walesa besteht darauf, daß man zuerst noch einmal mit der Regierung verhandeln soll. Aber vergeblich wartet man auf der Leninwerft auf Premierminister Pinkowski und Justizminister Jerzy Bafia; auch Walesas Gesprächspartner Jagielski, der sich endlich nach Danzig begibt, weigert sich, auf die Werft zu kommen: Walesa solle am 31. Oktober in Warschau erscheinen – möglichst allein. Die Gewerkschafter: »Wir werden mit 34 Mann kommen.« Erstes Mißtrauen gegenüber Walesas Verhandlungsgeschick?

Um überhaupt mit Walesa und seiner »aufmüpfigen« Gewerkschaft weiter verhandeln zu können, holt sich Kania erst die Genehmigung des Kreml ein. Der Kreml zeigt Geduld. Kurz zuvor hatte ein Gericht in Warschau die Registrierung einer Bauern-Gewerkschaft rundum abgelehnt. Breschnjew: »Die Kommunisten und Werktätigen des brüderlichen Polen sind fähig, die schwierigen Probleme der politischen und wirtschaftlichen Entwicklung selbst zu lösen.« Aber Kania, jahrelang Sicherheitschef im Zentralapparat der polnischen Partei, erweist sich als Gummilöwe. Er kann nicht verhindern, daß sich Polens Journalisten in Stefan Bratkowski einen neuen Vorsitzenden wählen und die Presse damit auf die Seite von Walesa übergeht. Als Walesa am 31. Oktober um 11 Uhr in die Verhandlung mit der Regierung eintritt, hat Radio Warschau schon dazu aufgerufen, »Solidarität« zu unterstützen, denn diese neue Organisation sei inzwischen »ein Faktum in unserem Leben« geworden und müsse auf allen Ebenen »in den konstruktiven Aufbau einbezogen werden«.

Dieser Kurswechsel macht sich auch in den Gesprächen der Gewerkschafter mit Ministerpräsident Pinkowski, dem alten Bekannten Jagielski, dem Technokraten Grabski und Justizminister Bafia bemerkbar. Zwar weigert sich die Regierungsdelegation, dem Gericht Weisung zu geben, »Solidarität« endlich so zu akzeptieren wie sich diese neue Bewegung in ihrer eigenen Satzung beschreibt – und kann sich dabei, worauf Walesa später seine unzufriedene Basis oft hinweisen wird, sogar auf das demokratische Prinzip der »Unabhängigkeit der Justiz« berufen. Aber man sagt Walesas Bewegung eine eigene Zeitung, die Freigabe bisher vom Zoll zurückgehaltener Druckmaschinen aus dem Westen und Sendezeiten in Rundfunk und Fernsehen zu. Doch unterschrieben wird von der Regierung nichts. Walesa nach Abbruch der Gespräche am frühen Morgen: »Wenn die alles halten, was sie mündlich zugesagt haben, wäre das ein großer Sieg. Aber wir sind uns dessen bewußt, daß wir uns gegenseitig helfen müssen, wollen wir die harten Zeiten, die uns bevorstehen, überleben. Wir sehen in diesem gesellschaftspolitischen System und in unseren Rechten eine Grundlage dafür. Unter unseren Forderungen ist keine einzige, die gegen die Grundfesten des Staates gerichtet ist. Wir haben weder die Aufhebung der Zensur noch eine Änderung des Wahlgesetzes verlangt. Wir sind nicht dafür, den Sozialismus außer Kraft zu setzen. Wir benehmen uns ruhig und sagen, wir wollen ihm sogar helfen. Sozialismus ist ein guter Weg.« Warum man die Regierung nicht zu einer schriftlichen Verpflichtung gedrängt habe? Walesa: »Wir waren müde, und die Vertreter der Regierung wahrscheinlich noch mehr.« Die Verhandlungen hatten 15 Stunden gedauert. Außerdem habe man von der Regierung, meint Walesa, nicht soviel Konkretes verlangen dürfen: Aber mit 23 gegen nur 11 Stimmen hatte sich das gesamte Nationale Koordinationskomitee von »Solidarität« zuvor eben für 11 Verhandlungspunkte ausgesprochen.

Walesa hatte nur eine Minderheit erhalten; dazu bemüht sich die Regierung, sein Ansehen bei den Arbeitern zu untergraben. So enthüllt Maria Milczarek, die Arbeitsministerin, Walesa habe angeblich einen Brief an den Premier und Jagielski geschrieben, in dem er Verständnis für nur sehr bescheidene Lohnerhöhungen bekundet habe; 2 Millionen polnischer Arbeiter, die spätestens im November nachziehen möchten, seien von Walesa enttäuscht. Absicht der Regierung ist es, mit allen Mitteln den von der Basis der Gewerkschaft immer noch geforderten Generalstreik zu verhindern, für den es sogar einen konkreten Termin gibt, den 12. November, wenn bis dahin nicht die Gewerkschaft »Solidarität« mit ihrer eigenen, völlig unveränderten Satzung vom Gericht in Warschau registriert worden ist. So verspricht man, ohne sich festzulegen, und sät Mißtrauen aus.

Wird Walesa in diesen Tagen gefragt, ob er einen solchen Generalstreik unterstützt, kann er »nicht sagen, ob es ein Generalstreik sein wird, denn es gibt viele technische Probleme zu lösen. Das ist ein sehr schwieriges Problem. Wir müssen kalkulieren.« Während er bohrenden Fragen lauscht, öffnet er demonstrativ Briefe, die er von irgendwelchen Arbeitern aus dem ganzen Lande in Massen erhält; er hält sie sich vors Gesicht, wenn er antwortet: »Es gibt viel, was ich Ihnen sagen könnte, aber ...« Dann weist er mit dem Brief an die Zimmerdecke – er werde abgehört, im Auftrag einer Macht belauscht, mit der man rechnen muß und vor der auch die Arbeiter, die ihm schreiben, Angst haben: »Ein Generalstreik würde viele sowjetische Divisionen nach Polen einmarschieren lassen.« Breschnjew habe Kania nur deshalb in Gnaden entlassen, weil dieser ihm versprochen habe, daß die Polen sich ruhig verhalten würden und Stabilität wünschten. Walesa irrt: Moskau geht es nicht nur um Ruhe und Stabilität!

Walesa hat es inzwischen gelernt, auch zu posieren: Er winkt mit Blumen, ballt die Fäuste zum Zeichen des Sieges und umarmt Frauen – ein Superstar, der seine Wirkung kennt, gerne seine Familie zeigt und sich, um sich nicht unbedacht festzulegen, auf witzige Antworten versteht. Bei Interviews mit der West-Presse bittet er ausdrücklich um »aggressive Fragen, denn ich bin im Angriff am besten«, aber fragt man ihn so, antwortet er lapidar: »Das interessiert mich nicht, das geht mich nichts an.« Klappen die Auslandskorrespondenten enttäuscht ihre Notizbücher zu, frotzelt er: »Habt ihr euer Pulver schon verschossen? Keine Fragen mehr?« Aber zuvor hat er sie zu Eile gedrängt – Journalisten, die Tausende von Kilometern angereist kommen und tagelang auf dieses eine Gespräch warten, fertigt er ab: »Ich möchte diese Angelegenheit in zehn Minuten erledigen.«

Korrespondenten aus dem Osten haben es noch schwerer! Sowjetischen Reportern von »Literaturnaja Gazeta« bedeutet man im Danziger Gewerkschaftshauptquartier, es sei kein russischer Dolmetscher vorhanden. Jan Lipavsky, der Korrespondent des tschechoslowakischen Parteiorgans

»Rude Pravo«, der für ausschließlich »negative« Berichterstattung bekannt ist, »leidet« unter der Art Walesas, seine Absichten zu verbergen. Walesa auf die Frage, wie er zum kommunistischen »Welt-Gewerkschaftsbund« steht: »Was ist das eigentlich? Was geht mich das an?« Walesa, gefragt, ob er denn nicht die Hilfe der »sozialistischen Länder« für »Polen in Not« schätze: »Ich bin keinerlei Hilfe begegnet.« Jan Lipavski: »Haben Sie die Erörterungen der Repräsentanten der sozialistischen Länder gelesen, die sich mit der Lage in Polen befassen?« Walesa: »Zum Lesen habe ich keine Zeit.« Für Prag ist diese Art zu reden ein erneuter Beweis, daß hinter »Solidarität« Geheimnisvolles stecken muß.

Walesa ist zwar, so sagt er wenigstens, für das sozialistische Gesellschaftssystem, aber selbst »kein Sozialist«. Aber er ist auch kein »Kapitalist«. Im Westen gibt es zuviele Reiche, die nach ihrem Tod ohnehin nichts von ihrem Vermögen haben; weshalb sollte man ihre Reichtümer nicht gleich den Armen geben? Walesa: »Man fragt mich, ob dies eine polnische Revolution sei. Unter gewissen Umständen könnte sie sich über die ganze Erde ausbreiten, denn die Welt ist nicht perfekt.« Zwar war Walesa noch nie im Ausland, aber er könnte sagen, was dort falsch ist: »Wenn ich hier alles erledigt habe, komme ich und helfe allen aus ihren Problemen«, sagt Walesa, plötzlich ein Weltrevolutionär. Er fühlt sich dabei nicht allein: Er stimmt in seiner Kritik mit der Solschenitzyns (sowohl des Westens auch als des Ostens) überein. Ist Walesa ein Gegner des Materialismus – als Chef einer Gewerkschaft und einer Arbeiterschaft, die von ihm vor allem Handfestes erwartet?

Die Partei hat endlich begriffen, daß dieser Walesa in Wirklichkeit ein Goldjunge ist: Ideologisch nicht einzuordnen, daher auch kein rabiater Antikommunist, muß er vor seinen eigenen Anhängern gerettet werden. So gönnt man Walesa endlich einen Triumph: Der Oberste Gerichtshof Polens registriert Walesas Gewerkschaft »Solidarität« mit der Satzung, die Walesa wollte; wie von Walesa schon in der ersten Instanz vorgeschlagen, wird nur in einem Anhang

Bezug auf die Danziger Vereinbarung und damit auch auf die Führungsrolle der Partei genommen. In Polen herrscht Erleichterung, um Walesa Jubel: Er wird vom Kardinal empfangen, Rundfunk und Fernsehen berichten ausführlich über die Einigung, am Abend große Gala im Opernhaus; die Damen tragen Pullover statt Roben. Es geht romantisch zu: Schauspieler, das Abzeichen von »Solidarität« an der Brust, rezitieren leise, aber eindringlich Balladen aus der polnischen Vergangenheit und die Nationalhymne »Noch ist Polen nicht verloren, solange wir leben!« Es ist Walesa, der ganz zum Schluß einen Schuß Bitterkeit in den reinen Wein der Freude schüttet: »Über manche Dinge muß man besser schweigen.«

Feuerwehrmann von Partei und Kirche

Das Schweigen hält nicht lange an: Die Partei läßt verbreiten, Walesa habe nun doch die Führungsrolle der Partei anerkannt; tatsächlich hatte Walesa noch vor der Verhandlung erklärt, er würde nun nicht einmal mehr einem Anhang zustimmen. Der Anhang, dem er aber doch zugestimmt hat, sagt Walesa, bezieht sich auf die Führungsrolle der Partei im Staat, nicht in »Solidarität«. So fängt für Walesa mit der triumphal gefeierten staatlichen Anerkennung seiner Gewerkschaft »das Übel erst an«, zumal Kardinal Wyszynski die ihm von Walesa erkämpfte Sendezeit im Rundfunk nutzt, um sich auf die Seite der Regierung zu stellen: »Selbst der bestorganisierte Staat kann nicht geben, was er nicht hat.« Walesa, klagend: »Man zieht uns in soviele verschiedene Richtungen.« Vor allem Parteichef Kania zieht Walesa immer dichter an sich heran: Er lädt den parteilosen Arbeiterführer ein, stärkt Walesas Status de jure durch Anerkennung auch von Seiten der Partei, läßt sich vor Walesa sogar über die eigene Partei aus, in der es zuviele Widerstände gegen eine wirkliche Erneuerung gebe, zitiert Moskaus Geduld, die »am Ende ist« und ernennt Walesas Gewerkschaft zum »wichtigen Faktor in einer sozialen Demokratie«. So wird Walesa zur dritten Säule einer erstaunlich zusammengesetzten Koalition, die aus dem Kardinal und seiner Kirche, Kania und der um Polens äußere Sicherheit besorgten polnischen Armee und ihm selbst besteht.

Walesa betont vor seinen eigenen Anhängern, das Gespräch sei offen und sogar hart gewesen; in Wirklichkeit bezog sich Kania jedoch auf die Zerstrittenheit in der eigenen Partei, wenn er nichts Konkretes versprach. Walesa hingegen hatte sich verpflichtet, alles zu tun, um Streiks zu verhindern – er wird zum Feuerwehrmann Kanias, der von Streik zu Streik eilen muß, um ihn wieder zu »löschen«. Vor Stahlarbeitern: »Selbst, wenn eure Sache gerecht ist, gibt es andere Auswege als den Streik.« Er gibt »sogar die Möglichkeit zu, daß ich mich wandle. Nun stehe ich irgendwo politisch, ich stehe in den Gewerkschaften. Aber es ist nicht unmöglich, daß dies in Zukunft anders sein wird« – eine Erneuerung seiner ständigen Drohung, er werde zurücktreten, wenn weiter ohne seine Genehmigung gestreikt wird, oder vielleicht sogar das Angebot an Kania, in eine polnische Regierung einzutreten?

Kania und Walesa haben Mühe, ihre Koalition vor den eigenen Anhängern zu verteidigen: Der Wojwode von Tschenstochau verfolgt weiter ganz offen die neue Gewerkschaft, was Walesa zu einem Brief an Premierminister Pinkowski veranlaßt. In Polen, so schreibt er, könne eine »gefährliche und komplizierte« Lage entstehen, wenn die Truppen ihren Führern nicht folgten. Aber auch Walesas Truppen meutern: »Warum ist er ganz allein zu Kania gegangen, ohne seine Berater? Mußte man dem Chef der Partei nicht einen Kritiker der Partei wie beispielsweise Adam Michnik von KOR entgegensetzen, der gerade erklärt hatte, die Wurzeln des Übels lägen in der Machtergreifung der Kommunisten und nicht in ihren späteren ›Fehlern‹ begraben?« Walesa: »Ich nehme von vielen Leuten Rat an, aber das heißt nicht, daß ich ihm auch folge.« In Warschau, wo das regionale Komitee von »Solidarität« unter dem Einfluß prinzipieller Regimekritiker von KOR steht, sprechen die Sekretärinnen, von denen viele kurz davor noch am Fließband arbeiteten, davon, daß Walesa zwar Humor habe und beliebt sei, aber von Taktik keine Ahnung habe.

Ist Walesa hereingefallen, wird man ihn fallen lassen, wenn er erst einmal seine Schuldigkeit als dienender Mohr der Regierung, der Partei und Moskaus getan hat?

Auch im Westen herrscht der Eindruck vor, Moskau habe gegenwärtig in Polen keinen besseren Mann als Walesa. Kirkland, Vorsitzender der 14 Millionen Mitglieder zählenden US-Gewerkschaft AFL-CIO, von Moskau wegen seiner Unterstützung Walesas eher CIA zugerechnet: »Die Aktion Walesas führt Polen auf die Linie seiner internationalen Verpflichtungen zurück.«

Nach Walesa – ein Reformkommunist an der Spitze?

Die Parteiführung rechtfertigt sich vor den Kritikern in den eigenen Reihen, indem sie von Walesa vor allem das zitiert, was Walesa bei seinen eigenen Anhängern nur schaden kann: »Wir wollen nicht in politische Aktivitäten verwickelt werden. Dazu wurde Solidarität nicht gegründet. Wir versuchen nicht, zu regieren. Es gibt gelernte Leute, die das tun, wir können nur darauf achten, daß sie es wirklich gut tun. Vor allem sind wir Polen. Wissen wir etwa nicht, wie man arbeitet? Wir wissen es. Als uns jemand schlecht regierte, fiel unsere Arbeit schlecht aus. Aber wir können das ändern, das ist sicher. Noch erfüllen wir die Produktionsziele nicht ganz, aber wir wollen damit beginnen. Man muß sich daran erinnern, daß Streiks nichts schaffen. Alles kann auf andere Weise geregelt werden. Bin ich gegen die Partei? Seht, Bogdan Lis, mein engster Freund im Solidaritätskomitee, ist ein Mitglied der Polnischen Vereinigten Arbeiterpartei, und wenn jetzt jemand sagt, Lis müsse deshalb die »Solidarität« verlassen, würden wir beide gehen, er und ich.«

Nicht der organisatorisch und intellektuell auch Walesa überlegene Gwiazda solle einmal, in drei, vier Jahren, sein Nachfolger werden, sondern Parteimitglied Lis: Parteichef Kania kann also mit Recht behaupten, Walesa sei gut, um Polen durch die Krise zu retten. Lis oder ein anderer Nachfolger des dann verbrauchten Walesa könne die neue Gewerkschaft zur Gewerkschaft der Partei machen.

Aber dennoch würde Polen danach ganz anders aussehen, denn die meisten Mitglieder dieser Gewerkschaft machen keinen Hehl daraus, daß sie alle Kommunisten, Kania einschließlich, zum Teufel wünschen. Bei einer Versammlung in Stettin erhält der Regimekritiker Kuron mehr Beifall von 15000 als Lech Walesa, der nur wiederholt, was er Kania versprochen hat: »Wir können keine politischen Forderungen stellen.« Und Jubel bricht aus, als dort, im Amphitheater, auch noch ein Anwalt auftritt, der von den Kommunisten schon viermal zum Tode verurteilt worden war. So reagiert vor allem die DDR besonders allergisch auf dieses Treffen unmittelbar an ihrer östlichen »Friedensgrenze«. Walesa, der in Stettin Reisebeschränkungen der DDR kritisiert hatte, über die auch die polnische Partei erbost ist, müsse endlich »demaskiert« und, zusammen mit seinen Freunden von KOR, danach befragt werden, »wovon sie eigentlich leben«. »Natürlich von Geld aus der BRD.« Das Ostberliner »Neue Deutschland«: »Seine anderen Freunde passen gut in dieses Bild. So die italienische faschistische Organisation MSI.« Tatsächlich hatte die neofaschistische Partei Italiens Walesa angeschrieben. Niemand wußte in Danzig, wer das ist. So ging, routinemäßig, eine Standardantwort zurück, »Solidarität« versichere der Italienischen Sozialbewegung Solidarität auch für die Zukunft. In diesen Tagen wird in Ostberlin der Botschafter Polens, Stefan Olszowski, verabschiedet, der widerspruchslos hingenommen hatte, daß die DDR jenen Walesa »verprügelte«, der von Parteichef Kania gerade in eine erweiterte Koalition zur Rettung Polens aufgenommen worden war. Olszowski kehrt nach Warschau zurück – und wird zu einem der gefährlichsten Widersacher Kanias und Walesas.

Würgegriff oder Umarmung?

Da bricht, Mitte November, eine unerwartete Krise aus: Dem Warschauer Staatsanwalt Lucjan Czubinski kommen einige Dokumente abhanden. Sie landen im Regionalbüro von »Solidarität«, Warschau, und enthalten, wie man dort feststellt, geheime Anweisungen über den Umgang mit der Gewerkschaft »Solidarität«. Während Jozef Klasa, der von Kania neu eingesetzte Agitpropchef der Partei, gegenüber dem Ausland verbreitet, Walesas Organisation sei eine »authentische Gewerkschaftsbewegung im Interesse der Lohnarbeiter« und ihre Zulassung »der erste Schritt in einem Prozeß, der die sehr ernsten Verzerrungen in unserem politischen System korrigieren soll«, behandelt man intern »Solidarität« weiter als illegalen Wildwuchs.

Man verhaftet auch zwei Männer, die dringend im Verdacht stehen, die vertraulichen, höchst peinlichen Dokumente der Gewerkschaft zugespielt zu haben. Das löst in Warschau sofort einen völlig unerwarteten und unvorbereiteten Streik aus. Zwar werden die Verdächtigen schon bald wieder entlassen – der neue Vorsitzende des polnischen Journalistenverbandes, Bratkowski, garantiert persönlich dafür, daß sie auch in Freiheit einem Gericht zur Verfügung stehen werden.

Im Warschauer Stahlwerk wird weiter gestreikt: Die Fabrik wird mit rot-weißen polnischen Nationalflaggen drapiert, an den Toren hängen Banner mit dem einen Wort »Streik«. Wichtigste Forderung der Streikenden: Die Regierung soll sofort die Aktivitäten der Staatssicherheit gegen »Solidarität« und ihre Mitglieder und Funktionäre untersuchen, in diesem Zusammenhang das gesamte Rechtssystem Polens unter die Lupe nehmen und die Ergebnisse, zu denen man gekommen ist, sofort den Streikenden mitteilen. Ansonsten werde weiter gestreikt. Die Forderung war aus mehreren Gründen unerfüllbar, nicht nur, weil solch eine Untersuchung Monate dauern mußte, sondern auch deshalb, weil sich Kania nicht zusätzlich in eine Auseinandersetzung mit dem Staatssicherheitsdienst einlassen konnte, ohne selbst Schaden zu nehmen. Denn für die in den Geheimdokumenten geschilderten früheren Verfolgungen von Arbeitervertretern trug er als oberster Politkontrolleur über Polens Sicherheitsapparat keine geringe Verantwortung.

Nur Walesa kann helfen, aber der sitzt, noch ziemlich unaufgeklärt, weit ab – in Danzig. So stellt ihm die Regierung sogar ein Flugzeug zur Verfügung, um die streikenden Arbeiter zur Vernunft zu bringen. In Warschau findet Walesa eine höchst explosive Situation vor: Die Arbeiter sind aufgeregt, Berater der Gewerkschaft, die schon vor ihm in den Hüttenwerken eingetroffen waren, für die Fortsetzung des Streiks, Vertreter der Regierung, an der Spitze Walesas schon alter Bekannter Jagielski, mit dem er mehrfach telefoniert, nicht zu bewegen, sich selbst den Fragen der Arbeiter zu stellen. Erst gegen 3 Uhr in der Nacht, drei Stunden vor Beginn der Frühschicht, kann Walesa der Regierung melden, daß wieder gearbeitet wird. Walesa mahnte die Arbeiter in einem dramatischen Aufruf: »Vergessen wir nicht, daß es in diesem Land eine Armee gibt, die alle Stellungen besetzen kann. Die Herrschenden sind nicht so schwach, wie man annehmen möchte. Sie könnten Soldaten in die Betriebe schicken. Wir können alles verlieren.« Über die Regierung behauptete er, sie sei bereit, sechs Forderungen der Streikenden nach Wiederaufnahme der Arbeit zu diskutieren, darunter auch die Forderung nach Freilassung aller politischen Gefangenen. In Wirklichkeit hatte Vizepremier Jagielski dem Warschauer Gewerkschaftschef Bujak nur recht unverbindlich Gespräche angeboten – nach etwa einer Woche. In Stettin formulieren »Solidaritäts«-Mitglieder: »Der Herr aus Danzig tut, was die Herren in Warschau wollen.« Besonders ein Herr in Warschau fühlt sich ermutigt, Walesa Kumpanei anzubieten: General Moczar, jahrelang Chef einer starken Fraktion in der polnischen Partei, die sich auf Widerstandskämpfer stützte, die während des Krieges nicht außerhalb Polens, in der Sowjetunion, sondern in Polen für ein freies Polen gekämpft hatten. Nach der Ausbootung der Sowjetberater war Moczars »Partisanenfraktion« zu einer mächtigen Kraft in Polen geworden – von Moskau ständig des polnischen Nationalismus bezichtigt. Doch 1968 war es Moczar, damals Innenminister, der die Studentenunruhe niederschlagen ließ. Moczar wußte, daß die Sowjetunion Polen nur soviel Freiheit gewähren würde, wie man den Polen die Freiheit beschnitt, das ganze System zu verändern. Nun erkannte Moczar in Walesa einen Gleichgesinnten: Er bietet ihm Partnerschaft an, unter der Voraussetzung, daß sich Walesa von »fremden« Elementen trennt.

Moczar hält Walesa für »eine Jungfrau«, »Solidarität« für eine beachtliche Massenbewegung, die nur der richtigen Führung bedarf – durch Moczar. Als ihn Gierek verdrängte, sammelte Moczar minutiös alle Denunziationen, die sich auf die Korruption der »schlesischen Mafia« um Gierek bezogen. Nun konnte er Gierek mit schwersten Anklagen verfolgen, hat er gesiegt, aber nicht die Macht erobert. »Solidarität« bietet dem alten Taktiker, der sich abwechselnd als Antisemit oder als Beschützer der von ihm schon dezimierten Juden, als Politiker der »harten Faust« oder als Liberaler zu verkleiden verstand, die große Chance, eine Massenbewegung zu führen, die aus Polen »ein Rumänien« machen könnte, einen unabhängigen Staat, der seine größere äußere Freiheit durch stärkere innere Zucht kompensiert – und dadurch den Russen genehm bleibt. Voraussetzung für einen solchen neuen Schachzug Moczars ist, in der »Solidarität« jenen Kräften zum Durchbruch zu verhelfen, die sich, wie der stellvertretende Vorsitzende in Jastrzebie Zdroj unweit der tschechischen Grenze, Stefan Palka, ausdrücklich zur »Führungsrolle der Partei« bekennen, denn »warum sollten wir nach einem anderen Modell suchen?« Walesa setzt dem bestehenden Modell, anders als die Regimekritiker um KOR, auch nichts Gescheites entgegen: Er hat nur »Visionen« von Polen, redet abwechselnd vom schwedischen, Schweizer und sogar japanischen Modell und hat auch nichts gegen den Sozialismus. Walesa: »Ich bin im Sozialismus geboren worden, alles ist nicht schlecht.«

Auch andere Kräfte innerhalb der polnischen Partei, die bisher schärfsten Konkurrenten, machen sich an Walesa heran: Die alten Gewerkschaften, von der eigenen Partei und der Regierung nicht mehr für voll genommen, bieten Walesa Verhandlungen an, und Parteichef Kania sagt, so erklärt Walesa, zu, persönlich an der Einweihung des 42 Meter hohen Mahnmals vor der Danziger Werft teilzunehmen, das an die gefallenen Arbeiter von 1970 erinnern soll. Walesa: »Ein Zeichen für seinen guten Willen.« Fiszbach, der Danziger Parteisekretär, der von Anfang an dafür sorgte, daß es zu keiner Wiederholung der Schießereien von 1970 in Danzig kam, wird Mitglied des Politbüros, aber auch dessen innerparteiliche, in sich wieder zerstrittene Konkurrenz. Die polnische Partei, die Walesa für sich einnehmen will, bietet selbst ein Jammerbild. So möchte nicht nur eine Fraktion mit Walesa gegen die andere koalieren. Walesa, der weiß, daß eine Einigung mit der polnischen Partei nicht mit seinen antikommunistischen Beratern zu erreichen ist: »Wenn sie auf uns nicht hören, schmeiße ich sie raus!« Durch solche Zusagen gestärkt, leistet es sich die polnische Parteiführung, die »Solidarität« gegen Verdächtigungen aus Moskau, Ostberlin und Prag zu verteidigen: Die neue Gewerkschaft sei alles andere als »konterrevolutionär«. Moskau dagegen: Walesa habe inzwischen schon 10 Millionen Dollar vom Westen bekommen.

Parteisprecher Jozef Klasa weiß, daß man durch zu kräftige Umarmung Walesas, der für 6 Wochen völlige Ruhe an der Streikfront sorgen will, auch dessen Erstickungstod herbeiführen kann. So wird nicht nur Walesa, sondern auch die Basis in das Bündnis mit einbezogen: Zwar seien viele Gewerkschaftsmitglieder viel radikaler als Walesa, aber auch sie sollte man deshalb nicht anklagen, denn auf Grund einer »armseligen Erziehung« hätten sie einen »engen Blickwinkel«. In Wirklichkeit würden auch sie von »gutem Glauben und berechtigten Absichten« gelenkt. Doch obgleich Walesa behauptet, alle Dissidenten in seiner eigenen Organisation unter »100%iger Kontrolle« zu haben und innerhalb der Gewerkschaftsspitze ein kleines Direktorium, eine Art Politbüro, gründet, an dessen Spitze er steht, muß er sich auf einer Sitzung des Nationalen Koordinationskomitees selbst an die Spitze eines Sonderkomitees stellen lassen, das für die Freilassung aller politischen Gefangenen in Polen eintritt: Eine eindeutig politische Forderung, zumal unter den wenigen politischen Gefangenen Polens kein einziges Mitglied der Gewerkschaft »Solidarität« ist. Walesa, der als Mitglied einer vom Staatspräsidenten eingesetzten Kommission schon wie ein Parlamentsmitglied im Warschauer Sejm aus und eingeht, wird von seiner Gewerkschaft immer wieder zurückgeholt. Die von Kania schon proklamierte »gemeinsame Front der Vernunft und der Verantwortlichkeit für die Verteidigung der sozialistischen Erneuerung« weist an allen Flanken tiefe Risse auf, in die Moskau ständig neue Keile treibt: Im »Iskra«-Werk von Kielce, so behauptet Moskau, hätten Gewerkschafter gewaltsam die Betriebsleitung abgesetzt, indem sie zuvor den Werkschutz entwaffnet hätten, Ereignisse, die nicht stattfanden, aber als Warnung an alle Fraktionen in der polnischen Partei zu verstehen sind, sich nicht mit solchen »Staatsfeinden« zu verbünden. Jacek Kuron, der Walesa, als dieser noch verfolgt wurde, immer beistand, soll geraten haben, alle Kommunisten einfach aufzuhängen – auch dies kaum beweisbar. Für die vorsichtige Kirche, die ihre Errungenschaften nicht aufs Spiel setzen möchte, ist das Anlaß genug, ihn als »unverantwortlich« zu bezeichnen, weil er »im ganzen Ostblock nur emotionale Reaktionen hervorruft«. Der Vatikan darf inzwischen seinen »Osservatore Romano« fast völlig frei und in großen Mengen in Polen verbreiten. Die Kirche setzt ein Recht nach dem anderen durch. Seit 2000 Jahren hat sie alle überlebt. Sie wird auch die polnische Partei und »Solidarität« überleben: Ihr kommt es darauf an, die eigenen Rechte zu stärken. In Schlesien, Stettin und Warschau fragen sich aber immer mehr Arbeiter in der »Solidarität«, was aus ihren Forderungen, aus den vielen Abkommen mit der Regierung geworden ist?

Gewiß, das Walesa so liebe Denkmal vor der Werft wird feierlich eingeweiht – übrigens ohne Kania! Schiffssirenen und Kirchenglocken läuten die Feier ein; die Mutter eines der 1970 gefallenen Werftarbeiters enthüllt in Anwesenheit Walesas auch in Gdingen, wo es besonders blutig zugegangen war, ein Denkmal. Damit wird eine der eher symbolischen Zusagen der Regierung aus dem Danziger Abkommen erfüllt – sogar in Anwesenheit von Jagielski, der den Vertrag feierlich unterschrieb, und von hohen Armeevertretern. Aber vom Geist der streikenden Arbeiter von 1970 ist nichts zu spüren: Walesa hat den Tag der Einweihung zum »Tag des Schweigens und des Nachdenkens« ernannt und versteht ihn »als Zeichen der Warnung, daß kein gesellschaftlicher Konflikt im Vaterland durch Gewalt gelöst werden kann«. Tadeusz Fiszbach, jetzt auch Politbüromitglied: »Die Erinnerung darf uns nicht trennen.« Statt geballter Arbeiterfäuste betende Hände und Messen mit Weihrauch und eine Papstbotschaft. Kania, darüber beglückt, daß auch dieser Tag an ihm vorübergegangen ist, läßt Walesa ausrichten: »Ihre Organisation ist nicht nur Ausdruck des Willens Ihrer Mitglieder, sondern auch Ausdruck des Willens unserer Partei.«

Zu Weihnachten 1980 werden die Polen mit Rationierungen und einem Wortbruch der Partei beschenkt: Die im Abkommen von Danzig vorgesehene Einführung arbeitsfreier Samstage sei undurchführbar. Als erste reagieren die alten Gewerkschaften: Sie kritisieren die vorgesehene Ausgabe von Bezugsscheinen und machen damit einen letzten Versuch, Walesa in der Gunst der Arbeiter zu überholen. Zu den vielen überraschenden Rollenwechseln ums Jahresende gehört auch ein Gerücht: Der Kreml stehe seit langem in direktem Kontakt mit dem Vatikan. Wadim Sagladin, Breschnjews Botschafter, habe sogar den Papst besucht und ihn gebeten, »das starke Engagement der polnischen Streikenden einzudämmen«. Zogen der Kreml und der Heilige Stuhl, beide besorgt um ihre Positionen in Polen, gemeinsam an einem unsichtbaren Seil, an dem zappelnd Walesa hing? Der Papstbesuch Sagladins wurde vom Vatikan dementiert – aber mehr nicht.

Beim Papst

Wie akzeptabel Walesa zu Beginn des Jahres selbst für treue Anhänger Moskaus war, beweist ein Besuch des kommunistischen Gewerkschaftsfunktionärs Pierre Gensous aus Frankreich bei Walesa. Nachdem alle französischen Gewerkschaften Walesa bereits eingeladen haben, will auch Georges Marchais nicht beiseitestehen und sich im Kampf um die französische Präsidentschaft mit einem gläubigen, aber offenbar parteifrommen Katholiken schmücken. Im Danziger Gewerkschaftshauptquartier wirft man Walesa indessen vor, daß er die Gewerkschaft vernachlässige, sich mit ganz anderen Fragen befasse und überhaupt nur noch bremse. Statt sich ans Danziger Abkommen zu halten, will er in der Frage der arbeitsfreien Samstage einen Kompromiß. In Niederschlesien, wo Verhandlungen über örtliche Mißstände gescheitert sind, will er ganz eindeutig keinen Streik. Als Walesa Mitte Januar zu seiner ersten Auslandsreise, zum Papst nach Rom, aufbricht, hat er im Danziger Gewerkschaftshauptquartier ganz eindeutig keine Mehrheit mehr hinter sich.

Eigentlich ist Walesa von den drei großen italienischen Gewerkschaftsverbänden eingeladen worden, aber schon bei seiner Ankunft auf dem Flughafen von Fiumicino erklärt er: »Ich bin hier, um den Papst zu treffen.« Ganz vorn im Empfangskomitee stehen dann auch die Vertreter des Vatikans und der polnischen Kirche in Rom, hinter ihnen die Sekretäre der eingeladenen Gewerkschaftsverbände. Sie sind deutlich verärgert, denn plötzlich wird auch der Reiseplan Walesas umgestoßen, in dem lange Gespräche mit den Führern der italienischen Arbeiterbewegung eine dominierende Rolle spielen sollten. Walesa will erst Monte Cassino und das Erdbebengebiet aufsuchen und vor allem den Heiligen Vater besuchen. Später, nach seiner Abreise, kommt es in den italienischen Gewerkschaften sogar zum Streit: Man habe aus Arbeitergeldern »ein Kirchenfest auf unsere Kosten« finanziert. In Moskau und Warschau, vor allem aber in Ostberlin und Prag, wo man diese Reise laut kritisiert, wartet man gespannt darauf, welcher italienischen Gewerkschaft Walesa den Vorzug gibt: den Kommunisten, Sozialdemokraten oder Christdemokraten. Walesa versteht es, alle zu meiden, und er geht auch dem Vertreter des Internationalen Bundes Freier Gewerkschaften aus dem Weg. Zwar wird, wie die linke Zeitung »Il Manifesto« es sieht, Walesa »wie eine Bettdecke zwischen Eheleuten hin- und hergezerrt«, aber schließlich landet er nur in den Armen des Papstes. Der Papst läßt Walesa wie einen Staatspräsidenten begrüßen, spricht mit ihm 25 Minuten lang ganz allein in seiner Privatbibliothek und empfängt dann alle Mitglieder der Delegation aus Warschau im Konsistorialsaal – auch dies eine hohe Ehre.

Walesa setzt für einen Gewerkschaftsboß eigenartige Akzente: »Solidarität« sei entstanden, »als unser Volk einsah, daß es nicht genügt, äußerlich gesättigt zu sein. Notwendig sind nämlich andere Lösungen, die das Herz und der Verstand diktieren. Diese Lösungen haben wir von Dir, Vater, von unserer Kirche, und von diesen Lösungen werden wir uns leiten lassen, obwohl wir eine Gewerkschaftsbewegung sind. Wir wissen nämlich, daß es uns immer in unserer Geschichte, wenn wir mit unserer Königin zusammen waren, gut ergangen ist. Wir wollen Deinen Rat, Vater, und Dir immer treu dienen«.

Zwar mahnt der Papst Walesa, sich nicht zum Werkzeug machen zu lassen, aber die Öffentlichkeit, die Walesa mit blauen Flecken entläßt, sieht das anders. Bei dem Treffen zwischen Walesa und dem Heiligen Vater habe es sich – so das Organ der KPI, »Unita« – »um eine regelrechte kirchliche Investitur« gehandelt. Walesa erscheint als Vasall des Papstes und scheidet mit dem Auftrag, auch weiter Mäßigung an den Tag zu legen.

Die großen Polen: Papst Karol Wojtyla und Lech Walesa, Januar 1981.

Aber hinter seinem Rücken ist in Polen längst der Aufruhr ausgebrochen. Nachdem sich der Vertragspartner von Danzig, Jagielski, im Fernsehen öffentlich über die in diesem Abkommen festgelegte 5-Tage-Woche als »nicht verkraftbar« geäußert und der Scharfmacher Olszowski diesen Punkt des Abkommens sogar als Versuch, Polen völlig zu destabilisieren, bezeichnet hat, stellen sich die Arbeiter, die am Samstag nicht zur Arbeit erschienen sind, die Frage, ob man ihnen nun das Geld für diesen Tag vom Lohn abziehen wird. Das wäre ein glatter Bruch des 21. Punktes des Danziger Abkommens. Schon kurz vor Neujahr haben die Bauern in Ustrzyzki Dolne, einer winzigen Gemeinde im südöstlichen Zipfel Polens, wo die Landesgrenzen mit denen der Sowjetunion und der Tschechoslowakei zusammenstoßen, die Gemeindeverwaltung besetzt: Sie verlangen unter anderem die Öffnung der bisher nur für Funktionäre zugänglichen Jagdreviere für das Volk. In Bielsko Biala streiken Bauern und Arbeiter unter anderem für den Rücktritt zunächst des Wojwoden, dann von weiteren Hunderten Funktionären – aber vor allem für die vom Warschauer Gericht abgelehnte Registrierung einer Bauerngewerkschaft. Man will »den Richtern in Warschau etwas Dampf machen« und besetzt in Rzeszow das Gebäude der Kreisverwaltung.

Während der Abwesenheit Walesas hat sich das bisher bei seinem Hauptquartier liegende Schwergewicht von »Solidarität« deutlich in den Landessüden verlagert, wo man nicht die Erfahrungen der Niederlagen von 1968, 1970 und 1976 hat und sich den Teufel darum kümmert, was Walesa, die Kirche und die »Solidarität« mit ganz Polen vorhaben. Dort will man die eigenen Probleme lösen, korrupte Partei- und Wirtschaftsfunktionäre verjagen und wendet sich damit gegen eine untergeordnete und mittlere Funktionärsschicht, die zunächst für den Arbeiterprotest gegen die Bonzen in Warschau durchaus empfänglich war. Die Kritiker der Entwicklung in den Nachbarländern beeinflussen die Situation negativ: Man spricht von Brandsätzen und Benzinkanistern, die in Danzig und Warschau in Geschäfte und Warenhäuser geworfen würden und macht dafür, da dies im Norden geschah, Walesa und sogar den Papst verantwortlich. Walesa habe nach dem Besuch beim Papst »Flügel bekommen«, sich deutlich »radikalisiert« und seine Gewerkschaft in den »offenen Terrorismus« getrieben.

Tatsächlich kann Walesa die während seiner Abwesenheit verloren gegangene Führung über die außer Rand und Band geratene Bewegung nur noch in der Hand behalten, indem er sich an die Spitze der Forderungen der Arbeiter und Bauern stellt. Er ruft die Arbeiter auf, der Anordnung der Regierung, am nächsten Samstag zur Arbeit zu erscheinen, nicht Folge zu leisten. Diesem Beschluß soll aber ein vierstündiger Warnstreik am Freitag vorausgehen, um der Regierung noch eine Chance zu geben. Sie soll wenigstens verhandeln. Schon am Freitag streikt erstmals die polnische Fluggesellschaft LOT, kann »Zycie Warszawy«, Polens größte Zeitung, nicht erscheinen, stehen im 30stöckigen »Palast der Kultur« im Zentrum – ein Geschenk der Sowjetunion im Stalinschen Zuckerbäckerstil – die Lifts still. Am Samstag stehen alle Räder still; auch die Arbeiter bleiben zu Hause, die am ersten arbeitsfreien Samstag im Januar noch, um ihren Arbeitsplatz besorgt, zur Arbeit erschienen waren. In Stettin kündigt die regionale Gewerkschaftsleitung schon einen neuen Generalstreik für den 28. Januar 1981 an – dann soll es nicht um freie Samstage, sondern um die Registration der Bauerngewerkschaft gehen.

Eine Verschwörungstheorie

Auch polnische Nationalökonomen, die Gierek und der Partei die Schuld an der allgemeinen Entwicklung geben, zeigen sich besorgt über die hohen Verluste der Volkswirtschaft durch immer schneller von einem Punkt zum anderen springende Streiks: »Solange die Leute Wunder erwarten, werden die Spannungen lawinenhaft anwachsen.« Die Regierung begehe einen weiteren schweren Fehler, wenn sie nicht endlich jenen Punkt des Abkommens von Danzig erfülle, der den Zugang der Gewerkschaften zu den polnischen Massenmedien vorsieht. Denn die Menschen Polens würden am ehesten noch der Gewerkschaft, sprich: Walesa, glauben, wenn es um eine Darstellung der leeren Kassen des Staates und der Wirtschaft geht.

Da es in den polnischen Informationsmedien aber zunächst nicht einmal Mitteilungen über den Beginn der Streikwelle im Juli 1980 gab, die Streiks mehrfach fälschlich als bereits beendet bezeichnet wurden und Walesa nur dann zitiert wird, wenn das Regime von seinen Äußerungen zu profitieren hofft, ist die Bevölkerung Polens längst auf einen anderen Nachrichtenkanal eingeschwenkt. Man hört Westsender, vor allem »Radio Freies Europa«, einen US-Sender am Englischen Garten in München, der jahrelang direkt von dem CIA kontrolliert wurde – und beim Volksaufstand 1956 in Ungarn unberechtigte Hoffnungen in Budapest weckte. Schneller als alle Sender Osteuropas meldet »Radio Freies Europa« nun, wo es neue Streiks in Polen gibt, manchmal so schnell, daß die Nachrichten aus München den wirklichen Ereignissen voraus zu eilen scheinen. Damit liefert der Sender einen wichtigen Baustein für eine ganze sowjetische Verschwörungstheorie, die die These verbreitet, die Streiks würden in München geplant und dann, per Funk, in Polen ausgelöst.

Im Mittelpunkt dieser Verschwörung stehe auf polnischer

Seite natürlich Jacek Kuron. Schon 1975, so behauptet man in Moskau, habe Kuron bei einem Treffen polnischer Emigranten in Genf den Auftrag übernommen, nach den Weisungen seiner westlichen Agentenführer, die ihm über »Radio Freies Europa« übermittelt werden, Streiks in ganz Polen anzufachen. Zu den »Kanälen«, über die das notwendige Geld fließen soll, gehöre die Fährverbindung von Stockholm nach Danzig. Danzig sei schon damals zum Ausgangspunkt der Streikbewegung auserwählt worden, weil die dort beschäftigten Arbeiter, meist Bauernkinder, »mit schlechtem sozialistischem Bewußtsein« ausgestattet seien. Schon 1976 habe Kuron mit seinen politischen Freunden von KOR damit begonnen, die Leninwerft in Danzig zu unterwandern, die Betriebsleitung zu »beleidigen« und die Arbeiter aufzustacheln. Da 1976 auch die politischen Aktivitäten Lech Walesas neu erwachten, wird er von Moskau zu den »Agenten« Kurons gerechnet. Hinter den »antisozialistischen« polnischen Emigranten im Ausland, deren vorgeschobene Basis sich in Schweden befindet, stehen drei polnische Regisseure: Brzezinski, Carters Sicherheitsberater, Muskie, sein Außenminister, und Karol Wojtyla, der Papst. Seitdem sie Schlüsselstellungen eingenommen haben, werden die Fäden dieser weltweiten Verschwörung immer dichter geknüpft. Um ihnen nachzuspüren, entsendet die Moskauer Zeitschrift »Literaturnaja Gaseta« dreimal eigene Rechercheure nach Polen. Was sie dort vorfinden, liest sich wie ein Krimi.

Schon im Zug nach Warschau begegnen sie einem betrunkenen Ausländer im Pyjama, der offen darüber spricht, daß er »für eine westliche Macht« als Militärattaché in Moskau arbeitet und nun »in besonderem Auftrag« in die polnische Hauptstadt reist. Die Polen im Zug, die lauthals diskutieren, wer wohl siegen wird – die Polen oder die Sowjets –, hören andächtig zu, wenn der westliche Agent spricht. Aber als die sowjetischen Journalisten auftauchen, gehen sie schnell auseinander. In Warschau sieht alles längst so aus, wie es die Verschwörer wollen: Es herrscht Chaos. Weil die Verkehrsmittel nicht fahren, müssen die Menschen quer durch die Stadt laufen, die Kinder können nicht zur Schule gehen. Am Flughafen Trauben von Reisenden, die nicht fliegen können, weil das Personal von LOT streikt. Im »Haus der Kultur«, das 40 Institutionen beherbergt, müssen selbst Herzschwache den Wolkenkratzer zu Fuß besteigen, weil die Fahrstühle angehalten worden sind. In den Redaktionen der Zeitungen und des polnischen Fernsehens läuten ununterbrochen die Telefone. Beunruhigte Bürger verlangen, der Staat möge endlich gegen diese Zustände einschreiten. Den angeblichen Schrei des Volkes nach einem gewaltsamen Eingriff des Staates notieren die Journalisten aus Moskau natürlich mit besonderem Interesse.

Das sechsstöckige Warschauer Gebäude, in dem die regionale Organisation von »Solidarität« ihr Hauptquartier eingerichtet hat, wird als Verschwörernest bezeichnet und auch beschrieben. Die Sowjetjournalisten, daran gewöhnt, überall im Ostblock bevorzugt behandelt zu werden, läßt man hier nur in den 3. Stock, wo es Propagandamaterial, Anstecknadeln und »Direktiven« von Zbigniew Bujak gibt. Bujak, 26, war Elektrotechniker, gehört zu KOR und steht jetzt an der Spitze der hauptstädtischen Gewerkschaftsorganisation von »Solidarität«. Zusammen mit den Dissidenten Kuron und Michnik rechnet ihn Moskau zu den gefährlichsten Männern in Polen. Zwar bekommen die Berichterstatter, die aus Moskau herbeigeeilt sind, zu ihrem Bedauern den Keller nicht zu sehen – aber sie wissen natürlich, was sich dort verbirgt: Hier wird illegal die Zeitschrift »Der Arbeiter« gedruckt und vertrieben, so daß die Direktiven der Konterrevolutionäre auch noch den letzten Winkel Polens erreichen. Punkt 3 dieser Direktiven laute: Aufkündigung der Freundschaft zur Sowjetunion.

Immer mehr Propagandamaterial ströme aber auch aus dem Westen ein: Darunter ein Flugblatt mit einem Hakenkreuz in der Ecke rechts oben, herausgegeben von einer »Bewegung namens Freies Danzig in der BRD«. Denn vor allem in der Bundesrepublik Deutschland hätten »Revanchisten« »Zentren der propagandistischen und organisatorischen Tätigkeit eröffnet«. So gebe es »bei Bonn schon ein

Schlesisches Haus«, für Pommern ein Zentrum in Travemünde und für Stettin eines in Lübeck.

Die Bonner Regierung ist mit 40 Millionen DM, Franz Josef Strauß immerhin mit einigen hunderttausend DM an der Verschwörung beteiligt, die offenbar das Ziel hat, Polen – und die DDR – der Bundesrepublik anzuschließen. Nach Moskauer Version haben die polnischen Arbeiter und ihre patriotischen Führer nichts anderes im Sinn, denn sie stehen im Dienst des amerikanischen Geheimdienstes und nicht näher identifizierter Geldquellen auch in Paris – ganz so, als sei auch Frankreich an nichts anderem als an einem neuen Groß-Deutschland interessiert. In der deutschsprachigen Prager »Volkszeitung« steht ganz klar im Titel eines Artikels, den man aus Moskau übernimmt: »Walesa und der westdeutsche Revanchismus.«

Jacek Kuron lebe schon seit Jahren nur von US-Dollars: »Er arbeitet seit zwanzig Jahren nicht mehr, lebt auf großem Fuß und wohnt in der Warschauer Mickiewicz-Straße, wo er eine Luxusvilla hat.« Hier sei der Treffpunkt für Konterrevolutionäre, Dissidenten, Vertretern des »extremen Klerus« und der antisozialistischen Intelligenz. Hier nähmen auch die Streiks an Polens Hochschulen ihren Ausgang, denn an ihrer Spitze stehe der Sohn Jacek Kurons, »der Sohn der Konterrevolution«. Wichtigste Programmpunkte der Studenten: Abschaffung des Marxismus-Leninismus und der russischen Sprache im Unterricht. Wie stark dieses geistige Zentrum der Verschwörung in Warschau schon auf das Hauptquartier von »Solidarität« in Warschau gewirkt habe, erfahren die Sowjetschnüffler am eigenen Leibe. Man weigert sich, mit ihnen Russisch zu sprechen, so daß sie in die englische Sprache ausweichen müssen. Immerhin erfahren sie, daß mit riesigen Geldsummen auch Propagandamaterial aus dem Westen kommt, beispielsweise ein Poster mit dem Bild Walesas, das aus Paris gekommen sei. Chicago, Brüssel und Oslo werden als weitere ausländische Stützpunkte des polnischen Aufruhrs genannt: Die Hauptstadt Norwegens wohl deshalb, weil dort kürzlich der DGB-Vorsitzende Vetter weilte. Später erfindet man auch noch eine

Leitzentrale in London. Aber die schnellste Verbindung zwischen den Streikkomitees und dem westlichen Imperialismus bleibt »Radio Freies Europa« in München mit seinem Schwerpunkt Polen.

Tatsächlich stieg nach Schätzungen des Senders selbst die Zahl der Zuhörer in Polen von 53 auf 64 Prozent. Während der Krise gab es bald keine polnische Familie mehr, die auf die eine oder andere Art nichts von »Radio Freies Europa« hörte. Aber keiner hörte dort einen Aufruf zum Streik, zum Aufruhr. Dagegen hörte man eine von den polnischen Medien zensierte Ansprache des polnischen Kardinals und viel Mäßigendes. Denn der Westen sah die Weiterentwicklung der Ereignisse in Polen gleichfalls nicht gern. »Radio Freies Europa«, längst der Kontrolle durch den CIA entzogen, war eben nur schneller. Sowjetischen Neid erregten aber auch Kopiergeräte, die die japanischen Gewerkschaften »Solidarität« zur Verfügung gestellt hatten: In der Sowjetunion gehören sie zu den Raritäten – wohl auch aus Furcht, zuviele Kopiergeräte im Land könnten die Samisdat-Literatur vervielfältigen. So besitzen nur westliche Firmen und Banken-Vertretungen in Moskau solche Geräte – man kann den Filialchefs leicht eine Freude bereiten, wenn man aus dem Westen einen Packen Kopierpapier mitbringt.

Immerhin beschrieben die sowjetischen Journalisten die allgemeine Lage in Polen ganz richtig. Die Partei besitzt kaum noch Abwehrkräfte; wie in der Tschechoslowakei zur Zeit des »Prager Frühlings« ist der Großteil der Medien auf die andere Seite übergelaufen. Unbehindert berichtet Radio Warschau über einen neuen »kreativen Intelligenzklub« innerhalb der Partei, der auf die Regierung Druck ausübt, »Solidarität« entgegenzukommen. Und wenn Radio Danzig vor weiteren Streiks warnt, dann mit eher religiösen Argumenten: »Nicht zu arbeiten ist Sünde.« Walesa, so der Sender, sei ein aufrichtiger, patriotischer und religiöser Mann, aber er »muß harte und für das ganze Land katastrophale Entscheidungen treffen, weil er sich nun einmal an gefallene Mehrheitsentscheidungen« in seiner Gewerkschaft hält. Anders als in der grobschlächtigen Sowjetpresse wird Walesa in Polens Medien beinahe mitleidig als ein Mann im »moralischen Dilemma« geschildert, der sein Gewissen vergewaltigt, weil er gegenüber seinen Kameraden nicht wortbrüchig werden will.

Am 26. Januar fährt die Führung von »Solidarität«, Walesa an der Spitze, nach Rzeszow, wo 300 Bauern und Arbeiter, die sich seit drei Wochen in einem von ihnen besetzten Gebäude der alten Parteigewerkschaft verschanzt haben, sogar 69 Forderungen an die Regierung aufgestellt haben. Zwei Tage später will sich hier die gesamte Führung von »Solidarität« aus ganz Polen treffen, um sich mit den Hausbesetzern und ihren Forderungen zu solidarisieren und möglicherweise einen neuen Streik auszurufen. Die gesamte Gewerkschaftsführung steht unter Druck. Denn Regionalorganisationen von Solidarität bestehen auf ihrem Recht, auch von sich aus Streiks ausrufen zu dürfen, wenn die Zentrale dies nicht will. Das steht auch so in der Satzung. Bitter rächt sich, daß Walesa zunächst gegen eine Zentralisierung der Gewerkschaft war. Doch selbst die radikaleren Regionalchefs der neuen Gewerkschaft können, so Walesas Stellvertreter Bogdan Lis, »die Streiks nicht länger eindämmen. Die Mitglieder folgen nicht mehr und sind einfach zu ungeduldig«, was dazu führt, daß es in der »Solidarität« zu ersten Differenzierungen kommt. Während sich ein Teil, so später sogar der junge und äußerst rebellische Warschauer Regionalchef Bujak, der gemäßigten Linie Walesas anschließt, treten andere wieder aus dieser Bewegung aus. Jaroslaw Sienkiewicz, der, wie Walesa in Danzig, in den Kohlebergwerken von Jastrzebie ein überbetriebliches Streikkomitee führte, legt seinen Posten nieder, weil diese Gewerkschaft keine »ehrliche Vertretung« von Arbeiterinteressen sei, sondern eine Plattform »für politische Spielchen und Ambitionen«. Sienkiewicz ist Kommunist, einer von knapp einer Million polnischer Kommunisten, die sich der »Solidarität« schon angeschlossen haben, und sieht vor allem in KOR den antikommunistischen Teufel hinter der Solidaritätsszene.

Hinter Walesa erscheint nun fast untrennbar wie sein eigener Schatten immer häufiger Tadeusz Mazowiecki als dessen erster Berater – den aber niemand gewählt hat. Der Bauernsohn gehörte immer schon zu der katholischen Linken. Orientiert vor allem am französischen Sozialkatholizismus gründete und redigierte er die katholische Zeitschrift »Wiez«, die wegen ihrer Kirchenerneuerungstendenzen selbst dem Klerus häufig ein Dorn im Auge war. Aber schon seit 1976 liegt der zweimal verwitwete katholische Ideologe vor allem mit der Partei in Streit: Nachdem er Hilfe für jene Arbeiter organisierte, die 1976 wegen ihrer Beteiligung an den Streiks entlassen oder verhaftet worden waren, weigert man sich, Mazowiecki den Paß zu verlängern, so daß er Einladungen in den Westen nicht mehr folgen kann. Er bezeichnet den Sozialismus als »Irrlicht«, befreundet sich mit Walesa und schließt sich dessen Streikkomitee schon im August 1980 auf der Danziger Leninwerft an. Er bereitet den Besuch Walesas beim Papst vor, ist immer da und formuliert dessen Politik. Kommunistischen Solidaritäts-Mitgliedern muß diese enge Verbindung zwischen katholischer Soziallehre und katholischen Symbolen der Walesa-Gewerkschaft suspekt erscheinen. Auch in Rzeszow die gleichen Bilder wie schon beim Streik in Danzig: Papst- und Madonnenbilder. Walesas ständige Behauptung, er leite eine überparteiliche Gewerkschaft, in der auch Atheisten und Kommunisten mitarbeiten können, wird so in Frage gestellt.

Aber derartige Einwände gegen Walesa, vor allem gegen dessen teils offen antikommunistische, teils streng katholische Berater, werden von der Partei und der Regierung selbst für unwichtig erklärt. Zum erstenmal nimmt in Rzeszow ein Vertreter der Regierung, der Arbeitsminister Ciosek, an einer Sitzung des Hauptvorstandes von »Solidarität« teil, um die Arbeiter und Bauern zum Abbruch ihres Sit-ins zu bewegen und den bereits angedrohten Streik zu vermeiden. Walesa: »Die Situation ist sehr ernst. Und wir wissen das. Aber wenn drei Punkte zufriedenstellend gelöst werden, kann ich versichern, daß es keine Streiks mehr gibt.« Walesa will die Anerkennung der Bauerngewerkschaft, den Zugang der neuen Gewerkschaften zu möglichst unzensierten Massenmedien und arbeitsfreie Samstage durchsetzen, Arbeitsminister Ciosek kann das ohne Abstimmung mit seiner Regierung nicht zusagen. Er hat nur die Vollmacht, über die Arbeitszeit zu reden. So fliegen alle gemeinsam in einem Flugzeug nach Warschau. Walesa hatte für sofortige Einstellung aller Streikaktionen plädiert, aber die trotzigen Bauern und Arbeiter von Rzeszow folgen ihm nicht. Sie sind für offene Verhandlungen vor ihren Ohren, nicht für Geheimgespräche, die dazu auch noch in Warschau stattfinden sollen, wo die Partei die Regierung bremst und die Streikenden beleidigt: Sie seien Teil einer »rüden Kampagne«, die ganz Polen in Chaos und Anarchie stürzen wolle. Zum ersten Mal weist der Ministerrat in Warschau ganz formell darauf hin, »daß er auf Grund seiner Verfassungsrechte verpflichtet ist, Recht, Ordnung und Disziplin zu gewähren und normale Lebensbedingungen für die Bürger zu schaffen«. Andernfalls habe der Staat »die notwendigen Entscheidungen zu treffen, um das normale Funktionieren der Unternehmen und Fabriken in Übereinstimmung mit den besten Interessen der Gesellschaft zu gewährleisten«. Unter der offenen Androhung, den Notstand auszurufen und sogar Miliz und Militär einzusetzen, können die Warschauer Gespräche zu keinem Ergebnis führen.

Drohung mit dem Notstand

Schon zu Beginn der Gespräche fordert Walesas Stellvertreter Gwiazda die Regierung auf, es kurz zu machen, doch die Verhandlungen ziehen sich zäh über zwölfeinhalb Stunden hin. Die Regierung will nur »im Prinzip« über die arbeitsfreien Samstage und über mehr Zugang der neuen Gewerkschaft zu den Massenmedien, aber möglichst überhaupt nicht über eine neue Gewerkschaft für die Bauern sprechen. Am Schluß einigt man sich auf 38 arbeitsfreie Samstage im Jahre 1981 – an vierzehn weiteren Wochenenden soll weiter gearbeitet werden; das ist zwar ein krasser Bruch des Danziger Abkommens, wird von Walesa aber akzeptiert. Außerdem soll »Solidarität« einmal in der Woche in Rundfunk und Fernsehen die Standpunkte der Gewerkschaft erläutern dürfen – aber es gibt keine Vereinbarung darüber, wie lange solche Sendungen dauern können. Als sich am nächsten Tag die Mitglieder des Nationalen Konsultativrates der Gewerkschaft im Warschauer Polytechnikum treffen, liegt neben einigen Delegierten der Wortlaut des Danziger Abkommens, auf dem Walesas Autorität basiert, das aber von der Regierung nicht eingehalten wird.

Zwar wurde »Solidarität« anerkannt, aber erst nach neuen Streikdrohungen gegen einen negativen Gerichtsbeschluß. Das vereinbarte Streikrecht wird von der Regierung durch angekündigte Notstandsmaßnahmen in Frage gestellt. Zwar gibt es ein Denkmal für die beim Streik von 1970 gefallenen Arbeiter, aber nicht alle, die damals teilgenommen haben, sind voll rehabilitiert worden. Die Öffentlichkeit wird nur zögernd über die »Solidarität« unterrichtet. Eine Wirtschaftsreform, von der Regierung fest zugesagt, wird zum Reförmchen. Voll erfüllt wird die Zusage, die Streiktage von Danzig wie Arbeitstage zu werten und für sie den Lohn nachzuzahlen, aber die gleichfalls vereinbarten Lohnerhöhungen für Niedrigverdiener schmoren in der

Warschauer Verwaltung. Der zugesagte Inflationsausgleich für alle bleibt aus, die Versorgung wird immer schlechter statt besser: Wie soll die Regierung überhaupt ihre Zusage erfüllen, nur noch Überschüsse zu exportieren, wenn die Produktion immer weiter zurückgeht? Zwar hat man Läden geschlossen, in denen nur Priviligierte gegen harte Westdevisen einkaufen konnten. Aber die Warenmengen, die dadurch frei werden, sind so spärlich, daß nun der Schwarzhandel blüht. Die Regierung leitet, wie zugesagt, Rationierungsmaßnahmen für Grundnahrungsmittel ein. Aber wie will man die Wirtschaft reformieren, wenn man die Regierung gleichzeitig zu neuen Staatseingriffen zwingt? Bei der Beförderung ist noch immer das Parteibuch, nicht die fachliche Befähigung, das wichtigste Requisit. Die Vorverlegung des Rentenalters für Angehörige gefährdeter Berufe kann – wenn überhaupt – nur langsam erfolgen. Das Gleiche gilt für die vereinbarte Anpassung des alten Rentensystems an ein neues, für bessere Arbeitsbedingungen im Gesundheitswesen, für mehr Mutterschaftsurlaub, den man noch »studiert«, für mehr Kindergärten und Krippen und vor allem für mehr Wohnungen, die man erst bauen muß. Nicht erfüllt wurde die Vereinbarung über eine Erhöhung der Trennungsgelder bei Arbeit außerhalb des Wohnbereiches. Nun aber ist die 21. Vereinbarung des Danziger Abkommens ins Wasser gefallen: Es wird 1981 einmal im Monat, manchmal sogar zweimal, keine 5-Tage-Woche geben.

Das Abkommen von Danzig, eine bunte Mischung aus sozialen, wirtschaftlichen und politischen Forderungen – etwa das Verlangen nach einem neuen Zensurgesetz für die Medien –, setzt sich aus leicht erfüllbaren und völlig unerfüllbaren Vereinbarungen zusammen, die von der Regierung nur unterschrieben wurden, um den Streik zu beenden. So muß dieses Abkommen zur Quelle immer neuer Streiks werden, bis man ganz offen die Frage stellt, ob man es nicht lieber kürzen oder ganz in den Papierkorb werfen sollte. Für Walesa wäre dies das Ende seiner Karriere; so hängt das Danziger Abkommen wie ein schwerer Stein an seinem Hals.

Als Walesa am nächsten Tag die Vorstandssitzung seiner Gewerkschaft eröffnet und witzelt, »weil wir samstags nicht arbeiten, müssen wir dies jetzt an einem Sonntag tun«, haben nicht alle Vorstandsmitglieder Verständnis dafür. Das Verhandlungsergebnis ist »weit hinter den Erwartungen der Öffentlichkeit zurückgeblieben«. Besonders scharf widersetzt sich Jan Rulewski, regionaler Vorsitzender von »Solidarität« im Bromberger Heimatkreis Walesas, dem ausgehandelten Kompromiß: Er sei »gefährlich für die Gewerkschaft als Ganzes und die Streikenden«. Rulewski wird Walesa noch viel Ärger bereiten ... Es bleibt ein brüchiger Kompromiß. Der Vorstand von Solidarität will in ihm nur »das Ausgangsstadium im Kampf für die volle Verwirklichung der gewerkschaftlichen Forderungen« sehen. Er schließt einen Generalstreik auch weiter nicht aus, wenn die Regierung nicht auch die Forderungen der Bauern erfüllt, die im Danziger Abkommen gar nicht enthalten sind. Die Bauern haben mit den Kommunisten überhaupt nichts im Sinn. Schon beim ersten Aufenthalt Walesas war ein alter Bauer an den Minister herangetreten, der neben Walesa saß: »Sag mir, warum hast du die Kirche verlassen? Polen war immer katholisch. Du hast die Nation verraten, Christus verraten, deine Väter verraten, und nun habt ihr 24 Milliarden Dollar Schulden.« Es gibt kaum Chancen, eine Bauerngewerkschaft, wie die Arbeiter-»Solidarität«, mit kommunistischen Gewerkschaftern zu infiltrieren, weil es kaum bäuerliche Kommunisten gibt. Anders als Walesa, der auch in den Kommunisten Polen sieht, sind die Bauern der Meinung, die Kommunisten hätten überhaupt nichts mit Polen zu tun, nur mit seinem Unglück.

Aber die Probleme der Arbeiter lassen sich von denen der polnischen Bauern nicht trennen: Die meisten Arbeiter sind, wie Walesa und sein wichtigster Berater, Bauernkinder, und von Rzeszow im Südosten Polens gingen schon immer Bauernbewegungen aus, die an die ganze Nation appellierten. Die Industrie ist noch so jung, daß viele Arbeiter gleichzeitig Bauern sind. So muß sich Walesa für die Bauern einsetzen, auch außerhalb seiner Arbeitergewerkschaft auftreten, sich mit streikenden Studenten in Lodz solidarisieren. War Walesa bisher der Held des Volkes, wird er jetzt zum Antipol der Regierung und vertritt auch Interessen, die weit über die Aufgaben einer reinen Arbeitergewerkschaft hinausgehen. »Sie wollen«, so zetert prompt Radio Prag, »nun auch die Kinder- und Studentenorganisationen zerschlagen.« Angesichts der Zertrümmerung der kommunistischen Macht in Polen versucht es Moskau wieder einmal mit der Beschwörung des deutschen Gespensts: »Diejenigen, die Polen zerstampft haben, die das Blut polnischer Patrioten vergossen und die Feuer in den Krematorien von Majdanek und Auschwitz angezündet haben, ziehen wieder ihre alten Uniformen und Lederstiefel an, um erneut ihrem Drang nach Osten nachzugehen.« Aber das sind längst abgenutzte Drohungen, denen niemand mehr Glauben schenkt. Walesas katholischer Chefberater gehört zu den ersten Polen, die für eine Normalisierung der Beziehungen zur Bundesrepublik Deutschland eingetreten waren. Selbst Opfer des Faschismus und alte Widerstandskämpfer, die im einflußreichen Partisanenverband ZBoWiD organisiert sind, sehen in Walesa einen guten Polen. Der Mut, mit dem er sich im August 1980 der Entwicklung entgegengestemmt hatte, fordert den alten Haudegen sogar Achtung ab: »Er ist ein richtiger Kosake.«

Walesa, der in den Augen vieler Freunde schon müde geworden ist, erhält Anfang Februar eine neue Gelegenheit, seine kämpferische Seite wieder zu zeigen. Denn die Regierung ist offenbar nicht bereit, über den Kompromiß, auf den Ministerpräsident Pinkowski bei seinen Warschauer Gesprächen mit Walesa eingegangen war, hinauszugehen. Das Verhältnis zwischen Walesa und Pinkowski war besonderer Kritik innerhalb von »Solidarität« ausgesetzt, denn unmittelbar nach seiner Rückkehr aus Italien hatte Walesa zunächst Pinkowski und erst dann seine Gewerkschaft informiert. Nun wendet sich Walesa gegen Pinkowski. Im Mittelpunkt dieses Streiks steht Bielsko Biala, eine schnell expandierende Industriestadt südlich von Kattowitz, nicht weit von der tschechischen Grenze. Die aus zwei Städten zusammengesetzte neue Textilstadt ist auch Sitz der polnischen Autoindustrie. Seit 1972 wird hier der FIAT in Lizenz nachgebaut. Die Arbeiter in Bielsko Biala fordern den Rücktritt des Wojwoden und seiner Stellvertreter. Als der Streik schon einen Schaden in Höhe von 300 Millionen Zloty angerichtet hat, reichen die angegriffenen Spitzenfunktionäre tatsächlich ihren Rücktritt ein – aber Pinkowski weigert sich, diesen anzunehmen. Denn »Solidarität« soll nicht auch noch die Kaderpolitik der Partei bestimmen können. Gibt man nach, wird das ganze Land von solchen völlig neuartigen Forderungen ergriffen: In Jelenia Gora (Hirschberg), einer Wojwodschaftshauptstadt, die erst 1945 an Polen fiel und zur Industrieregion der Sudeten gehört, verlangen streikende Arbeiter sogar schon den Rücktritt eines Ministers. Sie wollen Arbeitsminister Stanislaw Ciosek kippen, der bei den Verhandlungen mit den Bauern in Rzeszow Walesas Gesprächspartner war. Denn Ciosek, der aus der Gegend von Jelenia Gora kommt, sei in Korruptionsskandale verwickelt.

Es muß sogar Anzeichen dafür geben, daß die Regierung an die sofortige Ausrufung des Ausnahmezustandes denkt: Denn Walesa selbst informiert nun alle Sektionen seiner Gewerkschaft in ganz Polen per Telex von der Unnachgiebigkeit der Regierung und ruft zur Wachsamkeit auf. Im Fall eines Angriffs sollten die Arbeiter überall in die Betriebe gehen und diese nicht wieder verlassen. Wolldecken und Lebensmittelvorräte seien mitzunehmen. Doch um auch die Forderungen der Bauern durchzusetzen, sucht sich Walesa einen einflußreicheren Partner: Kardinal Wyszynski. Der erklärt, das Recht auf eine eigene Bauernvertretung sei »Naturrecht« und sichert Walesa zu, sofort eine Delegation der noch illegalen Bauerngewerkschaft zu empfangen. Walesa: »Was wir hier tun, zwingt uns das Leben auf. Wir wollen nirgendwo streiken, aber wir müssen es tun. Wir haben keine Angst, und selbst, wenn wir verlieren, ist es besser, zu fallen als zu kapitulieren.« Ein Vertrauter Walesas appelliert an die in den USA lebenden Polen, vor allem Medikamente zu spenden. Obgleich Walesa dazu aufgerufen hat, ausschließlich passiven Widerstand zu leisten, rechnet er offenbar mit Blutvergießen. Sein Aufruf wird mißverstanden: In Walbrzych (Waldenburg) treten Bauern sofort in den Hungerstreik, vorsichtshalber in ihrer Kirche, die vom Militär möglicherweise nicht angegriffen wird. Es heißt, Moskau habe die sofortige Festnahme Walesas verfügt. Walesa: »Ich habe meine Familie schon lange nicht mehr gesehen und wünsche mir, nach Danzig zurückzukehren. Aber ich muß hierbleiben.« Vor allem in Rzeszow, wo der stellvertretende Landwirtschaftsminister Stanislaw Kacala in Vertretung des schon diskreditierten Arbeitsministers eintreffen soll, sieht Walesa die Chance eines Durchbruchs.

Um den Konflikt in Bielsko Biala zu schlichten, beauftragt Walesa seine beiden katholischen Berater, Tadeusz Mazowiecki und Bronislaw Giemerek, der eigentlich für die rasch wachsenden Auslandsbeziehungen der neuen Gewerkschaft zuständig ist, den Klerus einzuschalten. Der Kardinal spricht mit »sehr hochgestellten Führern« der anderen Seite, möglicherweise mit Parteichef Kania direkt, und entsendet daraufhin den Sekretär seiner Bischofskonferenz an den Unruheherd. Zum ersten Mal in der polnischen Nachkriegsgeschichte tritt damit die Kirche selbst als Mittler zwischen der Partei und Arbeitern auf. Zwar geht die Zeit des Kardinals zu Ende, der 35 lange Jahre für eine starke katholische Kirche in Polen kämpfte, aber nie war die Kirche so mächtig wie jetzt. Zusammen mit »Solidarität« entscheidet sie bereits, wer Wojwode bleiben darf und wer nicht. In Warschau kursiert ein Witz: Es gibt Minister, die jeden Morgen anonym in ihrem Ministerium anrufen und nach dem Namen des Ministers fragen. Wenn sie erfahren, daß sie es noch sind, fahren sie zum Dienst.

Die Einschaltung der Kirche verhilft Walesa zum vollen Sieg und rettet sein geschmälertes Ansehen in der eigenen Gewerkschaft über diese Krise hinaus. Walesa verhält sich militant, erklärt über Lautsprecher und Funk – so daß man es auch in anderen Betrieben hören kann –, er werde »bis zum Sieg« bei den Streikenden bleiben und steht, Seite an Seite mit dem vom Kardinal für diesen Zweck delegierten

Bischof Dabrowski, auch noch die frühen Morgenstunden der Verhandlungen durch. Die Verhandlungen enden um 4.38 Uhr, um 5 Uhr wird ein Abkommen unterschrieben, um 6 Uhr wenigstens hier der Streik beendet. Die Regierung hat einen vollen Rückzieher gemacht. Eine bislang nur auf dem Papier vorhandene Sonderkommission, die untersuchen sollte, ob der Wojwode und seine Gehilfen Wohnungsbaugelder veruntreut haben, soll jetzt durch Staatsanwälte und Kriminalpolizei verstärkt werden, so daß die kommunistischen Funktionäre, deren Rücktritt man zunächst nur verlangte, möglicherweise sogar im Gefängnis landen. Noch vor dem Abschluß der Untersuchungen will Ministerpräsident Pinkowski ihren Rücktritt annehmen. Gegen die Arbeiter- und Solidaritätsfunktionäre, die diesen Streik vom Zaun gebrochen haben, sollen keinerlei Maßnahmen eingeleitet werden. Sogar die Lohngelder sollen für die Streiktage ausgezahlt werden. Die Arbeiter verpflichten sich nur, am nächsten Samstag zu arbeiten, denn es ist zu spät, um am gleichen Tag noch die Arbeit wieder aufzunehmen. Walesa triumphiert: Er hat einen Streik erfolgreich zu Ende geführt, den er gar nicht wollte. Am Abend bedankt er sich persönlich beim Kardinal.

Der Kardinal erteilt Walesa den Auftrag, sich von polnischer Staatsräson leiten zu lassen und alle anderen lokalen Streiks, die weitergehen, so schnell wie möglich zu beenden. Er rät den Arbeitern, alles »gut zu überlegen und gerecht« zu sein. Sie sollten ihren »gesunden Menschenverstand« benutzen, sich mäßigen und auf die Erhaltung und Verbesserung ihrer sozialen Rechte bedacht sein. Bei diesen handele es sich um Naturrechte, die von keiner Regierung gegeben oder fortgenommen werden können. Offenkundig mißbilligt auch der Kardinal, wie Walesa, den Einsatz des Streiks als Mittel, um die Partei zu Entscheidungen zu zwingen. Diese Taktik kann innerhalb der Partei, vor allem im mittleren Funktionärsapparat, nur den Widerstand gegen die angestrebte Entwicklung stärken. Den Bauern, die der Kardinal empfängt, bestätigt der Kirchenfürst »das Recht auf Gründung ihrer eigenen Vereinigungen entsprechend ihrer eigenen Wünsche und Notwendigkeiten, und dies unabhängig von den existierenden Strukturen«.

Als nächstes soll Walesa die Lage in Jelenia Gora klären, wo bereits ein Generalstreik droht: Hier wollen die Arbeiter unter anderem zwei Erholungsheime der Regierung für die Allgemeinheit öffnen. In Breslau sind die Arbeiter der Verkehrsbetriebe in Streik getreten. Sie wollen erreichen, daß die Regierung Tadeusz Jedziszak aus der Haft entläßt. Er war wegen Mitgliedschaft in der antikommunistischen »Konföderation für ein unabhängiges Polen« verhaftet worden. Damit verbindet sich die Gewerkschaft eben mit jenen Kräften, die der »Solidarität« in Moskau und Prag den Vorwurf eintragen, von einer »Rechtsgruppe«, einem »extremen Flügel in der Führerschaft«, geleitet zu werden, und sogar mit Kreisen außerhalb der »Solidarität«. Radio Prag: »Lech Walesa & Co. setzen nicht nur ihre endlosen Streiks und Erpressungen der Regierung fort, sondern sie haben auch eine Hexenjagd auf Funktionäre, vernünftig denkende Menschen und einige Mitglieder von ›Solidarität‹ eröffnet, die gegen die Anarchie sind.«

Dabei ist es wieder Walesa, der auch in Jelenia Gora einen regionalen Generalstreik abwendet: Ein Ferienheim, das nur für Kinder von Funktionären der polnischen Staatssicherheit bestimmt war, wird für alle Kinder geöffnet. Das ist zwar gut, aber nicht eben viel. Doch es liegt schon an der Grenze dessen, was man der Regierung jetzt zumuten kann. Sie ist so schwach, daß sie sich gegen die eigenen Genossen nicht mehr durchzusetzen vermag. Die Meldung vom Rücktritt des Ministerpräsidenten Pinkowski und die Ernennung des bisherigen Verteidigungsministers Jaruzelski zum Ministerpräsidenten wird von Walesa mit Erleichterung registriert: Der militärische Schlag, der sich schon gegen die »Solidaritäts«-Bewegung zu richten schien, ist gegen die eigene Regierung gefallen, und Jaruzelski ist ein Mann, auf dessen Wort man wenigstens bauen kann.

Mit Jaruzelski zieht eine weitere Macht in die Politik ein: Polens Armee. Es ist der kleine Arbeiter Lech Walesa, der sowohl der Kirche als auch der Armee in den Sattel verhilft und auf diese Weise das Monopol der Partei bricht. Jaruzelskis neuer Stellvertreter, der »liberale« KP-Publizist Rakowski: »Es gibt kein Monopol der Partei mehr.« Sehr grob, als »Einmischung in die inneren Angelegenheiten der Partei Polens«, hatte die sowjetische Führung einen dringenden Appell der italienischen KP zurückgewiesen, in dem die Sowjetunion vor einem Einmarsch nach Polen gewarnt wurde. Viel wirkungsvoller setzt Walesa nun die polnische Armee als Faktor ein, die eine solche Intervention vom Osten verhindern soll. Jaruzelski, der zu einer 90tägigen Streikpause auffordert, um das Land wieder zu ordnen, findet in Walesa einen willigen Partner: »Nun ist die Zeit gekommen, etwas Atem zu holen und unsere Organisation aufzubauen.« Es ist höchste Zeit für »Solidarität«, denn schon wird in Parteikreisen offen davon gesprochen, das Danziger Abkommen vom August 1980 neu zu »überdenken und den Realitäten anzupassen«, also zu reduzieren. Auf der anderen Seite ist Walesas Führungsrolle in der »Solidarität« ständig bedroht. Der Schriftsteller Wladyslaw Bartoszewski sagt, die Regierung habe nur vier Punkte aus dem Danziger Abkommen erfüllt, die Einführung einer sonntäglichen Heiligen Messe im Rundfunk, den Bau und die Einweihung eines Denkmals, den bedingten Zugang der Gewerkschaft zu den Massenmedien und eine vorläufige 42stündige Arbeitswoche – was in Wirklichkeit unter den Erwartungen und ursprünglichen Zusagen liegt. So stelle sich die Frage, ob Walesa die Kontrolle noch lange behalten könne: »Denn wer hat denn gesagt und wo steht das geschrieben, daß Herr Walesa absolut alles entscheiden soll, was in einer fünfhundert Kilometer weit entfernten Stadt passiert? In der Provinz hat man oft andere Probleme als in Warschau oder Danzig. Walesa ist auf freiwillige Anerkennung angewiesen. Unter solchen Umständen erscheint es als erstaunlich, ja, bewundernswert, daß er soviel Gehorsam und soviel Vertrauen genießt.«

So hat Walesa fast widerspruchslos den Spruch des Warschauer Wojwodschaftsgerichtes akzeptiert, keine Bauerngewerkschaft zuzulassen, sondern den Bauern nur das Recht auf eigene Vereinigungen zu geben. Fünftausend Bauern, die erwartungsvoll vor dem Gerichtsgebäude auf Walesa, der der Verhandlung beiwohnt, warten, fühlen sich in ihren Hoffnungen enttäuscht, von Walesa verwirrt.

Ein Bauer droht, das Gerichtsgebäude »Stein um Stein abzureißen«: Millionen andere Bauern und Arbeiter würden ihm dabei helfen. Ein anderer schreit: »Wir bleiben, bis wir erhalten haben, was wir wollen«. Zwischen Gebeten und der polnischen Nationalhymne am Grabmal des unbekannten Soldaten schwört ein Bauernführer feierlich: »Wir akzeptieren nur den Gewerkschaftsstatus.« Aber Walesa rät, sich vorerst als Vereinigung registrieren zu lassen – er werde als Mitglied der Kommission des Staatsrates, die seit Wochen über ein neues Gewerkschaftsgesetz berät, dafür sorgen, daß die neuen Bauernvereinigungen doch einen gewerkschaftsähnlichen Status erhielten. In dieser Hoffnung kann sich Walesa, wie ihn seine Rechtsberater belehrt haben, auf die polnische Regierung selbst berufen. Denn es war die Volksrepublik Polen gewesen, die früher vor der Internationalen Arbeitsorganisation (ILO), einer Tochterorganisation der Vereinten Nationen, sogar darauf bestanden hatte, daß in die Konvention Nr. 141 auch ein Passus über gewerkschaftliche Rechte unabhängiger Bauern eingefügt wurde. Doch was für arme Landarbeiter und Pächter in Ländern der Dritten Welt gelten sollte, mochte Polen nicht auf sich selbst anwenden: Die ILO-Konvention wurde nie im polnischen Amtsblatt veröffentlicht und erhielt daher auch nie Rechtskraft.

Aber wie bringt man solche Überlegungen einfachen Bauern nahe, die jedes Vertrauen in jede polnische Regierung, auch in die von General Jaruzelski, längst verloren haben und die in Volkstrachten in die Hauptstadt geströmt sind, obgleich zu Hause schwere Arbeit auf sie wartet – bei der sie als »Überreste des Kapitalismus« von den bisherigen Regierungen immer benachteiligt wurden? Viele Bauern müssen mit ihren Pferdchen fünfzehnmal zum Kohleabholen antreten – um dann erst zu erfahren, daß die geringen Zuteilungen wieder einmal an die Staatsgüter und LPGs gegangen sind.

So erklären die Bauern von Rzeszow denn auch, ihr Streik gehe weiter. Noch während Walesa hart im Vorstand der eigenen Gewerkschaft dafür kämpft, Jaruzelski 90 Tage Streikruhe anzubieten, muß er die Sitzung verlassen, um einen neuen Konflikt in Gdingen zu schlichten. Die Resolution, die die künftige Taktik der Gewerkschaft festlegen soll, läßt viele Möglichkeiten offen: Es sollen zunächst keine Streiks ohne Billigung des Nationalen Koordinationskomitees von »Solidarität« ausgerufen werden, »mit Ausnahme solcher, die auf einen direkten Angriff der Behörden auf Mitglieder, Experten oder die Gewerkschaft selbst« zurückzuführen sind. Der These, daß es genügt, wenn ein Polizist einen Gewerkschafter verprügelt, um erneut Streiks auszurufen, tritt Walesa entgegen: Selbst, wenn Streiks gerechtfertigt sind, gibt es jetzt »wichtigere Fragen von nationalem Belang«; wer damit nicht einverstanden sei, könne ja »die Gewerkschaft verlassen und eine andere gründen. Ich brauche Ordnung in der Gewerkschaft«.

Immerhin: Der Gewerkschaftsvorstand erklärt sich im Prinzip bereit, für 90 Tage Streikpause zu sorgen, wenn die neue Regierung nun deutlich der Gewerkschaft entgegenkommt. Dazu gehört nach Auffassung Walesas ein direktes und schnelles Treffen zwischen ihm und Jaruzelski, bei dem auch einige konkrete Fragen gelöst werden sollen, die Ministerpräsident Pinkowski ohne Nachdruck vertrat: Schon seit Weihnachten halten tschechoslowakische Behörden Spenden des Malteserordens für Polen fest. Eine LKW-Ladung mit acht Tonnen Bananen ist schon vergammelt. Außerdem will Walesa erzwingen, daß die enttäuschten Bauernvertreter wenigstens an den Beratungen über ein neues Gewerkschaftsgesetz beteiligt werden. Aber Jaruzelski wagt sich nicht so früh hervor und bietet Walesa nur seinen Gewerkschaftsminister Stanislaw Ciosek oder, höchstenfalls, seinen Stellvertreter Rakowski, einen Landsmann Walesas, als Verhandlungspartner an.

Das erste Treffen mit Vizepremier Rakowski dauert eine Stunde. Das Verhältnis zwischen den Verhandlungspartnern wird von beiden Seiten voller Respekt vor der Gegenseite getragen. Rakowski bestätigt Walesa, daß sich offiziell an der Einstellung zum Danziger Abkommen nichts geändert habe, aber ehe man weitere Punkte erfüllt, müsse erst die allgemeine Lage in Polen stabilisiert werden. Walesa: »Ich kann nichts versprechen, aber ich wünsche keine Streiks.« Doch, so wendet Walesas Stellvertreter Gwiazda ein: »Wie können wir nur drei streikfreie Tage versprechen, wenn man Gewerkschafter verhaftet?« Walesa ratlos: »Was sollen wir dann tun?« Es ist klar: Der schwarze Peter liegt in den Händen der neuen Regierung – solange Walesa alles tut, um neue Streiks zu verhindern. Als zwei Vertreter der in Lodz unter Walesa-Bildern streikenden Studenten bei ihm vorsprechen, um ihn mit der Idee eines allgemeinen Studentenstreiks in ganz Polen zu befreunden, winkt Walesa daher sofort ab: »Dies ist eine neue Regierung, die mit uns reden will. Es ist eine neue Regierung, und wir müssen überlegt handeln, denn diese Regierung ist unsere letzte Chance. Wir wollen keine Konfrontation, wir müssen der anderen Seite Chancen geben.«

Aber auch das Studententhema trägt Walesa Rakowski vor, der Entgegenkommen andeutet; außerdem will Rakowski persönlich dafür sorgen, daß eine Kommission der Regierung den weiter streikenden Bauern in Rzeszow wenigstens Trostpflaster für die ausstehende Registrierung als Gewerkschaft anbietet: Maschinen und Kunstdünger wie für die staatlichen und genossenschaftlichen Landwirtschaftsbetriebe auch. Das wichtigste Ergebnis aber ist, daß es nun, unter Jaruzelski, endlich einen festen Kontakt zwischen »Solidarität« und der Regierung gibt. Zwar stehen sich weiter die Forderungen der Arbeiter und die Möglichkeiten der Regierung diametral gegenüber, aber, so Walesa: »Ich mag es, wenn Beschlüsse gefaßt werden, egal welche, weil ich zu ihnen dann meine Meinung sagen kann. Bisher war es nach Verhandlungen nicht einmal möglich, ein Kommuniqué zu veröffentlichen.« Er macht es der Regierung leicht: »Wir können alle von einer Kruste Brot leben, solange wir alle dasselbe kriegen.« Die Regierung braucht nicht aus dem Leeren zu schöpfen – sie soll nur Privilegien abbauen. Als Walesa vor zwei Wochen im Südosten des Landes demonstrativ an einem Gitter rüttelte, hinter dem – unter Ausschluß der Bevölkerung und der armen Bauern aus der Umgebung – bisher nur Bonzen und Diplomaten der Bärenjagd nachgegangen waren, machte diese Geste die Runde durch ganz Polen; Ministerpräsident Jaruzelski ließ zwei Drittel des Reviers öffnen – zwar nicht für die Bauern, aber für Devisentouristen aus dem kapitalistischen Westen. Das würde von der Bevölkerung vielleicht verstanden.

Durch tiefen Schnee fährt Walesa nachts nach Rzeszow, wo die Bauern nun schon seit sechs Wochen gegen die Bonzen streiken. Wie vereinbart will er dort auf die Regierungskommission treffen, die den Bauern zwar noch immer nicht die Registrierung als Gewerkschaft anbieten möchte, aber dafür Kunstdünger, denn der Frühling steht vor der Tür. Wie zuvor die Regierung Pinkowski zögert auch Jaruzelskis neue Verwaltung mit Zugeständnissen, die sie später doch machen muß. Vor allem der Apparat unterhalb der Regierungsebene bremst und versteht den neuen Kurs nicht. Obgleich Jaruzelski und Rakowski auf ihrer ersten Pressekonferenz zugesagt hatten, Polens Presse werde in Zukunft so viele Informationen – auch über und von »Solidarität« – erhalten, daß sie nicht einmal alles veröffentlichen könne, hat die amtliche Nachrichtenagentur PAP nur einen einzigen Satz über das erste Treffen zwischen Walesa und Rakowski geliefert. Die anhaltenden Verzögerungen bei der »Erneuerung« Polens sollen zur schwersten Last auch der neuen Regierung werden.

So dauern die Verhandlungen mit den Bauern in Rzeszow drei lange Tage, bis spät in die Nacht, und das liegt nicht nur an der Regierung: Mißtrauisch verlangen die Bauern eine Legitimation der Regierungsdelegation, um sicher zu sein, daß sie überhaupt etwas verhandeln kann, und bestehen bis zuletzt auf jedem Detail. Es ist Walesa, der aufkommenden Frust auf beiden Seiten überwinden hilft und den Bauern das Gefühl des Sieges vermittelt, obgleich es gar nicht um ihre Hauptforderung geht. Auch anderswo im Lande wächst unter seinem Einfluß der Geist der Zusammenarbeit mit der Regierung, so daß einige Kumpel der Regierung sogar Sonderschichten anbieten. Walesa gewinnt eine Flasche Wodka, denn Rakowski hatte einmal öffentlich gewettet, er würde sie an Walesa verlieren, wenn es unter seiner Leitung keine Streiks mehr im Lande gebe. Walesa stolz nach dem Abschluß der Verhandlungen in Rzeszow: »Jetzt gibt es keine Streiks mehr.«

Aber obgleich Walesa von der ersten Stunde an, neben der Armee und der Kirche, zur wichtigsten Stütze des neuen Regimes geworden ist, hintertreibt die Bürokratie, vielleicht auch die Staatssicherheit, diese Arbeit. Ein Scheck über 500 Dollar, gestiftet von der Angestelltengewerkschaft im amerikanischen New Jersey »für Lech Walesa«, kehrt nach Monaten auf Umwegen an seinen Aussteller zurück. Nur ist aus der bescheidenen Summe der Betrag von 49650 US-Dollar geworden. Jemand möchte das beweisen, was auch Moskau und Prag weiter behaupten: Daß Walesa ein von den Amerikanern gekauftes Subjekt sei.

Dabei helfen gerade in Rzeszow, wo es darum geht, den letzten Streik in Polen zu beenden, jene Walesa-Berater am kräftigsten mit, die am lautesten der Zusammenarbeit mit dem Feind im Westen bezichtigt werden. Adam Michnik hält den störrischen Bauern einen geschichtlichen Vortrag über den Januaraufstand von 1863, als die Polen vergeblich auf englischen und französischen Beistand hofften und sich die westlichen Freunde schließlich mit einem simplen Protestschreiben an die Adresse des Zarenhofes begnügten. Zbigniew Bujak, der dreizehnte Sohn eines Analphabeten, mit erst 26 Jahren als Gewerkschaftsführer in den »Ursus«-Werken schon zum Führer der Solidarität in der polnischen Hauptstadt aufgestiegen, ist bei den Arbeitern beliebt, weil er nicht nur geradewegs ihre Forderungen vertritt, sondern weiter bescheiden im Nachtexpreß 2. Klasse fährt, sich keinen Wagen mit Chauffeur, anders als Walesa auch keine Leibwächter und am Bahnhof keinen Gepäckträger leistet. Er meint sogar: »Wir haben genug Ferienheime.« Man muß sie nicht erst der Staatssicherheit, dem Innenministerium und den Bonzen abnehmen und dadurch unnötig böses Blut machen.

Die Regierung von Polen hat allen Grund, nicht nur Walesa, sondern gerade dessen »radikalen« Beratern dankbar zu sein, denn sie befindet sich in schwierigen Umschuldungsverhandlungen mit dem Westen. Eine Fortsetzung der Streiks hätte das Vertrauen des Auslands in Polen noch tiefer erschüttert und die Katastrophe nur vergrößert. So gerät Jaruzelski mit seinem Vizepremier Rakowski schon in den ersten Tagen seiner Amtszeit in einen Interessenkonflikt mit der Sowjetunion.

Polens Schulden haben sich schon auf 25 Milliarden Dollar erhöht; außerdem schließt auch das endlich unterzeichnete Abkommen von Rzeszow konkrete materielle Zugeständnisse ein, die mehr Geld in der Staatskasse voraussetzzen. Künftig sollen die Privatbauern Polens ebenso leicht Kredite aufnehmen können wie die LPGs und die bisher einseitig bevorzugten Staatsgüter. Man verspricht den Bauern gleichen Zugang zu Baumaterial, landwirtschaftlichen Maschinen und Schulen und sichert ihnen auch noch eine bessere Altersversicherung zu. Paradoxerweise hätte man es möglicherweise einfacher gehabt, wenn man den Bauern zunächst ihre Hauptforderung bewilligt hätte – die Gründung einer eigenen Bauerngewerkschaft. Dann wäre es dieser Gewerkschaft überlassen geblieben, die materiellen Forderungen erst allmählich durchzusetzen. Aber der Primat der Ideologie über die Praxis läßt das nicht zu. Über das ideologisch ohnehin tief einschneidende Eingeständnis, der ländliche Privatbesitz, der in Polen 80 Prozent der Nutzfläche umfaßt, bleibe »dauerndes Element in der polnischen Volkswirtschaft«, will man nicht hinausgehen. Statt dessen verpflichtet sich die Regierung lieber zu weiteren materiellen Leistungen, von denen niemand weiß, wie sie zu erfüllen sind.

Himmelfahrtskommando

Walesa unterschreibt die Vereinbarung; zusammen mit dem Regierungsvertreter Rakowski, der über die Einhaltung dieses neuen Abkommens wachen soll, wird er dadurch Mitglied eines Himmelfahrtskommandos, das seinen letzten Stunden entgegensieht, wenn sich erweist, daß die Regierung dieses Abkommen so wenig erfüllen kann wie das von Danzig. Die Schicksalsgemeinschaft zwischen Walesa und der neuen Regierung verführt einen ausländischen Journalisten in Kopenhagen zu der anzüglichen Frage, wann man denn nun in Warschau Walesa endlich zum Arbeitsminister ernennen werde. Außenminister Czyrek, der im Westen um Sympathien und Kredite wirbt, antwortet lächelnd: »Ich bin weder konservativ noch ein Prophet.« – »Solidarität« sei eine konstruktive Kraft. Aber man müsse es im Westen verstehen, daß in Polen westliche Hilfe für Walesas »Solidarität« so wenig gern gesehen werde wie man in Dänemark östliche Hilfe für eine Bewegung in Dänemark sehen würde – ganz so, als existierte im Westen irgendeine kleine KP ohne Ostfinanzierung.

Walesa gibt sich viel frommer als irgendeine kommunistische Partei oder gar Gewerkschaft im Westen: Er billigt der Regierung, sollte Polen in eine kritische Lage kommen, jährlich sogar zwei absolut streikfreie Monate zu. Die ungarischen Kommunisten halten es daher auch für uninteressant, ob Walesa Geld aus dem Westen bekommt. Janos Berecz, Leiter der internationalen Abteilung beim Zentralkomitee der Partei in Budapest: »Der Papst hat Walesa empfangen und, soweit wir wissen, auf ihn eingewirkt zu verstehen, daß Polen als Erstes Ordnung und schöpferische Arbeit braucht. Ich weiß nicht, ob der Vatikan Geld gegeben hat, aber die Banken des Vatikan tun es sicher.« Ganz anders urteilt die KPdSU, die es für ganz entscheidend hält, daß Walesa »zugegebenermaßen für die von ihm geführte Gewerkschaft eine Million Mark aus der BRD erhalten hat« und außerdem vom amerikanischen Gewerkschaftsbund, der im Dienst des CIA stehe, finanziert werde. So wirkt Walesa, ohne dies zu wollen, auch als Sprengkraft in den Beziehungen zwischen den regierenden kommunistischen Parteien Osteuropas: Auf der einen Seite stehen vor allem die sowjetische und die tschechoslowakische Partei, auf der anderen Seite in erster Linie die ohnehin liberalen ungarischen Kommunisten. Doch auch sie sollen bald lernen, die Entwicklung in Polen wieder sorgenvoller zu beobachten.

Zunächst aber richten sich Jaruzelski und Walesa in ihren jeweiligen Hauptquartieren auf eine bevorstehende Periode des sozialen Friedens ein. Walesa begibt sich endlich an den Aufbau einer wirklichen Gewerkschaft, deren Einzelglieder ihm nicht wieder so schnell aus den Händen gleiten sollen. Er gründet, um die Stimmung an der Basis ständig kontrollieren zu können, ein Zentrum für Sozialstudien. Erstes Ergebnis: Die Mehrheit der Gewerkschafter glaubt nach der Amtseinsetzung von Jaruzelski nun nicht mehr an eine sowjetische Intervention. Beim Hauptvorstand von »Solidarität« wird ein Sozialfonds für Bedürftige gegründet. Der Ausschußvorsitzende Walesa verfügt, Spenden aus dem westlichen Ausland in diesen humanitären Fonds fließen zu lassen. Er verpflichtet jeden Regionalverband, 7000 DM zur Finanzierung der Danziger Zentrale beizutragen und will damit vom Ruf loskommen, ein vom Westen finanzierter Agent zu sein. Er beteiligt sich an einer Kampagne gegen den Alkoholismus und feiert auch in den Regionalverbänden Siege. Der Stettiner Gewerkschaftsverband wird jetzt von Marian Jurcsczyk, einem blonden Selfmademan, geleitet, der – wie Walesa – als Schweißer an der Warskiwerft angefangen hat. Er machte dann aber innerbetriebliche Karriere zum Leiter des Magazins für Ersatzteile, absolvierte Abendkurse in Ökonomie und strebt, immer korrekt grau gekleidet, ein möglichst sachliches Verhältnis zur Regierung an. Neuer Stellvertreter Walesas im Zentralvorstand ist, neben anderen, Ryszard Kalinowski, ein 27jähriger Elektriker aus Elbing, der beim Ausbruch der Streiks, ähnlich wie Walesa, auf eine Kiste kletterte und zu sprechen begann: »Die Leute mochten, was ich sagte.« Er ist aber nur dann für Streiks, wenn die Regierung »nicht spurt«. Von einer ersten Generation neuer Gewerkschaftsführer geleitet, ändern selbst radikale Arbeiter ihre Ansichten: »Nur Kühe ändern ihre Meinung nie.« Walesa, endgültig von Zigaretten auf seine Pfeife umgestiegen, ist ständig, wenn auch taktvoll, von seinen mäßigenden Beratern umgeben und genießt das Leben wieder. Er läßt sich von der eigenen Werft zum Vorsitzenden eines Gewerkschaftspräsidiums wählen und leitet damit die Demokratisierung der Verhältnisse in der »Solidarität« ein. In ganz Polen sollen die Mitglieder der neuen Gewerkschaft Betriebskommissionen wählen, an deren Spitze dann je ein Präsidium stehen wird. Seiner Pflicht als Feuerwehrmann der Nation zeitweise enthoben, hat Walesa sogar Zeit für ein neues Hobby: Filmschauspieler. Denn der Regisseur Andrzej Wajda will einen älteren Film fortsetzen und nun seinen »Mann aus Eisen« schildern. Walesa spielt in dem neuen Film die Rolle eines Trauzeugen. Es macht ihm Spaß.

Gegen Angriffe nimmt ihn das sonst immer kritische Armeeorgan in Schutz. Sogar der kranke Kardinal Wyszynski genießt plötzlich den Schutz der blanken Wehr. Die Armee verteidigt ihn gegen Vorwürfe von der Kirchenbasis, »sich an die Kommunisten verkauft zu haben«. Um die Kirchenführung von diesem Verdacht zu befreien, macht die Regierung in der gemischten Kommission für die Beziehungen zwischen Staat und Kirche Zugeständnisse, die den Vorteil haben, daß sie nichts kosten.

Auch jenseits der polnischen Grenzen nimmt man, überrascht, die Windstille in Polen zur Kenntnis – aber man ist eher unglücklich darüber. So unterstellt Radio Prag Walesa, die Ruhe passe ihm nicht, die Funktionäre der »Walesa-Gewerkschaft vermissen die Atmosphäre der Masse, der Besuche von einheimischen und ausländischen Journalisten, der Möglichkeit, jeden kritisieren zu dürfen«. Aber Walesa hat in Wirklichkeit ganz andere Pläne. Nachdem er während der Streikunruhen schon einen Besuch in Belgien absagen mußte, möchte er in drei Wochen einer Einladung nach Frankreich folgen.

Doch da hält überraschend Parteichef Kania vor dem sowjetischen Parteitag eine Rede, die signalisiert, daß Breschnjew mit der neuen Warschauer Koalition noch unzufriedener als mit den vorangegangenen Kämpfen zwischen »Solidarität« und der Regierung ist. Kania, der sich mit dem sowjetischen Generalsekretär zu identifizieren scheint, stößt bei den Solidaritätsfunktionären auf scharfe Kritik: »Wer hat Herrn Kania autorisiert, die Meinung der ganzen Nation zum Ausdruck zu bringen?« Um den Sowjets zu beweisen, daß er es ernst meint, läßt Kania Jacek Kuron festnehmen, was Walesa veranlaßt, sich hinter seinen Freund zu stellen. Ohne Grund, nur weil Breschnjew es wollte, spitzt sich die Situation wieder zu, droht in Lodz schon wieder ein neuer Streik. Am selben Tag wird Walesas Gewerkschaft einmal kalt, einmal heiß gebadet: Während das Fernsehen am Abend mitteilt, Ende März werde, mit einer Auflage von 500 000 Exemplaren und unter der Chefredaktion des katholischen Publizisten Tadeusz Mazowiecki, des Chefberaters von Walesa, die Gewerkschaftszeitung »Solidarität« zum erstenmal erscheinen, veröffentlicht man in Warschau einen Entwurf für ein neues Gewerkschaftsgesetz, an dem Walesa selbst mitgearbeitet hatte. Es enthält, natürlich, Walesas Angebot, zwei Monate im Jahr im Krisenfalle völlig streikfrei zu halten, aber auch darüber hinausgehende Einschränkungen der Streikfreiheit.

Im Hintergrund der plötzlich wieder zugespitzten Lage steht vermutlich ein Interview, das Walesa schon vor einiger Zeit der für bohrende Fragen bekannten italienischen Journalistin Oriana Fallaci gegeben hat, das aber jetzt erst veröffentlicht wurde und der sowjetischen Führung zu Gesicht kam.

Der Kernsatz dieses Interviews, veröffentlicht in »Corriere della Sera«: »Wenn die jetzige Regierung keinen Erfolg hat und unsere Alliierten«, also die Russen, »nicht intervenieren, sollte die Regierung der ›Solidarität‹ übergeben werden. Das ist eine höchst unwahrscheinliche Situation, so unwahrscheinlich, daß sie mir phantastisch vorkommt, aber es ist eine Möglichkeit.« Für den Fall, daß es die neue polnische Regierung nicht schafft, ein Polen zu regieren, das für sie zu einem »unregierbaren Puff« geworden ist, und deshalb die »Alliierten« eingreifen, hielt Walesa in diesem Interview einige kräftige Sprüche parat: »Wenn es notwendig ist, wird niemand in der Lage sein, uns Feiglinge zu nennen. Persönlich bin ich mehr als bereit, zu sterben. Ich füge hinzu: Ich bin nicht so bereit, auch zu töten. Ich weiß nicht, wie man tötet. Ich kann nicht einmal ein Hühnchen schlachten, um Suppe daraus zu kochen, und mir dreht sich der Magen um, wenn ich anderen dabei zusehe. Aber wenn es um die Verteidigung meiner Heimat, meines Heimes, meiner Kinder, meiner Arbeitskollegen geht, würde ich nicht zögern.« Zwar garnierte Walesa diese Anmerkungen mit milderer Würze: »Wir wollen nur kontrollieren, so daß die armen Leute etwas mehr zu essen bekommen und etwas zufriedener sind.« Politik zu machen sei nicht die Sache seiner Gewerkschaft. Aber dieses Interview stellt Breschnjew nur vor zwei Alternativen: Die Machtübernahme durch Solidarität oder einen Krieg zwischen Polen und der Sowjetunion, wenn die Regierung Jaruzelski versagt. Da in Moskau niemand glauben mag, daß Jaruzelski viel erfolgreicher als sein Vorgänger, der glücklose Pinkowski, sein werde, mußte Moskau Walesa Paroli bieten.

Walesa hatte natürlich ein Schlüsselproblem angesprochen, das unausgesprochen schon lange hinter den Bewegungen in Polen stand: Die überwiegende Mehrheit der Polen sind keine Kommunisten –, weshalb sollte die Sowjetunion darauf bestehen, daß Polen durch Kommunisten regiert werde? War es für Moskau nicht viel besser, ein nichtkommunistisches, außenpolitisch aber loyales Polen an seiner Westgrenze zu haben als einen ständigen Unruheherd, in dem sich gefährliche antisowjetische Ressentiments aufbauen mußten? Walesa: »Das ist der Punkt. Das ist das Problem.« Indem er – in schwierigen Fragen immer noch eher der biedere Handwerker als der raffinierte Diplomat – den Nagel auf den Kopf traf, provozierte Walesa selbst den neuen Konflikt, der sofort auch auf das Klima in Polen abfärbte. Als Walesa in Novi Sacz eintrifft, um dort einen Glutherd der neu entfachten Streikbereitschaft in seiner Gewerkschaft rasch auszutreten, trifft er keine Regierungskommission an, die mit ihm und den Arbeitern beraten würde. Auch General Jaruzelski hat kalte Füße bekommen: Ein erstes Treffen mit Walesa, der mit dem General auch über die Verhaftung Kurons sprechen will, dem sogar acht Jahre Zuchthaus drohen, fällt kommentarlos ins Wasser.

Zwar zitiert Radio Warschau nun gleichfalls aus dem Walesa-Interview: Walesa habe sich darin für eine starke polnische Regierung ausgesprochen. Walesa wolle Jaruzelski durch 90 Tage Burgfrieden zu einer starken Regierung machen. Aber in Warschau verbreitet man Flugblätter, in denen Walesa als Marionette einer »zionistischen Verschwörung« gegen Polen denunziert wird, unter Hinweis auf einige Berater von KOR, die jüdische Verwandte haben. Gleichzeitig denunziert man Walesa als Faschisten, der in seiner eigenen Gewerkschaft keine Wahlen zulasse, weil er der Führer werden wolle. Juden und Faschisten: Im nationalbewußten Polen, das das Judentum nicht nur mit Hitlers Verbrechen an den Juden, sondern auch mit den Anfängen der kommunistischen Bewegung und den stalinistischen Verbrechen verbindet, sind dies keine populären Weggefährten, die man Walesa andichtet. Um wenigstens den schlimmsten Verdacht loszuwerden, muß sich Walesas Gewerkschaft von einer rechtsstehenden politischen Gruppe in London um den Historiker David Irving distanzieren: Aus dem Büro Irvings war angerufen worden, und man hatte, ohne die Hintergründe zu kennen, die angebotene Finanzhilfe einfach akzeptiert. Daß sich Irving selbst als »milden Faschisten« bezeichnet, erfuhr man jetzt – eilig sagt man die angebotene Hilfe ab. Doch einschüchtern läßt sich Walesa nicht. Vor einer Sondersitzung des Hauptvorstandes seiner Gewerkschaft erklärt er: »Wir müssen jetzt mit den Füßen aufstampfen.« Aber lieber wäre ihm doch ein Treffen mit Ministerpräsident Jaruzelski; er verzichtet daher darauf, genau zu sagen, wie er aufstampfen will.

Sowjetpanzer rücken ein

Fünfzehn Stunden lang muß sich Walesa vor seiner eigenen Gewerkschaftsführung gegen überzogene Reaktionen auf eine Rede Kanias wehren. Jacek Kuron erkennt noch vor seiner Verhaftung schärfer, daß Parteichef Kania nach einem unfreundlichen Treffen mit Breschnjew, dem sowjetischen Chefideologen Suslow, Verteidigungsminister Ustinow und – für Kania sogar persönlich gefährlich – mit KGB-Chef Andropow, von »Solidarität« abrücken mußte, nachdem Walesa durch unbedachte Äußerungen zunächst Wasser auf die Mühlen Breschnjews geleitet hatte. Kuron sagt vor 2500 aufgeregten Studenten: Es sei falsch, die Russen mit der Schuld an der wirtschaftlichen Krankheit zu belasten, an der Polen leide. Aber: »Sie können Panzer einrollen lassen, wenn man nach grenzenloser Freiheit sucht.« Die Polen hätten die Ereignisse von 1980/81 möglicherweise nicht nötig gehabt, wenn man 1956 die unblutige Reform fortgesetzt hätte – aber die blutigen Ereignisse in Ungarn hätten dieser Entwicklung ein Ende bereitet: »Nun stehen wir wieder vor denselben Aufgaben und sind uns bewußt, daß sie einrollen können.« Derselbe Mann, den Moskau als ersten, stellvertretend für Walesa, den noch Unangreifbaren, verhaften und verurteilen möchte, stellt sich sowohl vor die Interessen Polens als auch vor die der Sowjetunion. Die Studenten gehen friedlich auseinander.

Aber da stören ein paar Kilo Schinken die von »Solidarität« angestrebte Normalisierung: Als in Lodz ein Arbeiter in der Kantine des Krankenhauses, in dem er arbeitet, Schinken kaufen will, den er kurz zuvor dort noch erspäht hatte, bedeutet man ihm, die begehrte Ware sei ausverkauft. Der Arbeiter verbreitet, der Direktor habe sich den Schinken unter den Nagel gerissen. Arbeiter fordern die Entlassung des Direktors, der Direktor feuert die Arbeiter, denn das Krankenhaus untersteht dem Innenministerium: Widerstand ist nicht erlaubt. Die Gewerkschaften fordern die Wiedereinstellung ihrer Kollegen und das Recht, auch hier eine Gewerkschaft gründen zu dürfen; das Innenministerium gehört, neben der Armee und ihren Institutionen, zu den wenigen polnischen Einrichtungen, zu denen »Solidarität« noch jeder Zugang verwehrt ist. So entwickelt sich aus dem Schinken ein prinzipieller Konflikt: Entweder ist »Solidarität« von der Regierung als loyale polnische Arbeiterbewegung voll anerkannt; dann gibt es keinen Grund, diese Bewegung, wie eine gefährliche ausländische Spionageagentur, von den Institutionen der Armee, der Miliz und der Geheimpolizei auszuschließen. Oder »Solidarität« steht weiter auf der Liste der regimefeindlichen Organisationen: Dann ist ein Machtkampf nicht mehr auszuschließen.

Obgleich Walesa auch weiter nicht von General Jaruzelski empfangen wird und sich auch Parteichef Kania einem direkten Gespräch verschließt, ist Walesa bereit, sich noch einmal mit Rakowski zu treffen: »Wir sind beide Polen und werden uns einigen. Es gibt kein noch so schwieriges Problem, das von uns nicht gelöst werden könnte.« Zwar weist Rakowski die Behörden in Lodz an, sofort mit den Arbeitern in Verhandlungen einzutreten, aber nachträglich erregt er sich öffentlich sehr über Walesas Behauptung, beide seien Polen. Das Klima zwischen der »Solidarität« um Walesa und der polnischen Partei ist so abgekühlt, daß selbst er nicht in einem Boot mit Walesa sitzen möchte. Rakowski, der um seine Stellung in der Regierung und Partei fürchten muß, wenn er sich von Walesa wie ein Kumpan behandeln läßt, rächt sich später auf seine Weise. Er lobt Walesa über allen Klee, so daß dieser als Kollaborateur der Partei erscheinen muß und deshalb Schwierigkeiten mit der eigenen Gewerkschaft bekommt. Wichtigstes Ergebnis dieser Verhandlung: Jaruzelski erklärt sich bereit, Walesa am nächsten Tag zu empfangen. Denn nur Walesa kann verhindern, daß Jaruzelskis Regierung, wie die von Pinkowski, in Streiks untergeht.

Die von Rakowski angeregten Verhandlungen in Lodz platzen: Das Krankenhaus verfügt zwar die Wiedereinstellung der geschaßten Arbeiter, aber die geforderte Zulassung von Gewerkschaften vom Typ »Solidarität« auch in Anstalten des Innenministeriums geht natürlich über die Kompetenzen der Funktionäre dort weit hinaus und muß politisch gelöst werden.

So treffen sich, endlich und zum ersten Mal, Walesa und Jaruzelski vier Stunden lang: »Bevor etwas brennt, sollten wir miteinander sprechen.« Da man sich nicht immer sehen kann, vereinbaren die beiden Männer eine gemeinsame Kommission, vor der alle Beschwerden übereinander erst vorgetragen werden sollen, ehe man in Aktion tritt. Jaruzelski bittet Walesa um die »Wiederherstellung des normalen Rhythmus der Arbeit und der Wirtschaft« und weist darauf hin, daß Walesa auch nichts davon habe, wenn wegen neuer Streiks die Bevölkerung hungern müsse. Ein wichtiger Verbündeter der Großmächte Partei, Regierung, Kirche, Armee und »Solidarität« ist in diesen Tagen die polnische Frau, die stundenlang Schlange stehen muß, während der Mann streikt – in ihren Augen faulenzt. Das Treffen endet überraschend gut: Kein Wort von den »konterrevolutionären Kräften« in Polen, von denen Parteichef Kania in Moskau gleichfalls gesprochen hatte. Walesa meint anschließend, man habe in diesen vier Stunden mit dem neuen Regierungschef mehr erreicht als in vier Monaten mit Premierminister Pinkowski. Vor allem verspricht Jaruzelski eine Prüfung der Frage, ob Walesas »Solidarität« auch im Bereich des Verteidigungs- und des Innenministeriums tätig werden darf. Dazu muß er seine Kameraden im Generalstab, seine Genossen im Politbüro und vor allem die Staatssicherheitsdienstler befragen.

Jaruzelski hat sich mit dieser Begegnung weit hervorgewagt. Um nicht den Eindruck zu erwecken, er bevorzuge Walesa, empfängt er anschließend auch den Chef der noch immer existierenden Parteigewerkschaft, Albin Szyszka. So kann man anschließend verkünden, Jaruzelski habe unter anderem »auch Lech Walesa« gesprochen. Walesa auf dem Höhepunkt dieser Entwicklung: »Mein Herz ist kaputt. Meine Gesundheit ist ein Scherbenhaufen. Ich habe Kopfschmerzen, ich bin zum Umfallen müde.«

Selten gehen aus Verhandlungen zwei Besiegte hervor: Hier war dies der Fall. Jaruzelski hat vor allem in den Augen des betroffenen Innenministeriums erheblich an Prestige eingebüßt. Der von ihm durchgesetzte Beschluß, der Walesa-Gewerkschaft die Arbeit auch im Bereich dieser Sicherheitsenklave zu erlauben, »solange sie nicht im Widerspruch zum geltenden Recht steht«, läßt für die Staatssicherheitsdienstler, die ihre Aufgabe darin sehen, die »Solidaritäts«-Funktionäre zu bespitzeln, Welten einstürzen. Walesa war von Anfang an gegen die Ausweitung dieses Bagatellkonfliktes auf prinzipielle Fragen gewesen: »Ihr steht damit ganz allein da. Der Hauptvorstand hat seine Unterstützung für euren Streik zurückgezogen.« Aber damit verliert Walesa nicht nur Anhänger in Lodz – auch in Radom. Dort verlangen Gewerkschafter die Untersuchung von Vorfällen, die bereits fünf Jahre zurückliegen. Arbeiter, die 1976 wegen ihrer Beteiligung am Streik in Polizeizellen verprügelt und zum Teil verurteilt worden sind, sollen wieder eingestellt und voll rehabilitiert werden. Dies umfaßt nach Ansicht der Gewerkschaftsorganisation in Radom die Anhörung des Staatsanwalts, der damals die Polizeiprügeleien nicht untersuchte, die Entlassung des Polizeichefs und Bürgermeisters, des Chefs der Wojwodschaft und vieler anderer Funktionäre; darüber hinaus fordern sie ein Denkmal für die Verfolgten und die Umwandlung des Polizeigebäudes in ein öffentliches Krankenhaus. Nach Meinung der »Solidarität« in Radom sollen die Verteidiger der 1976 verfolgten Arbeiter die Untersuchung leiten. In den Augen der Partei muß dieser Forderungskatalog als ein Versuch angesehen werden, das ganze polnische System zu ändern, die Polizei, die Justiz und die Staatsverwaltung zu entmachten und das Vakuum durch Vertrauensleute von »Solidarität« zu füllen.

Obgleich Walesa auch diesen Forderungen ablehnend gegenübersteht, wird er von interessierter Seite im Ausland, vor allem natürlich im Osten, weiter mit solchen Aktionen außerhalb seiner Kontrolle identifiziert. Plötzlich ist der Chefkommunist Georges Marchais in Paris überhaupt nicht mehr an der geplanten Frankreichreise Walesas interessiert.

Er bittet Walesa, seinen Besuch zu verschieben, denn der könne »politisch ausgenutzt« werden. – So wird Walesa sogar zum Streitfall zwischen den französischen Parteien, die gerade zum Wahlkampf geblasen haben. Marchais bekommt kalte Füße und fürchtet, eine Begegnung mit Walesa könne erstens den Zorn Moskaus hervorrufen und zweitens in einem Fiasko enden, weil Walesas Gewerkschaft zu offenkundig gegen das herrschende System in Polen ist, zu dem Marchais, vor allem zur Amtszeit von Gierek, gute Beziehungen pflegt. Um so intensiver werben die sozialistischen Gewerkschaften Frankreichs um ihn: Walesa bringt Stimmen.

Statt Gast der französischen Gewerkschaften zu werden, erwartet Walesa selbst fremde Gäste: Auffällig kündigen die Sowjets bevorstehende Manöver unter dem Namen »Sojus 81« an. Werden einrückende sowjetische Truppen direkt und frontal mit streikenden Arbeitern zusammenstoßen? Zum 18. März haben die Gewerkschafter in Radom einen Warnstreik, zum 23. einen Generalstreik angekündigt; auch im engsten Kreis um Walesa häufen sich Gesetzlosigkeiten: Kuron, schon wieder zum Verhör vorgeladen, weigert sich, vor der Polizei zu erscheinen, Adam Michnik läßt sich von einer neuen Arbeitergarde aus den Reihen der Gewerkschaft gegen unvermutete Verhaftung beschützen. Jaruzelski seufzt tief, denn solche Arbeitermilizen können von den sowjetischen Verbündeten als organisierte gegnerische Kampftruppen angesehen werden und dürfen überhaupt nicht geduldet werden. Das sowjetische Armeeorgan »Krasnaja Zwezda« zählt sie der Reihe nach auf; »Die Kurons, Michniks, Moszulskis und verschiedenen anderen Feinde Polens.« Die polnische Armee wird von Moskau als »zuverlässiger Verbündeter« genannt, nicht die polnische Partei.

Aber kann man sich im Kreml wirklich auf General Jaruzelski an der Spitze der polnischen Regierung verlassen? Denn in Radom stellt er sich auf die Seite der Arbeiter, nicht auf die der angegriffenen Funktionäre. Bis auf den Chef der Polizei sind dort schon alle, der Wojwodschaftschef eingeschlossen, zurückgetreten. Statt des verlangten Polizeigebäudes verspricht man den Arbeitern ein anderes öffentliches Gebäude, in dem man ein Krankenhaus einrichten könnte. Als Walesa mit einer Verspätung von einer halben Stunde im Fußballstadion von Radom eintrifft, um zu den frierenden Massen zu sprechen, hat er den Sieg schon in der Tasche: Die Regierung gibt nach, die angekündigten Streiks sind gegenstandslos geworden. Die 15000 bis 20000 Menschen auf den Tribünen des Stadions auf dem Feld jubeln. Einige klettern auf naheliegende Gebäude, um ihren Walesa besser zu sehen. Walesas Rede wird immer wieder von Hochrufen unterbrochen – obgleich er die Arbeiter lobt und auch tadelt: »Ohne Radom, ohne 1976, hätten wir kein 1980 gehabt, ohne eure Opfer, ohne eure Kämpfe stünde die Sache anders. Wir haben unser Modell für die Zukunft auf euren Häuten entworfen.« Aber: »Ihr wollt zuviel und gebt zu wenig. Laßt uns die Quelle des Übels beseitigen, aber laßt es uns friedlich tun. Wir können es uns nicht leisten, durch unsere eigenen Streiks wieder ausgeschaltet zu werden. Es ist unzulässig, ›Solidarität‹ durch ständige Konflikte zu zerstören. Natürlich müssen die Ereignisse von 1970 und 1976 geklärt werden, aber wir haben eine starke Regierung, die dabei helfen kann. Wir haben in wenigen Monaten sehr viel gewonnen. Nun müssen wir Sorge darum tragen, daß wir das alles wegen unserer Eile nicht wieder verlieren. Wir müssen alle Streiks beenden, daß die Regierung auch sieht, wie ›Solidarität‹ die Situation unter Kontrolle hat. Es brennt in unserem Land!«

Walesa nennt direkt die »sehr schwierige wirtschaftliche Situation« und indirekt auch die Gefahr an den polnischen Grenzen. Als indirekte Warnung zitiert er den polnischen Dichter Wladyslaw Broniewski, der sagt, man müsse zusammenstehen, um keine ausländische Intervention zuzulassen. »Es hat in unserem Vaterland viel Leid gegeben, aber es wird keine fremde Hand sein, die es löscht.«

Auch dieser Streik wird suspendiert, aber nicht endgültig abgesagt. In beiden Lagern sind einige über die ständigen

Kompromisse unzufrieden. In der Partei erklärt Grabski, eine Untersuchung der in Radom bereits zurückgetretenen Funktionäre habe ergeben, daß ihnen keinerlei Schuld angelastet werden kann, daß sie also schuldlos der Koalition Walesa-Jaruzelski zum Opfer gefallen seien.

Nach der Massenversammlung von Radom erklärt Walesa vor der polnischen und internationalen Presse: »Ich persönlich habe die Erklärung abgegeben, daß sich der Premier auf neunzig Tage Frieden verlassen kann, und bis zu einem gewissen Maß meine Garantie dafür gegeben. Lassen wir der Regierung doch ein wenig Zeit, um zu regieren. Mit Streiks zerstören wir uns einfach selbst. Die wirtschaftliche Lage im Lande ist katastrophal. Sogar Brotkarten haben wir schon gedruckt. Wir müssen so handeln, daß uns die kommenden Generationen nicht verfluchen. Jene, die uns jetzt so laut applaudieren, werden es sein, die in einem Monat nach Brot rufen werden. Laßt uns Wahlen abhalten, laßt uns lernen, wie man mit Regierungsvertretern am selben Tisch sitzt. Laßt uns reden und miteinander diskutieren.« Am 1. Mai werde es keine gewaltigen Demonstrationen von »Solidarität« im Lande geben: »Wir werden den Maitag wie Arbeiter feiern, mit ganzem Herzen, aber ohne viel Geld für unnötige Shows.«

Auch Jaruzelskis Stellvertreter Rakowski spricht zur Presse und ist für den »permanenten Dialog mit allen Arbeiterorganisationen«, »Solidarität« also eingeschlossen. Aber »das Problem ist, daß dies nur Hoffnungen sind. Noch gibt es keine dauernden Elemente der Stabilität, wir leben noch immer in einem Zustand der ständigen Anspannung«. So habe die Regierung einfach keine Zeit, sich strategisch umzuorientieren, wirklich eine Erneuerung Polens in Angriff zu nehmen. Statt dessen müsse sie sich ständig um neue Streiks und Konflikte kümmern.

Walesa hatte sich öffentlich angeboten, Jaruzelski für solche Streiks »um Verzeihung zu bitten. Ich sehe das als meine Pflicht an«. Aber inzwischen war es zu einem viel schwereren Konflikt gekommen, der Walesa und Jaruzelski noch monatelang in Atem halten sollte.

Die Bauern

Im Mittelpunkt dieses neuen Konflikts stehen Bauern – wie in Rzeszow, wo es ihretwegen schon einmal zu einer schweren Krise gekommen war. Schon Ende Februar hatte in Bromberg der jährliche Kongreß der sogenannten Bauernzirkel stattgefunden, einer auch von Parteichef Kania geförderten Organisation, mit deren Hilfe die Privatbauern in den Sozialismus integriert werden sollen. Stanislaw Mojzeszowicz, der inzwischen gegen die »Landzirkel« in der Provinz von Bromberg seine eigene Bauern-»Solidarität« gegründet hatte, nimmt zusammen mit anderen rebellischen Bauern an der Konferenz teil und läßt es zum großen Krach kommen: Er beanstandet das Vorgehen des Kongresses, wirft den Bauernzirkeln vor, sie beschäftigten sich mit ganz anderen Fragen, als ihnen laut Statuten zustünden, und vernachlässigten darüber die privaten Bauern. Die Bauernrebellen ziehen aus: »Wir halten unseren eigenen Kongreß ab.« Anfang März strömen in Bromberg Bauerndelegierte aus 28 Gemeinden zusammen, um ein eigenes Bauernzirkelkomitee zu gründen – in Wirklichkeit eine Bauerngewerkschaft, die sich bei einem Kongreß in Posen der inzwischen landesweiten, als Gewerkschaft aber immer noch nicht gerichtlich anerkannten Land-»Solidarität« anschließt. Zwei Tage später begibt sich der gewählte Vorsitzende dieser Bromberger Bauerngewerkschaft zum stellvertretenden Wojwoden: Er fordert die Anerkennung, ein Büro, sogar finanzielle und Arbeitsmittel. Doch der Vizewojwode bleibt hart, die Neugründung sei völlig illegal. Um ihre Forderungen durchzusetzen, besetzen Mitte März Mitglieder dieser Bauerngruppe, unterstützt von Mitgliedern der Arbeiter-»Solidarität«, das Gebäude der Bauernpartei in Bromberg, die bisher als Treibriemen der Polnischen Vereinigten Arbeiterpartei in Erscheinung getreten war, um die Privatbauern in Schwung zu halten.

Die Bauern und Hausbesetzer legen ein Dreipunkte-Programm vor und fordern seine Anerkennung. Sie fordern nicht einfach die Auflösung der bisherigen Bauernzirkel und die Übertragung aller Aufgaben dieser Vereinigungen auf die von den Bauern selbst geschaffenen Organisationen, sondern schlagen eine Arbeitsteilung vor. Die Landzirkel sollen sich auf Dienstleistungen zugunsten der Bauern beschränken, die freie Bauernvereinigung will sich als Gewerkschaft für den Schutz der Bauern gegen den Staat einsetzen. Zu diesem Zweck sollen die Landzirkel und die neuen Bauernvereinigungen demokratische Wahlen in den eigenen Reihen durchführen; die neue Bauerngewerkschaft erwarte als ersten Schritt ihre Anerkennung durch den Wojwoden und die Führung der bisherigen »Landzirkel«. Der Wojwode von Bromberg weigert sich, überhaupt in Verhandlungen einzutreten. Sein Stellvertreter, Roman Bak, fühlt sich nach zwei Tagen Palaver überfordert: Als kleiner Funktionär kann er nicht, von Bromberg ausgehend, eine Neuerung gestatten, die in ganz Polen Nachahmung finden wird. Er fordert die Bauern auf, sofort ihren Sitzstreik einzustellen, das rechtswidrig besetzte Gebäude einer Koalitionspartei der Kommunisten zu verlassen und eine Delegation nach Warschau zu entsenden, wo die kompetenten Funktionäre im Landwirtschaftsministerium sitzen. Daraufhin schließen sich die Führer der regionalen »Solidarität«, an der Spitze Jan Rulewski, der die Bromberger freien Gewerkschafter auch im Hauptvorstand Walesas in Danzig vertritt, den weiter streikenden Bauern an.

Um der entstehenden Unruhe Luft abzulassen, lädt der »Volksrat« der Wojwodschaft Bromberg – eine Art Regionalparlament – für den 19. März 1981 die Vertreter der streikenden Bauern und die, der sich mit ihnen solidarisierenden »Solidarität« zu einer regulären Sitzung ein. Der Volksrats-Vorsitzende, Edward Berger, will zwar auf keinen Fall nur über die Forderung der Bauern diskutieren lassen, aber er will ihnen Gelegenheit geben, am Ende der Sitzung, unter dem Tagesordnungspunkt »Verschiedenes«, doch noch ein paar Worte zu sagen. Doch um 13.40 Uhr, als drei Punkte der Tagesordnung noch gar nicht verhandelt sind, stellt überraschend der Vorsitzende der Wojwodschaftskommission für die wirtschaftliche Entwicklung und den Umweltschutz den Antrag, die Sitzung zu unterbrechen und an einem anderem Tag fortzusetzen –, also ohne die Vertreter der Bauern, der Arbeiter und auch der Kirche zu Wort kommen zu lassen. Sogar einige Abgeordnete sind überrascht und verlassen den Saal nicht schnell genug. Als mehrere Aufrufe, den Saal sofort zu räumen, im Tumult untergegangen sind, greift Miliz ein. Sie drängt die verbliebenen Abgeordneten, die Bauern, Arbeiter und Roman Kukolowicz, einen vom Kardinal abgestellten Vertreter der Kirche, aus dem Saal – und prügelt draußen, im Hof des Gebäudes, wutentbrannt auf die »Anführer« ein. Drei Männer bleiben offenbar schwerverletzt liegen, unter ihnen Jan Rulewski, Mitglied des Zentralvorstandes der polnischen »Solidarität«. Es ist der erste physische Angriff auf einen führenden »Solidaritäts«-Vertreter seit Beginn der Unruhen Mitte 1980. Die Menge, die Zeuge der brutalen Szenen wird, singt: »Jeszce Polska nie zginela« – Noch ist Polen nicht verloren –, aber Polen scheint doch verloren: Die Miliz greift die neue Gewerkschaft an, die neue Gewerkschaft mobilisiert gegen den Staat, der solches zuläßt und vielleicht sogar befohlen hat.

Kurz nach Mitternacht schon trifft Walesa in Bromberg ein. Er fordert von der Regierung, sie solle sofort einen hohen Vertreter nach Bromberg schicken, um die Verantwortung für diesen schweren Zwischenfall zu überprüfen. Statt dessen entsendet man aus Warschau den stellvertretenden Generalstaatsanwalt, General Jozef Zyto, der erklärt, die Polizeiaktion sei zwar »energisch«, aber – den Umständen entsprechend – völlig korrekt gewesen. Ob es Übertretungen des Dienstauftrages außerhalb des Volksratsgebäudes gegeben habe, sei schwer zu prüfen, werde aber weiter untersucht. Rulewski, so verbreitet die andere Seite, habe am 15. März 1981 einen Autounfall verursacht, einen gewissen Jacenty Golab betrunken überfahren und getötet. Wahrscheinlich habe er sich die Verletzungen, die er nun der Polizei zuschiebe, bei diesem Unfall selbst zugefügt. Doch diese Meldung widerspricht offenkundig den Tatsachen: Betrunken war Golab gewesen, Rulewski blieb bei dem Unfall völlig unverletzt.

Walesa, der die Verletzten im Krankenhaus besucht, sagt vor Tausenden empörter Arbeiter und Bauern: »Einigen sind die Krallen zu lang gewachsen, aber wir werden sie ihnen beschneiden.« Aber »nicht alle Funktionäre sind Schweine. Einigen möchten wir gern vertrauen«. Er meint wiederum Jaruzelski: Er sei die letzte Chance. Zunächst scheint auch Walesa dazu zu neigen, der Regierung in Warschau die Verantwortung zu geben. Er greift Jaruzelski sogar vor der Presse an, und vor den Arbeitern zieht er völlig neue Fronten: »Die eine Seite hat eine Armee, wir haben keine.« Aber »unsere Knie zittern nicht«. Doch dann fällt Walesa ein ganz anderes Szenario ein, das dem blutigen Zwischenfall zugrunde gelegen haben kann: Es habe sich um eine »offensichtlich gegen die Regierung von Ministerpräsident Jaruzelski gerichtete Provokation gehandelt.« Zwar nimmt Walesa die stürmische Forderung der Menschen in Bromberg auf, den Vorfall genau untersuchen zu lassen. Er ist sogar dafür, daß »diese Banditen ihre Posten aufgeben müssen«, obgleich noch gar nicht feststeht, wer eigentlich hinter dem Polizeiüberfall steht. Aber nur, indem er Jaruzelski als das eigentliche Ziel der Aktion hinstellt, gelingt es ihm, einen von den Arbeitern geforderten sofortigen Generalstreik wieder einmal zu verhindern.

Wieder einmal, wie schon im August 1980, stellt »Solidarität« eine Liste von Forderungen auf, die die Regierung nur schwer erfüllen kann: Die führenden Funktionäre von Bromberg, der Parteichef eingeschlossen, sollen entlassen, die Namen jener Polizisten, die an der Prügelei teilgenommen hatten, veröffentlicht werden und nicht der Staatsanwaltschaft in Bromberg, sondern der in Warschau zur Aburteilung übergeben werden. Zur Untersuchung des Vorfalls von Bromberg habe außerdem die Freigabe aller Filme und Fotos zu gehören, auf denen prügelnde Polizisten zu sehen sind, und die Frage an den polnischen Vizepremier Stanislaw Mach, weshalb er den Einsatz von Gewalt nicht verhindert habe – denn Jaruzelskis Stellvertreter Mach nahm an der skandalösen Sitzung im Volksrat von Bromberg teil.

Jaruzelski, durch die zumindest passive Beteiligung eines seiner eigenen Stellvertreter in den Augen von Walesa belastet, beeilt sich, jetzt einen kompetenteren Herrn nach Bromberg zu schicken: Justizminister Jerzy Bafia, der für ihn einen Bericht machen soll. Walesa nennt Jaruzelski wieder einen »Soldaten, an den wir glauben«, aber Bafia soll, wie er erklärt, nur Tatsachen feststellen, keine verändern. Er hat keine Vollmacht, auch nur eine der konkreten Forderungen der Gewerkschaft zu erfüllen. Die Vollmacht kann ihm auch nur das Politbüro der Partei, nicht Jaruzelski erteilen, zumal von den Arbeitern auch die Köpfe hoher Parteifunktionäre in der Wojwodschaft von Bromberg gefordert werden.

Das Politbüro der Partei aber widersetzt sich scharf. Es stellt sich vor die Prügelaktion, erklärt, diese habe »in Übereinstimmung mit dem Gesetz« stattgefunden und werde jetzt von der ohnehin zur Anarchie neigenden »Solidarität« nur genutzt, um Mißtrauen gegenüber den staatlichen Autoritäten, vor allem gegenüber den Organen von Polizei und Staatssicherheit zu verbreiten. »Solidarität« beschwöre durch die Vorfälle in Bromberg eine »ernsthafte Gefahr für Polen« heraus und solle alle Streiks, die inzwischen im ganzen Land auflodern, untersagen. Kommunisten wird glatt verboten, sich an weiteren »Solidaritäts«-Aktionen zu beteiligen, sie sollen statt dessen Gegenmaßnahmen ergreifen. Aber sogar im polnischen Rundfunk widerspricht man der Version des Politbüros: Ein Zeuge darf berichten, daß der stellvertretende Wojwode von Bromberg, Roman Bak, rechtzeitig darauf aufmerksam gemacht worden war, daß »Gewaltanwendung einen Generalstreik zur Folge hat«, und daß er dennoch, völlig unberechtigt, Polizei eingesetzt habe.

Auf einer Eilsitzung beschließt der Vorstand von »Solidarität« nun, für den 27. März 1981 einen vierstündigen Warnstreik anzukündigen, dem am letzten Tag des Monats ein unbefristeter Generalstreik folgen wird, wenn bis dahin die verantwortlichen Personen nicht zurückgetreten sind. Walesa: »Es handelt sich um einen Angriff auf unsere Gewerkschaft, auf den wir mit Angriff antworten werden. Die Beine schlackern uns nicht.« Aber inzwischen hatte der Kardinal wieder einmal zu Vernunft aufgerufen, und Walesa verhindert die sofortige Ausrufung eines Streiks – er möchte zuvor zumindest mit Rakowski zusammentreffen, der sich aber entzieht. Walesa: »Einige Leute wissen gar nicht, was ein Generalstreik ist, und wir wollen keinen.« Auch Ärger über die eigenen Funktionäre in Bromberg klingt durch. Walesa war gegen die Beteiligung von »Solidaritäts«-Funktionären am Besetzerstreik der Bauern, gegen die sofortige Ausrufung eines Warnstreiks in Bromberg nach dem Zwischenfall gewesen. Außerdem liegen auch ihm inzwischen Berichte vor, nach denen einige Arbeiter- und Bauernfunktionäre mit Wolldecken im Saal des Volksrates erschienen waren. Das könnte darauf hinweisen, daß sie mit der Absicht kamen, auch die offizielle Volksvertretung in der Wojwodschaft Bromberg zu besetzen, zweifellos ein illegales Vorhaben. Denn welcher Staat läßt sich schon eine Parlamentsbesetzung gefallen? Aber es gibt auch andere Berichte, denen zufolge schon lange vor dem Tag, an dem in Bromberg Blut floß, Milizeinheiten aus ganz anderen Landesteilen Polens hier zusammengezogen wurden. Offenbar hat es eine Allianz zwischen Gegnern der Koalition »Solidarität«, der Regierung, Kirche und Armee gegeben, die ihre Anhänger auf beiden Seiten der Front hatte.

Selbst Moskau fällt es schwer, zu urteilen. In einer Nachmittagssendung von Radio Moskau wird Walesa selbst als »podstretakelsky« bezeichnet, als anstifterisches Element. In der Abendsendung hat die amtliche Nachrichtenagentur TASS diesen schweren Vorwurf schon wieder gestrichen.

»Vielleicht in Sibirien ...«

In Bromberg verbreiten »treue Mitglieder der Solidarität« ein Pamphlet, in dem sie sich von Rulewski distanzieren. Ihr Hauptargument: Er sei schon als Sohn eines deutschen Wehrmachtssoldaten verdächtig. Kuron und Michnik werden plötzlich mit der 4., der trotzkistischen Internationale des in Brüssel lebenden Professor Ernest Mandel in Verbindung gebracht. Auf der anderen Seite erscheinen wilde Plakate, in denen neue Gespräche mit der Regierung radikal abgelehnt werden: Ein Hexenkessel gegenseitiger Unterstellungen. Walesa ahnt schon den Bruderkrieg: »Wenn wir jetzt verlieren, wird es in zehn Jahren nicht genug Laternenpfähle geben, weil der Bruder seinen Bruder aufhängen wird.« Das sowjetische Manöver »Sojus 81«, das längst begonnen hat und eigentlich schon zu Ende gehen müßte, wird verlängert. Die Regierung weigert sich, einen noch höheren Vertreter nach Bromberg zu entsenden – wenn schon, dann soll Walesa nach Warschau kommen. Walesa zu seinen Anhängern in Bromberg: Er werde schon am nächsten Dienstag wieder in Bromberg zurücksein, »wenn ich nicht vielleicht in Sibirien bin«. Auf dem Weg nach Warschau läßt Walesa seine Wagenkolonne halten, in einer Kirche in Thorn betet er und nimmt die heilige Kommunion.

Schon vor Beginn der Gespräche wirkt Walesa übermüdet. Hunderte Spaziergänger, die den schönen Tag nutzen, um sich in Parks zu ergehen, strömen vor dem Ministerrat zusammen, um Walesa hochleben zu lassen. Walesa hatte zuvor, von seinem Hotel aus, das er für wenige Stunden bezieht, in endlosen Telefongesprächen seine Gewerkschaftsführer in ganz Polen davon zu überzeugen versucht, daß es im Direktgespräch mit Rakowski, den er kenne, gewiß »einen Durchbruch« geben wird, daß keine sofortigen Streiks nötig sind. Aber Rakowski empfängt Walesa mit scharfen Worten. Zwar liegt noch kein Bericht des Justizministers, der Warschau gerade erst verlassen hat, vor, aber Amtskollege Mach, der Augenzeuge der Szenen in Bromberg war, hat Rakowski unterrichtet, daß die Schuld allein bei den Gewerkschaftern liegt: Statt eingeladener sechs waren gleich 36 Vertreter im Volksratsgebäude erschienen, einige sogar mit Lebensmittelvorräten, was auf eine bevorstehende Besetzung des Wojwodschafts-Parlaments hingewiesen habe, so daß die Polizei völlig richtig reagierte. Nach zwei Stunden werden die Gespräche ohne Ergebnis unterbrochen. Walesa: »Jeder steht mit dem Rücken an der Wand.« In der Ujazdowski-Avenue vor dem Ministerrat sagt eine junge Frau zu ihrem zehnjährigen Sohn: »Sieh, aus dieser Tür kommt gleich der größte Mann unseres Volkes.« Auch vor den Zeitungsständen wartet man auf das Verhandlungsergebnis. Aber Rakowski hat Walesa schlicht erklärt, die Regierung sei auf neue Streiks gut vorbereitet. Es gibt kein Ergebnis. Die Affäre in Bromberg, die Walesa nicht wollte, droht ganz Polen in den Abgrund zu ziehen. 30 Millionen Polen sprechen nur von Bromberg und dem Generalstreik. Schon am nächsten Tag will der Vorstand von »Solidarität« über den Generalstreik entscheiden, aber Rakowski will erst zwei Tage später weiterverhandeln. Für ihn ist »ein vernünftiger Ausgang nicht mehr möglich«, weil sowohl bei einem weiteren Nachgeben der Regierung als auch bei einem Generalstreik die Sowjets intervenieren müßten. Die einzige polnische Lösung: Die Ausrufung des Notstandes.

Walesa versucht, den schlimmen Eindruck, den er von den Gesprächen hat, zu mildern: »Etwas Fortschritt wurde gemacht«, vielleicht werde sogar Jaruzelski persönlich nach Bromberg kommen. Er ruft in seinem Hauptquartier in Danzig an: Er fürchtet, daß ihm die eigene Zentrale durch einen voreiligen Streikaufruf in den Rücken fällt. Denn selbst dort droht ein Entfremdungsprozeß. Walesa ist ständig mit seinem Hofstab in einem Mercedesbus auf Achse. Es gibt Leute, die nicht unfroh sind, Walesa, der wie ein mittelalterlicher König mit Hilfe eines von Niemandem gewählten »inneren Präsidiums« von nur fünf Mann »Solidarität« zu regieren versucht, für eine Weile los zu sein. Überall hocken in den »Kaninchenställen«, die er, nach politischen Meinungsverschiedenheiten, an seine Mitarbeiter im einstigen Seemannshotel »Morski« verteilt hat, Spezialisten und Berater, an der Spitze als Sekretär des Apparats Andrzej Celinski, 31 Jahre alt. Ein Mann von der Universität mit Anzug und Krawatte, seit Jahren ein Vollprofi der politischen Opposition gegen Warschau. Wie Kuron ist er ein Mann von KOR, der schon mehrfach gewarnt hat, bei weiterem Schwanken vor der Regierung werde »Solidarität« sogar noch von den regimetreuen alten Parteigewerkschaften in den Schatten gestellt.

Wenn Walesa aber in Danzig einen Freund hat, auf den er absolut vertrauen kann, sitzt dieser nicht im Stab von »Solidarität«, sondern im regionalen Hauptquartier der Danziger Partei. Tadeusz Fiszbach weiß Walesa wirklich zu schätzen. Die Leninwerft, auf der die Bewegung begann und in der Walesa jetzt Chef der Arbeitervertretung ist, ist ein Musterbetrieb, verglichen mit den anderen polnischen Betrieben. Hier gibt es keine Streiks, alle während der Augusttage entstandenen Verluste sind längst wieder aufgeholt worden, 1980 hat man sogar 10 Prozent mehr produziert als ein Jahr zuvor. »Solidarität« hat sich längst mit dem Direktor Gniech, den Walesa sogar »verhaften« lassen wollte, angefreundet. Gniech scheint mit der Entwicklung zufrieden zu sein: Die Arbeiter, jetzt von einer frei gewählten Gewerkschaft beschützt, arbeiten williger und besser. Hier, wo Walesa direkt und allen Einfluß ausüben kann, entsteht, wie in einem Mikrokosmos, das Polen von morgen, mit dem alle zufrieden sein können. Die Partei übernimmt die wichtigsten Forderungen von »Solidarität«, wird bei den Arbeitern immer beliebter und muß deshalb die Führungsrolle nicht aus der Hand geben. Es ist Fiszbach, der, als er von den Vorfällen in Bromberg hörte, Walesa sofort ein Flugzeug zur Verfügung stellte, um nach Bromberg zu fliegen.

Aber die Entscheidung des Tages fällt nicht im ruhigen Danzig mit seiner hanseatischen Kühle, sondern im aufgewühlten Bromberg, wo sich nach dem Abbruch der Warschauer Gespräche mit Rakowski das Nationale Koordinationskomitee von »Solidarität« versammelt. Walesa muß erst mit seinem Rücktritt drohen und verärgert die Sitzung verlassen, als sei er schon abgetreten, um Zeit zu gewinnen. Das Resultat ist ein Sieg Walesas: Erst am 27. März 1981 will man mit einem landesweiten zweistündigen Warnstreik beginnen und vier Tage später den Generalstreik ausrufen. Aber zuvor sollen am 25. März die Verhandlungen mit Rakowski wieder aufgenommen werden. Walesa: »Wir wollen kein Blutvergießen.«

Vertrauenskrise

Doch dieser Sieg, der ja nur im Zeitgewinn besteht, ist auch die schwerste Vertrauenskrise, die Walesa bisher in seiner Gewerkschaft erlebt hat. Er muß sich gegen seinen alten Freund Kuron und seinen Vertreter Andrzej Gwiazda wenden, der behauptet, Walesa lasse sich von Rakowski nur erschrecken. Er bezeichnet die Regionalverbände von »Solidarität« sogar als Guerilleros, was die Stimmung so völlig wendet, daß sich sogar eine eindeutige Mehrheit gegen Walesa abzeichnet. Die Niederlage wendet er ab, indem er behauptet, die wechselnden Ergebnisse der Abstimmungen seien gefälscht, weil im Saal, in dem 300 Delegierte sitzen, Männer säßen, die gar kein Stimmrecht haben und er deshalb nicht mehr teilnehmen wolle. Einige hören, wie er beim Verlassen des Saales schreit: »Meine Frau ist im Krankenhaus, und ich gehe.« Er verläßt seine Freunde im Chaos. Reist Walesa nach Danzig ab?

Walesa hat ein angeborenes Talent für wirkungsvolle Auftritte. So läßt er sich auch am nächsten Morgen nicht sehen. Statt um 10 Uhr erscheint er erst um 12.30 Uhr wieder vor seinen inzwischen ausgeschlafenen Kollegen – die ihm erst jetzt zustimmen. Walesa ist ein großer Stratege, der das Ziel verfolgt, seine neue Gewerkschaft »Solidarität« den Marsch durch die polnischen Institutionen antreten zu lassen, wofür er Zeit, viel Zeit braucht. Er ist auch das, was in den Reihen der eigenen Gewerkschaft oft bestritten wird: ein geschickter Taktiker. Er nutzt seinen Sieg nach nur knapp entgangener Niederlage, um seine Macht in der Gewerkschaft zu festigen. Er erklärt sofort, er werde, sollte man sich bei den Verhandlungen mit Rakowski »im letzten Augenblick verständigen, kurz vor der festgelegten Stunde des Streiks, diesen persönlich vor den Fernsehkameras absagen«, ohne sich darüber erst mit der Gewerkschaftsführung zu beraten. Um aber mit dieser Amtsanmaßung keinen neuen Streit in den eigenen Reihen zu schüren, entschuldigt sich Walesa sogar dafür, daß er am Vorabend den Saal so brüsk verlassen habe, und auch die von ihm scharf angegriffenen Kuron und Modzelewski werden »rehabilitiert«. Walesa hatte sie angeklagt, »Streitigkeiten zu provozieren« und hinzugefügt: »Ich bin kein großer Held, aber ich stand schon stärkeren Mächten als ihnen gegenüber.« Notfalls werde er »zurück in die Fabrik gehen«. Nun erklärt Walesa, er werde nie wieder, nur in Augenblicken höchster Gefahr, die Gewerkschaft mit einer solchen Rücktrittsdrohung erpressen, und es gebe keine Widersprüche zwischen ihm und den Dissidenten: »Wir mußten einiges klarstellen, aber das ist nicht so wichtig, daß es uns trennen könnte. Ich bin nicht gegen KOR und das, was von dieser Organisation ausging.«

Doch nur die Regierung kann Walesas Sieg bestätigen. Fast alle Solidaritäts-Funktionäre, die Walesa diesmal zu den Verhandlungen mit Rakowski begleiten, sind gegen Kompromisse. Als habe man die Verhandlungen nicht nötig, erscheint die Gewerkschaftsdelegation erst fünfzig Minuten nach dem vereinbarten Termin im Warschauer Ministerrat; Walesa hat inzwischen auch wieder die Kirche als Vermittler eingeschaltet. Tausende Menschen lassen Walesa hochleben und tragen ihn auf ihren Schultern in den Sitz der Regierung hinein, rufen ihm zu: »Gib nicht nach – bleibe fest!«. Rakowski geht es nicht viel besser als Walesa, auch er steht »mit dem Rücken zur Wand«. Konkret kann er über die Vorfälle in Bromberg nichts sagen, »weil Herr Minister Bafia die Arbeit, mit der er von der Regierung beauftragt wurde, nicht vorbereitet hat.« Walesa aber interessiert sich nicht so sehr für den Bericht als für »die Schlußfolgerungen, die sich aus diesen Materialien ergeben, über die man in irgendeiner Weise diskutieren kann«. Stattdessen beginnt Rakowski, eine lange Erklärung zu verlesen: Nicht nur alle Streiks, sondern sogar die Streikbereitschaft seien unerlaubter Druck auf die Verwaltung, das politische Leben im Lande und vor allem auf die Wirtschaft, die ihre Aufgaben darin sieht, auf dem Feld die Frühjahrsarbeiten in Angriff zu nehmen, die Exporte zu steigern, um lebenswichtige Nahrungsmittel und Medikamente dafür einführen zu können, und sich aus bereits leeren Kassen überhaupt keine weiteren Lohnerhöhungen leisten kann. Aus denselben Gründen sei auch eine Verbesserung der Sozialleistungen des Staates ausgeschlossen. Stefan Lewandowski, ein Berater Walesas, sieht in dieser Erklärung, die Gwiazda mit einem Leitartikel oder, schlimmer noch, einer Anklage gegen »Solidarität« vergleicht, einen glatten Rückzug der Regierung von den Abkommen, die sie im August 1980 mit den streikenden Arbeitern und Walesa an ihrer Spitze geschlossen hat. Schon nach fünfzig Minuten bricht Walesa mit seiner Delegation auf.

»Da es keinerlei Vorschläge gab, hatte es keinen Sinn, zwölf Stunden oder wie lange auch immer herumzusitzen. Daher haben wir diesmal sehr schnell Schluß gemacht. Gespräche um der Gespräche willen – dafür sind Zeit und Gesundheit zu schade.«

Der Verhandlungstisch, an dem man saß, war nicht mehr rund; man saß sich frontal gegenüber. Die vom Papst in Rom erneut beschworene »Verantwortung für das gemeinsame Gut, das sich Polen nennt«, stellt sich auf beiden Seiten ganz anders dar. Rakowski sieht in der »Solidarität« eine politische Bewegung, die in einem »heiligen Krieg die Volksautorität beiseite fegen möchte«, und dadurch, »bei Gott«, selbst beweist, daß es im Sozialismus wohl keine von der Partei unabhängigen Gewerkschaften geben kann. Walesa wirft der Regierung vor, »dieselben Fehler wie in der Vergangenheit zu wiederholen«. Wie 1956, 1970 und 1976 nehme sie Zugeständnisse wieder zurück und hinterlasse am Schluß nur eine noch frustriertere Arbeiterschaft: »Wie dürfen jene, die die Erwartungen der Arbeiterschaft schon in der Vergangenheit enttäuscht haben, in ihren Positionen bleiben? Es gibt Leute, die viel erreicht haben, aber wären sie wahre Aktivisten, würden sie jetzt zurücktreten.« Damit zielt Walesa zum erstenmal auf Veränderungen auch in der höchsten Spitze der Regierung und der Partei ab – während die Partei, unter Druck gesetzt, in Bromberg nur ihren Wojwoden Berger ablöst und durch einen General ersetzt.

Immer deutlicher tritt Polens Armee in den Vordergrund, und Walesa muß, um die Konfrontation mit ihr zu vermeiden, um Jaruzelski werben. Damit aber bringt er Jaruzelski in der Partei in eine schwierige Lage. Walesa deshalb: »Wir haben nicht die Absicht, den General von den anderen zu trennen. Aber wir wünschen auch nicht, daß man versucht, unsere Bewegung zu spalten.«

Die Partei hat es nicht eilig, sich von Walesa in interne Meinungsverschiedenheiten drängen zu lassen und beschwört dadurch selbst die von »Solidarität« angedrohten Streiks herauf. Zwar schickt der Papst seinen Kardinal zu Parteichef Kania, aber vor einer Sitzung des Politbüros und einer Einberufung des Zentralkomitees kann auch der nichts entscheiden. Im Zentralkomitee der Polnischen Vereinigten Arbeiterpartei sitzen inzwischen schon einige Anhänger Walesas. Hunderttausende Kommunisten in den Betrieben haben sich der »Solidarität« angeschlossen. Aber die Kräfteverhältnisse sind unsicher. Intern geht man davon aus, daß 50 bis 70 Prozent der ZK-Mitglieder für Kania und dessen Kurs vorsichtigen Entgegenkommens oder sogar, in wachsendem Maße, für Reformen sind, die nicht einmal Kania will. Der Anteil der ganz entschiedenen Gegner einer solchen Politik der »Erneuerung« beläuft sich nur auf 10 bis 20 Prozent; dazwischen steht eine lavierende Gruppe von 20 bis 40 Prozent, die nur um ihre Positionen bangt und sich dem Stärkeren anschließen wird. Jede übereilte Entwicklung kann das Kräfteverhältnis zu Ungunsten Kanias umkippen. Walesa kämpft auch um die Stimmen der Unentschlossenen in der Partei: Er werde nichts unternehmen, was »die Regierung, die Partei, den Sozialismus, den Staat der Arbeiter oder die Gesellschaftsabkommen verletzt, und wir werden nie eine politische Partei oder Organisation sein wollen, die den Wunsch hat, die Partei von der Macht abzulösen«. Aber in der Partei spricht man auch über Flugblätter, in denen angeblich die Rede von »neunzig Galgen für neunzig Parteiführer statt 90 Tagen sozialen Friedens« ist und in denen sogar schon der Sturz Rakowskis gefordert wird, der zum gemäßigten Flügel gehört.

Selbstverbrennung

Vor diesem Hintergrund läßt Rakowski Walesa am nächsten Tag, an dem man eigentlich weiter verhandeln will, einfach warten. Erst sollen die Verhandlungen um 14 Uhr, dann um 17 Uhr, dann heute überhaupt nicht mehr stattfinden. Überall gehen die Gewerkschafter daran, sich auf den großen Streik vorzubereiten. Die Atmosphäre wird zusätzlich durch Gerüchte vergiftet: Ängstliche Bürger holen ihr Spargeld von den Banken ab, die Frauen hamstern, in der Gewerkschaft heißt es, Jan Rulewski sei in Bromberg an seinen Verletzungen gestorben. Einen Tag später gießt in der südostpolnischen Stadt Jaslo ein 65jähriger Rentner mitten im Zentrum einen Kanister Benzin über sich. Umstehende retten ihn vor der Selbstverbrennung. In seiner Tasche findet man drei Briefe, davon einen an Walesa: »Versteht endlich, welchen Schaden ihr Volkspolen zufügt. Seid nicht so blind, daß ihr nicht seht, wie euer Verhalten zur nationalen Katastrophe führt. Unsere Nation hat sowohl bei unseren Freunden als auch unseren Feinden an Ansehen zu verlieren. Vor 200 Jahren haben uns die hohen Herren zum Verlust unserer Freiheit geführt. Heute tun das unsere Feinde mit Hilfe der Hände unserer Arbeiterklasse. Sie führen uns zum Ruin des so schwer mit den Händen der ganzen Nation aufgebauten Landes, des Landes der Menschen meiner Generation. Wer gibt euch das Recht, über das Schicksal des Landes zu entscheiden? Wenn ihr glaubt, daß das, was in Bromberg geschah, Schuld der Führung ist, so nehme ich diese Schuld auf mich und bestrafe mich hart. Aber ihr sollt wissen, daß mein Tod auf euch lastet!« Wie man feststellt, gehört dieser Altersheimbewohner der Vereinigung der polnischen Kämpfer, ZBOWID, an, einer Vereinigung mit engen Beziehungen zur Staatssicherheit und zur Polizei. Wie ZBOWID-Ehrenchef Moczar setzen auch die Technokraten, die zunächst über die Aktion der Arbeiter ganz glücklich waren, auf Disziplin. Ob die versuchte Selbstverbrennung, die die Stimmung gegen »Solidarität« anheizen soll, Hintergründe hat, wird nie geklärt. Aber man fragt sich natürlich, wie es kommt, daß die Briefe in der Tasche des Alten, der selbst Verbrennungen zweiten Grades erlitt, nicht auch verbrannt sind?

Walesa wartet inzwischen im Hotel »Solec« an der Weichsel, 2. Stock, Zimmer 207. Vor seiner Tür, auf einem Campingstühlchen, ein bulliger Bewacher, neben dem Lift gleich fünf drohend dreinblickende Männer, die sich auf verschlissenen Polsterstühlen lümmeln. Selbst zum Mittagessen im Restaurant, bei dem Walesa hastig Ente mit Kohlsalat hinunterwürgt, wird er von Bodyguards begleitet: »Es gibt schließlich genug Leute, die ihn am liebsten gleich loswerden möchten.« Am Auto, das Walesa benutzt, haben witzige Begleiter einen Aufkleber in Englisch befestigt: »Es ist aufregend, ein Pole zu sein.« Der Warnstreik, der nicht mehr zu verhindern ist, verläuft diszipliniert und in völliger Ruhe. Walesa vor den Arbeitern von »Ursus«: »Wir wollen die Partei nicht stürzen. Wir wollen nur die Leute loswerden, die sich als Bremser betätigen.« Aber wenn die Partei nicht endlich verhandelt, ist der Generalstreik da.

Aber die Partei, in ihren wieder aufgenommenen Gesprächen mit Walesa durch Vizepremier Rakowski vertreten, will von einer Anerkennung der Bauerngewerkschaft auch weiter nichts wissen und legt den Bericht des Justizministers Bafia über die Vorgänge in Bromberg vor, der gar keine Namen enthält. Man will über jede Forderung der Gewerkschaft gesondert, in einer Kommission weiterreden. Die meisten solcher ad hoc-Kommissionen haben eine sehr lange Lebenszeit. Die mit Spannung erwartete Sitzung des Zentralkomitees der Partei wird zur großen Enttäuschung. Die Partei bezeichnet den Aufruf zum Generalstreik, der am letzten Tag des März beginnen soll, als »Kampf um die Macht« und schickt ZK-Sekretär Barcikowski vor, Solidarität scharf anzugreifen. Auf diesen Mann hatte Walesa eher gerechnet, denn es war Barcikowski gewesen, der das Stettiner Abkommen im August 1980 unterzeichnet hatte.

Schon am Tag des großen Warnstreiks, an dem Walesa von einer großen Fabrik in der polnischen Hauptstadt zur anderen eilte, hatte Walesa der Regierung vorgeworfen: »Sie hat alle diese Verträge unterzeichnet und gehofft, wir würden sie schnell vergessen. Aber man hat sie nicht vergessen. Wir werden uns nicht beugen.« Walesa sprach vom »letzten Kampf« und gab für den Fall einer staatlichen oder gar sowjetischen Intervention konkrete Kampfanweisungen: »Wenn man schießt und es Tote gibt – antwortet nicht. Greift kein Polizeigebäude an, zieht euch in eure Fabriken zurück und wartet dort ab. Auf diesem Boden genießt ihr alle Vorteile.«

Alles sieht so aus, als habe der erste landesweite Generalstreik in der Geschichte des kommunistischen Nachkriegs-Europa schon begonnen. Die Funktionäre von »Solidarität« verlassen ihre Hauptquartiere in den Städten und ziehen sich in die Fabriken zurück, Walesa selbst scheint zu glauben, daß die Schießereien schon begonnen haben: »Man hat heute auf unsere Leute geschossen. Jemand hat auf den stellvertretenden Vorsitzenden von ›Solidarität‹ in Pulawy durchs Fenster und die Gardinen geschossen. Die Kugel wird von der Polizei untersucht.« Walesa bezieht sich jedoch auf einen Vorfall, der schon Tage zurückliegt, gleichwohl aber die ungeheuren Spannungen ausdrückt, unter denen Polen in Erwartung der großen Kraftprobe lebt.

Doch wenn sich Walesa in sein Hotel »Solec« zurückzieht, wird er sofort wieder zum Pol der Ruhe. Während auf dem Bildschirm des immer laufenden Fernsehgeräts ein mit Musik untermalter alter Stummfilm läuft, erkennt Walesa im Hotel eine Frau wieder, mit der er in den heißen Augusttagen von 1980 nur dreißig Minuten lang gesprochen hat. Nichts kann ihn daran hindern, auf sie zuzugehen, sie mit Handkuß zu begrüßen und sich in ein Gespräch mit ihr einzulassen. Ob er noch in der folgenden Nacht einen Anruf von der Regierung zu neuen Gesprächen erwarte? »Das weiß ich nicht, aber wir sind jederzeit zu Gesprächen bereit. Wir bleiben hier und warten. Wenn die Regierung Vorschläge bereithält, werden wir hingehen, weil die Situation eben sehr ernst ist.«

Ein anderer Gewerkschaftsführer hätte sich in diesen Stunden möglicherweise in eines der Werke begeben und dort die Stimmung angeheizt. Lech Walesa aber nimmt jetzt sogar in aller Ruhe sein Mittagessen ein. Zwischendurch ist er wie vom Erdboden verschwunden: Wo ist er? Man klatscht: Um unbemerkt mit der Regierung zu verhandeln – im Radziwill-Palais, wo sonst ausländische Staatsgäste empfangen werden – muß er die Reporter abhängen, Menschenansammlungen vermeiden. Mit einer Delegation wird er vom Kardinal empfangen, davor ist er offiziell anderthalb Stunden bei Rakowski: Noch sind die Drähte nicht ganz kalt und abgerissen. Am 30. März 1981 findet das fünfte offizielle Treffen zwischen Walesa und Rakowski seit dem 22. März statt – nur noch ein Tag vor dem Generalstreik.

Noch am Morgen versendet Walesa Fernschreiben an alle Regionalleitungen seiner »Solidarität«: Sie sollen am Abend, wenn die Unterredung mit Rakowski zu Ende geht, ihre Leitungen freihalten. Denn dann sind die Würfel gefallen. Auf der anderen Seite gibt die Regierung Anweisung, bei negativem Gesprächsausgang Walesa und ganz Warschau sofort zu isolieren, alle fernmündlichen und fernschriftlichen Verbindungen sofort abzuschneiden. Rakowski in den Verhandlungen: »Wir stehen alle vor einer Katastrophe.« Walesa trifft um 11.56 Uhr zu den Verhandlungen ein. Rakowski wartet schon – plötzlich haben es beide Seiten sehr eilig. Die Verhandlungen dauern über sieben Stunden; Tausende warten vor dem Gebäude. Im Mittelpunkt der Verhandlungen steht der Bericht des Justizministers Bafia, in dem endlich auch ein »Schuldiger« genannt wird. Nicht die Miliz, sondern der Vorsitzende des Nationalrates von Bromberg, der die Sitzung unterbrochen hat, noch ehe die geladenen Vertreter der Bauern und der »Solidarität« zu Wort kommen konnten, habe den Vorfall ausgelöst. Dafür kann der Ratsvorsitzende aber nicht zur strafrechtlichen Verantwortung gezogen werden. Alles geht aus wie das Hornberger Schießen: Niemand wird bestraft. Walesa, dem es weniger um Bestrafung als um die Ausschaltung solcher Angriffe auf Gewerkschaftsfunktionäre in der Zukunft geht, hält den Bericht für ausgewogen. Aber er gewinnt nichts, keine feste Sicherheitsgarantie für seine Gewerkschaft, deren Funktionäre und Mitglieder, keine Zusage, politische Verfolgungen ein für allemal einzustellen, auch nicht die Einwilligung der Regierung, endlich die Bauerngewerkschaft anzuerkennen. Rakowski, der gerade von einer stürmischen sechzehn Stunden dauernden ZK-Sitzung kommt, in der der harte Flügel triumphiert hat, sind die Hände gebunden. Kania kann es sich mit Rücksicht auf die Sowjets nicht leisten, die Rücktrittsofferten von Grabski, Ex-Außenminister Stefan Olszowski und Politbüromitglied Roman Ney anzunehmen, und Walesa, der schon am Tag zuvor vom Kardinal auf diese Situation aufmerksam gemacht worden war, akzeptiert. Um 19 Uhr wird der »Kompromiß« beschlossen, um 19.30 Uhr zeigt das Fernsehen Walesa und seinen Stellvertreter Gwiazda, die ein kurzes Kommunique verlesen: Der Streik für den morgigen Tag ist abgeblasen.

Zwar kann Walesa sein mageres Verhandlungsergebnis noch garnieren: Der Premier habe dem Rücktrittsangebot der stellvertretenden Wojwoden von Bromberg, unter ihnen Roman Bak, zugestimmt. Aber sie werden »auf eigenen Wunsch in andere Pflichten entlassen«, also weiterverwendet und nicht bestraft. Außerdem habe man sich geeinigt, daß dieses Abkommen nur Ausgangspunkt für weitere Verhandlungen sein soll. Walesa: »Beide Seiten waren sehr müde, für Details war keine Zeit.«

Spaltung?

Während im ganzen Land nicht nur der Generalstreik, sondern – nach dem Fernsehauftritt Walesas und Gwiazdas – sogar die Streikbereitschaft abgeblasen wird, braut sich über Walesas Kopf das Urteil der eigenen Gewerkschaft zusammen. Als sich am Nachmittag des Tages, an dem gestreikt werden sollte, das Nationale Koordinationszentrum von »Solidarität« trifft, hat es nichts mehr zu bestimmen. Walesa hat von sich aus den Streik abgesagt, ohne Befragung der Gewerkschaftsforen, »wie ein Diktator«, schallt es ihm entgegen. Der übergangene Sprecher von »Solidarität«, Karel Modzelewski, erklärt, Walesa sei »kein Demokrat« und tritt aus Protest zurück. Walesas Sekretär, Andrzej Cielinski, stellt ein Mißtrauensvotum und wird selbst ausgeschlossen. In Danzig stellt sich Anna Walentynowicz, die energische Kranführerin, die den Anlaß für jene Bewegung bot, aus der zunächst die Streiks, dann »Solidarität« und schließlich die »Erneuerung« ganz Polens wuchsen, gegen Walesa. Zwar findet sie auf der Leninwerft keine Mehrheit gegen Walesa, aber Walesa selbst muß sich vor sie stellen: Denn er muß vermeiden, daß ihretwegen eine landesweite, völlig neue Bewegung entsteht – die Spaltung der »Solidarität«. In Radom, Kattowitz, Breslau, Lodz und auch in Warschau selbst besteht dazu offenbar Bereitschaft. Mazowsze, die hauptstädtische Regionalorganisation von »Solidarität«, legt Walesa einen ganzen Beschwerdekatalog vor: Man habe durch das Fernsehen vom Streikende erfahren, was undemokratisch sei. Die Schuld gibt man den nichtgewählten Beratern Walesas, die der Regierung weder die Forderung nach einem Ende der politischen Verfolgung Andersdenkender noch die nach Zugang zu den Massenmedien vorgelegt hätten. Selbst Walesas Stellvertreter Gwiazda bietet seinen Rücktritt an. Er war besonders das Opfer der Taktik Walesas geworden: Um Gwiazda zu hindern, sich den Radikalen anzuschließen, hatte ihn Walesa in die Verhandlungen einbezogen, es sogar ihm überlassen, das Streikende zu verkünden. Jetzt benutzt er ihn als Zeugen gegen die Behauptung, er habe »ein Geheimabkommen« mit der Regierung geschlossen. Bogdan Lis, Walesas anderer Stellvertreter: »Es sieht so aus, als seien die meisten Delegierten gegen den Kompromiß.«

Walesa erscheint gut vorbereitet zur Vorstandssitzung. Er hat Tonbänder und Protokolle mitgebracht, so daß alle Anwesenden hören können, was der Kardinal den Gewerkschaftern kurz vor den Verhandlungen sagte. Die Kirche fest hinter sich, geht Walesa zur Gegenoffensive über: »Ich glaube an die Vernunft des Menschen. Einige Aktivisten vergessen manchmal, woher sie kommen. Ich meine, sie werden sich daran erinnern, daß auf ihnen die Verantwortung für entschlossenes, aber auch vernünftiges Handeln liegt. Sie haben in einem halben Jahr völlig vergessen, daß sie einmal irgendwo gearbeitet haben. Sie haben sich einfach losgelöst.« Walesa zeigt einen Packen Telegramme, die er von einfachen Arbeitern und Betriebsgewerkschaftsgruppen bekommen hat und in denen »die Basis« seinen Beschluß, den Streik abzublasen, begrüßt. Einige Arbeiter hat Walesa sogar selbst mitgebracht, wodurch die Stimmung im Saal völlig verändert wird. Sie sitzen da als Zeugen für aufkommende Streikmüdigkeit.

Diese Taktik ist nicht neu, sondern den Kommunisten abgeschaut: Diadochenkämpfe in den kommunistischen Hierarchien wurden nicht selten dadurch beendet, daß eine Gruppe »die Basis« für sich mobilisierte und die gewählten Vertretungen an der Spitze unter Druck setzte. Die polnische Partei sieht mit Vergnügen, wie sich Walesa kommunistischer Strategie bedient und sich so für ihre Absichten einsetzt. Rakowski, den Walesa schon oft in Verlegenheit gebracht hat, indem er zwischen ihm, dem »Vernünftigen«, und den anderen Führern der polnischen Partei unterschied, bringt jetzt Walesa in Verlegenheit durch ein in dieser Situation höchst unwillkommenes Lob: Walesa sei, im Gegensatz zu den anderen »Solidaritäts«-Führern, kein Gegner, sondern eher ein Partner der Regierung, »ein sehr interessanter Gesprächspartner und sehr geschickter Unterhändler, der gewiß eine mäßigende Rolle spielt. Ich gebe zu, daß ich ihn als Partner mag und mit Sympathie behandle.«

Jan Rulewski, der in Bromberg zusammengeschlagen wurde und dadurch den ganzen Aufstand ausgelöst hat, klagt Walesa in einem Brief an, eher mit der Regierung als mit den Opfern des Polizeiterrors Solidarität zu üben und offenen Verrat an der eigenen Gewerkschaft begangen zu haben: »Wir haben überhaupt nichts gewonnen. Wir können zwar Kompromisse über die Versorgung mit Zwiebeln schließen, aber nicht, wenn Blut vergossen wurde.« Walesa hingegen: »Wir bekamen alles, was möglich war. Ich glaube nicht, daß wir mehr bekommen konnten.«

Jan Kulaj von der Bauerngewerkschaft ist erzürnt, daß seine Interessen überhaupt nicht berücksichtigt wurden: Walesa hätte die formelle Anerkennung der »Bauern-Solidarität« durchsetzen müssen. Walesa beruft sich darauf, daß dazu kein Regierungsvertreter, sondern nur ein Gericht imstande sei: »Wenn wir in einer zivilisierten Welt leben, so verpflichten gewisse Normen. Wir wollen uns nach dem Recht richten.« Aber am Schluß der Sitzung haben alle den faden Geschmack, daß das von Walesa getroffene Abkommen mit der Regierung »so dünn wie Wasser ist, nachdem man es durch ein Sieb gelassen hat«. Dennoch siegt Walesa am Ende mit 26 gegen 4 Stimmen im Vorstand seiner Gewerkschaft. Können die Polen nun ruhig schlafen? Walesa: »Natürlich, es gibt keinen anderen Weg!« Aber wie nie zuvor wird auch Walesas Führungseigenschaft in Frage gestellt; selbst sein treuer Stellvertreter, Bogdan Lis, beklagt den Mangel an Konsultationsbereitschaft Walesas, andere erklären, er wirke bereits »müde und ausgelaugt.« Walesa über sich selbst: »Ich bin immer weniger wir. Ich weiß nicht, wie lange ich noch durchhalten werde. Ich bin so müde, daß ich manchmal alles satt hab'.«

Walesas Gesprächspartner Rakowski war nach dem Sieg seines Gesprächspartners über dessen »aggressive und demagogische« Gewerkschaftsfreunde zur Auffassung gekommen, »Solidarität« könne, wenn sie sich weiter so »vernünftig« wie Walesa verhalte, zu einem »festen Bestandteil des Systems« werden – zumindest Walesa allein, wenn ihm die anderen nicht folgen sollten. Walesa, dem die breiten Massen glauben, als Verbündeter der Partei, vielleicht sogar mit dem Titel eines Vizepremiers geschmückt – ein bestechender Gedanke angesichts der Aussichtslosigkeit, vor der sich die Partei allein befindet.

Tatsächlich ist Walesa an einem kritischen Punkt seiner Entwicklung angelangt. Waren seit dem August 1980 die Stationen seines Lebens nahezu identisch mit der stürmischen Entwicklung der neuen Arbeiterbewegung und den Stationen der polnischen Innenpolitik, scheinen sich seit Anfang April 1981 diese beiden Linien voneinander zu entfernen: Walesa wächst immer deutlicher in die Rolle eines verantwortlichen polnischen Politikers hinein, der sich auf Weltreisen begibt, seine Rolle im Ausland mit der polnischen Regierung abspricht, Aufträge von ihr entgegennimmt und nach der Heimkehr der Regierung Bericht erstattet. Während er für die einen an Glanz gewinnt, beginnt für die anderen, sein Glanz zu verblassen.

Sogar das konzentrierte Propagandafeuer der sozialistischen Nachbarn Polens verliert Walesa aus dem Visier und richtet sich auf ein neues Ziel, auf die »Polnische Vereinigte Arbeiterpartei« ein, nicht mehr so sehr auf »Walesas Solidarität«. Denn Walesa als Arbeiterführer – das kann eine vorübergehende Erscheinung sein. Die osteuropäischen Geheimdienste haben genug Material gesammelt, um Walesa eines Tages den Todesstoß versetzen zu können: Nicht nur politische Vorwürfe, sondern auch Fakten, die ihn eines Tages in den Augen der polnischen Arbeiter diskreditieren könnten. Denn ist Walesa nicht ein Weiberheld, der es mit dem Alkoholverbot nicht so ernst nimmt und seine persönlichen Freuden aus derselben Tasche zahlt, in die ihm Fans im In- und Ausland ungezählte Geldbündel stopfen?

Aber der Versuch der polnischen Partei, diesen Walesa zu integrieren, ist auch für Geheimdienstler ohne Vorbild. Noch nie zuvor war es einem außenstehenden Nichtkommunisten gelungen, eine regierende kommunistische Partei so in innere Bewegung zu versetzen wie Walesa. Schon im April kam es zu einer derartigen Annäherung zwischen dem Nichtkommunisten Walesa und den Reformern in der Partei, daß man es, bei einiger Ehrlichkeit, für immer schwer haben wird, eine neue Geschichte der polnischen Arbeiterpartei zu schreiben, ohne Walesa zu erwähnen und ihm sogar ein eigenes Kapitel zu widmen.

Anfang April 1981 hatte sich die Partei schon von rund der Hälfte ihrer bisherigen Wojwoden und regionalen Parteichefs getrennt. Aber auch Walesa hatte den Einfluß der »Radikalen« in seiner Gewerkschaft zurückgedrängt: Der sich abzeichnenden ideologischen Konvergenz schloß sich die organisatorische Konvergenz an. Walesas innerer Führungskreis im Nationalen Verständigungskomitee von »Solidarität« ähnelt bereits dem Zentralrat der alten Staatsgewerkschaft. Er geht im Ministerrat und im Parlament ein und aus, hat sein eigenes Gewerkschaftsorgan, »Solidarität«, und bezieht als Funktionär dieser Massenorganisation ein festes Gehalt. Die Bewegung verliert ihre Spontaneität, wird Institution. Ein Gewerkschaftsfunktionär aus Lublin bemerkt traurig: »Die Luft ist aus dem Ballon raus. Man kann ihn nie wieder aufblasen.« Rakowski amüsiert sich sogar über diese Annäherung zwischen Walesas »Solidarität« und den alten Staatsgewerkschaften: »Ach, zu schlimm, daß ihr uns wie Kinder nachahmt.« Oder ärgert sich Rakowski, weil der Reformkommunist in der Reformbewegung der »Solidarität« den Wurm erkannt hat, an dem Polen bisher gelitten hat?

Immer deutlicher wird, daß Walesa in erster Linie nicht mehr seine Arbeiter, sondern »das Ganze« sieht; man spricht bereits von einer neuen »Nationalen Front« zwischen ihm und dem Reformflügel in der Partei. So will Walesa – sein neuester Plan – möglichst viele Parlamentsabgeordnete für seine Ziele gewinnen, sie »Solidarität« verpflichten. Aber das ist ein mühsamer Weg. Welchen Einfluß haben schon einige Abgeordnete auf den Sejm und gar die Partei, der sie in erster Linie verpflichtet sind, welchen

Einfluß hat der Sejm auf die Regierung? Die massive Kritik an solchen Plänen aus den eigenen Gewerkschaftsreihen läßt Walesa erschlaffen. Es ist nicht nur mit Erpressung verbundene Koketterie, wenn Walesa erklärt: »Ich will so bald wie möglich den Vorsitz aufgeben. Als Arbeiter hatte ich 10000 Zloty im Monat, nun habe ich nur noch 7000« – nach offiziellem Wechselkurs sind das nur 120 DM. Schon zweimal mußte man ihn am Arm gestützt aus einem Verhandlungssaal herausführen, und zu Hause wartet eine kinderreiche Familie auf ihn. Walesa: »Oft denke ich, daß ich es nicht mehr schaffe. Aber dann denke ich mir: Höchstens noch ein, zwei Jahre. Aber es wird wohl nur ein Jahr werden.«

Walesa wird vermarktet: Das Abzeichen seiner Bewegung wird in den verschiedensten Ausführungen geprägt und für clevere Geschäftsleute zu einem blühenden Geschäft. Ein amerikanisches Kosmetikunternehmen bietet Walesa eine Million Dollar an: Er soll sich mit einem Rasierapparat dieser Firma seinen schon legendären Schnauzbart abrasieren. Es gibt bereits T-Shirts mit Walesa-Aufdruck. Amerikanische Lebensmittelhändler wollen der notleidenden polnischen Bevölkerung Geschenke machen, die bevorzugt zunächst von den Polen in den USA bezahlt werden müssen. Business is business. Walesas katholischer Berater, Roman Kukolowicz, der Augenzeuge der Szenen im Bromberger Volksrat war, erklärt, Walesa habe das Maximum erreicht, und Walesa echot: »Wir sehen wachsende Schlangen vor den Geschäften. Das fällt auf uns zurück. Man soll nicht Turm nach Turm erhobern. Deshalb ist jetzt Schluß mit Streiks. Hören wir nun auf die Stimmen in den Parteiorganisationen, den Wojwodschaftskomitees.« Auch die Stimme seiner nüchternen Frau in Danzig klingt mit: »Ich möchte die ›Solidarität‹ verlassen. Der Kampf für die ›Solidarität‹ hat mich meine Gesundheit gekostet. Ich bin heute herzkrank, und meine Familie leidet darunter, da sie nichts von mir hat. Außerdem hungert sie.«

In Moskau registriert man den tiefen Wandel, der sich in Walesa vollzogen hat: Die Militärmanöver werden endlich beendet, Leonid Breschnjew läßt im benachbarten Prag, wo

Staats- und Parteichef Gustav Husak auf seinem Parteitag weiter auf die Pauke haut, gleichfalls erkennen, daß er im Grunde nur seine Ruhe haben möchte.

Die polnischen Bauern erhalten höhere Aufkaufpreise für ihre Produkte, Parteichef Kania spricht zu den Danziger Werftarbeitern und deutet damit eine Politik des Dialogs zwischen Partei und Volk an. »Solidarität« ist eingeladen, gemeinsam mit der Partei den Maitag zu begehen, die Menschen, befreit vom Druck einer völlig ungewissen Zukunft, sind müde oder lassen sich das schöne Frühjahrswetter gefallen. Die Partei verspricht einen außerordentlichen Parteitag schon im Juli, auf dem sich Kania selbst an die Spitze einer polnischen Erneuerungsbewegung stellen will.

Walesa sitzt wieder in seinem Danziger Büro, bewacht von seinem Gorilla, den er ärgerlich anschnauzt, wenn dieser unabgemeldet verschwindet: »Wo warst du?« – »Ich hab' Schlange gestanden, um Essen für die Familie einzukaufen!« Walesa: »Und was gab es?« – »Zucker und fettes Fleisch!« – »Geräuchertes?« – »Ja, es war Speck.« Walesa: »Speck, oh, Speck!« – Ausländische Korrespondenten, die Walesa sprechen wollen, werden von seinen Übersetzern oft gefragt: »Haben Sie Devisen?« Wenn ja, möchten sie Walesa etwas zum Frühstück mitbringen, denn die »Pewex-Läden« sind immer noch nicht aufgelöst, das Danziger Abkommen scheint vergessen zu sein, begraben unter einer allgemeinen Volksnot.

Der Fäulniszustand, in dem die Gewerkschaft zu verwesen droht, führt zur Gärung. Gwiazda erklärt öffentlich, er bedaure es, von Walesa mit in den sogenannten Kompromiß mit der Regierung hineingezogen worden zu sein und schreibt sogar einen offenen Brief: »Wir brauchen innergewerkschaftliche Demokratie. Wenn die Gewerkschaft dazu übergeht, sich derselben Methoden zu bedienen, die sonst die ihrer Gegner sind, wird sie geschlagen werden.« Er erinnert wehmütig an jene frühen Tage des Kampfes, als man noch illegal war, und lobt die Rolle von KOR, der politischen Opposition gegen das System, in das Walesa gern eingebunden werden möchte. Als sich Walesa am Abend mit den Mitgliedern des Gewerkschaftsvorstandes trifft, verlangen diese, daß künftig alle Verhandlungen zwischen Walesa und der Regierung vor laufenden Fernsehkameras geführt werden sollen – das Volk will Zeuge sein, wer seine Interessen wie vertritt.

Walesa beantwortet den Brief Gwiazdas: »Laß uns offene Briefe schreiben, wenn wir im Ruhestand sind. Ich denke an ihn, aber ich kann mich solange nicht zur Ruhe setzen, als Abenteurer und Unverantwortliche die Oberhand kriegen können.« Wem seine Linie nicht paßt, der könne ja austreten. Gwiazda hingegen verlangt das »Recht eines jeden Gewerkschaftsmitglieds, die Führung zu kritisieren.«

Dem Eindruck, daß sich Walesa zu einem »Führer« aufgeschwungen hat, wollen sich nicht nur entschiedene Gegner einer ständigen Kompromißpolitik in Polen entziehen. In Italien vergleicht der KP-Veteran Motti Walesa mit Mussolini – allein aus dem Umstand, daß ihm die Massen folgen, könne man nicht auf einen demokratischen Charakter Walesas schließen. Und in Ostberlin erklärt Dr. Erich Roeder, stellvertretender Gewerkschaftschef: »Hitler hat 1933 Millionen Menschen betrogen, Walesa macht nun in Polen genau dasselbe.« Die DDR-Bevölkerung macht Witze über eine »Koalition zwischen Walesa und dem eigenen FDGB-Chef Harry Tisch. Der Inhalt des Vertrags, den sie geschlossen hätten: Wir DDR-Bürger arbeiten für die Polen, Walesa läßt die Polen an unserer Stelle streiken.« Es ist klar, daß Walesa nach dem Abkommen über die Vorfälle in Bromberg auf keiner Seite mehr unbedingte Freunde hat. Zu Hause brütet er vor einem niedrigen Tisch, einsam vor einem schwarzen Telefon neue Schicksalsschläge erwartend, woher sie auch immer kommen mögen.

Walesa hat ein Bäuchlein unter seinem Pullover bekommen. Als Jaruzelski im Fernsehen zwei Monate absoluten Frieden an der Arbeitsfront verlangt, sieht Walesa die Sendung nicht – er muß sich vorwerfen lassen, nicht mehr auf dem Laufenden zu sein, ist aber sofort dafür, den Vorschlag des Premiers anzunehmen. Walesa wirkt wie der Anwalt der Regierung, als er erklärt, »Solidarität« wünsche »im allgemeinen Frieden, eine starke Regierung, eine starke Führung in der Partei und anderswo«. Die Partei ist sich Walesas schon so sicher, daß man seine Antwort sogar landesweit übers Fernsehen übertragen läßt. Zwar will Walesa sich nicht absolut zum Arbeitsfrieden verpflichten, er kann es nicht, weil er der Arbeiter nicht sicher sein kann, solange Jaruzelski selbst keine Zugeständnisse macht. Aber den eigenen Gewerkschaftsvorstand behandelt er in derselben Weise »wie ein Monarch ein machtloses Parlament«. So sein ehemaliger Sprecher, Karol Modzelewski, der sich längst von ihm abgewendet hat.

Polen feiert ein tristes Osterfest. Eine Gans kostet rund 67 DM. Kardinal Wyszynski, Walesas einzige feste Stütze, hat sich aufs Krankenlager zurückgezogen, von dem er nicht wieder aufstehen wird. In einer Osterbotschaft beschwört Walesa »die Verantwortung für unser Volk«.

Es gibt Mitte April 1981 in Polen kühnere Männer als Walesa, von dem man sagt, selbst die Kirche wolle nun seinen Rücktritt, um ihn aufzubewahren für bessere Tage. In Thorn treffen sich Kommunisten und fordern eine Reform, die mindestens so revolutionär ist wie Walesas müde gewordene »Solidarität«. Jan Kulaj, erst 23 Jahre alt, hat sich endlich mit der Regierung über die Anerkennung seiner Bauerngewerkschaft geeinigt. In den Augen der meisten »Solidaritäts«-Funktionäre ist das schon kein Zugeständnis der Regierung mehr, sondern nur noch eine Feststellung längst geschaffener Tatsachen. Wird er, der seine Karriere mit Besetzerstreiks wie Walesa begann, diesen in der Gunst nun überholen? Kulaj scheint Rulewski nahezustehen, dem Kritiker Walesas, der ihm jetzt »Fehler im politischen Denken vorwirft« und erklärt: »Ich bin für Walesa, aber nicht seinetwegen ging ich in die Gewerkschaft.« Denn Walesa befürwortet jetzt sogar Preiserhöhungen, wird wieder äußerst scharf von seiner ehemaligen Arbeitskollegin, Anna Walentynowicz, angegriffen, und scheint für einige kurz vor seinem Sturz zu stehen. An die Spitze einer Kommission, die mit der Regierung über die neue Praxis, Bergarbeitern die gewährten freien Samstage mit Hilfe von Lohnzulagen wieder abzukaufen, sprechen soll, stellt die Gewerkschaftszentrale Gwiazda.

Doch auch dazu gehört Kühnheit: Walesa schlägt, wenn auch nicht ganz ernst, vor, nun auch dem Wojwoden von Danzig, Jerzy Kolodjiejski, und dem Danziger Parteichef, Tadeusz Fiszbach, ein Denkmal zu setzen, weil sie sich von vornherein der neuen Gewerkschaftsbewegung nicht widersetzt hatten. Er erklärt sich im Prinzip mit einem Gesetz über Gewerkschaften einig, an dem er selbst im Sejm mitgewirkt hat, obgleich es viele Mängel enthält. Und im Gespräch mit Vize-Außenminister Josef Wiejacz erörtert er sogar die Frage, ob er bei seinem bevorstehenden Besuch in Tokio den tüchtigen Japanern nicht Kredite zugunsten Polens in Milliarden-Dollarhöhe abknöpfen kann.

Wie sehr sich Walesa in seiner neuen Rolle als Diener des Staates hervorwagt, beweist der »Fall Baluku«. Baluku gehörte 1970, wie Walesa in Danzig, in Stettin auf der Werft zu den führenden Streikleitern. Er war damals viel prominenter als der noch völlig unbekannte Walesa. Während sich Walesa Anfang der siebziger Jahre in dem Vertrauen wiegte, das von dem neuen Parteichef Gierek auszuströmen schien, verließ Baluku illegal, als blinder Passagier an Bord eines Schiffes, die Heimat. Als Emigrant lebte er zeitweise in Spanien; er arbeitete für den amerikanischen Sender »Radio Freies Europa« und versuchte – vor allem in den Reihen der westeuropäischen Linken –, Sympathien für seinen Konfrontationskurs gegen Giereks Polen zu wecken. 1980 wurde er so aktiv, daß Frankreich, auf gute Beziehungen zu Polen bedacht, ihn auswies. Baluku ging nach England und trat dort sogar vor dem Labourkongreß auf. Aber nun sah er die Zeit gekommen, nach Polen zurückzukehren und eine schon im politischen Exil gegründete »Sozialistische Partei« in Polen selbst zu gründen.

Baluku kommt mit falschem Paß und einer französischen Registriernummer an seinem Wagen. Er geht davon aus, daß die polnische Regierung so schwach ist, daß er, im Schutz der Werftarbeiter, einfach dort weitermachen kann, wo er 1973 aufgehört hat: Als Führer einer Arbeiteropposition nun auch gegen Kania und Jaruzelski, dem man übrigens eine aristokratische Herkunft nachsagt. Doch Walesa zwingt Baluku, sich der Staatsanwaltschaft zu stellen, ehe die Miliz ihn vom Werftgelände holt. Obgleich Baluku wegen seiner politischen Aktivitäten im Exil von der polnischen Partei längst als »Trotzkist« abgestempelt ist und einer Anklage, zumindest wegen seiner Einreise mit falschen Papieren, entgegensehen muß, verteidigt Walesa seinen dringenden Rat an Baluku vor den Arbeitern so: »Als Pole hatte

Baluku das Recht, nach Polen zurückzukehren. Aber Gesetz muß Gesetz bleiben. Er sollte sich der Staatsanwaltschaft stellen, und ich denke, er wird das auch tun.«

Aber gleichzeitig interveniert Walesa bei Jaruzelski für Baluku, so daß der Heimkehrer nicht verhaftet wird, sondern in Freiheit abwarten darf, wie das Gericht in seinem Fall entscheidet. Walesa persönlich ist über seine neue Rolle nicht sehr glücklich: »Was ich jetzt tue, gefällt mir übrigens nicht.« Aber Walesa, der es Edmund Baluku besonders verargt, daß er sich vor seiner Heimkehr nicht mit ihm in Verbindung gesetzt hat, geht ganz bewußt das Risiko ein, an Popularität zu verlieren. Er opfert sich für Polen auf.

Erstmals ist Zeit zum Nachdenken, zur Rückbesinnung da. Walesa, der seit dem August 1980 an der Spitze der Ereignisse in Polen steht, gibt zu, daß er von den Ereignissen fast immer »überrollt« wurde und Mühe hatte, Schritt zu halten: »Alles überholte mich, als sich ganz Polen der Bewegung anschloß und daraus ein Riesenmist entstehen konnte. Die Zeit jagte mich und gab mir keine Zeit, zu denken.« Aber Walesa ist nicht nur der Mann, der den August 1980 für verfrüht hielt, der inzwischen »anders geworden« ist, der »Bekanntschaft mit Regierungsmitgliedern geschlossen hat und weiß, welche Wege man in Warschau gehen muß.« Er fürchtet sich gleichzeitig, in der von ihm eingeleiteten Windstille der Ereignisse »meine Energien zu verlieren. Ich mag es, Probleme zu lösen, sogar Kreuzworträtsel. Aber sind sie einmal gelöst, fühle ich mich gelangweilt. Ich habe genug, ich wollte keine Karriere.«

Mit Verachtung entdeckt Walesa in seiner Gewerkschaft, neben den störenden Radikalen, sogar »einige Leute, die schon korrupt sind«. In einem höheren Sinn gehört nach der Meinung Rakowskis auch Walesa selbst dazu: »Ein Mann, der schnell in seine Rolle als Politiker, als Gewerkschaftspolitiker hineinwächst, ein sehr kluger Mann«, der sogar dafür ist, daß »kompetente« Mitglieder seiner Bewegung, ohne eine neue Partei zu gründen, ins Parlament und in die Regierung gehen – als konstruktive und möglichst bezahlte Partner der Partei.

Walesa kann, wie jede historische Erscheinung, aus verschiedenen Blickwinkeln betrachtet werden: Aber den naheliegenden Vorwurf, der eigenen Klasse in den Rücken gefallen zu sein, kann man ihm nicht machen, weil Walesa von Anfang an nie ein Klassenkämpfer war. Höher als die materiellen Interessen der eigenen Schicht standen für ihn die Prinzipien der allgemeinen Gerechtigkeit. Und selbst Walesas Koalition mit jener Macht, die ihn verfolgte, muß nicht überall als Prozeß der stufenweisen Kapitulation vor einer nur schwer zu verändernden Welt gesehen werden. Indem Walesa der Partei und der Regierung seine Hand reicht, umschließt er fest auch die Hand, die ihn sonst prügeln würde. Die Osmose vollzog sich in beide Richtungen: So, wie Walesa sich scheinbar der Macht unterwirft, saugt er auch Macht in sich hinein, übernimmt er Funktionen, die sich sonst gegen ihn wenden könnten.

Anfang Mai 1981, unmittelbar vor Walesas Reise nach Japan, kommt es an einem Kiosk im Warschauer Vorstadtviertel Otwock zu lautem Geschrei. Im Mittelpunkt der Auseinandersetzung steht ein »Bulle« – polnisch: »Glina« –, der fünf Schachteln Zigaretten gekauft hat. Ihn umringen Halbstarke: Warum darf ein »Bürgermilizionär« fünf Päckchen kaufen, wenn die Bürger auf eine Ration von zwei Päckchen herabgesetzt worden sind? Die jugendliche Horde verfolgt den Polizisten, der sein Privileg als Amtsperson ausgenutzt hat, bis zu der Polizeiwache. Aus einem zerbrochenen Fenster heraus schreien zwei Festgenommene: »Man hat uns verprügelt.« Steine fliegen, die Zusammenrottung wird immer größer, droht in einen Jugendaufstand gegen die Säule der Macht in Polen auszuarten, ohne die alles zusammenbrechen würde.

Walesa schickt Gewerkschafter an den Konfliktort: »Solidarität« hat selbst bei betrunkenen Jugendlichen mehr Autorität als die Polizei. Wie selbstverständlich übernehmen Gewerkschaftsmitglieder die Rolle des Ordnungshüters. Besonderen Eindruck macht der von Walesa noch kurz zuvor des Radikalismus gescholtene Intellektuelle Michnik von KOR, der auch die Sprache der Straßenjugend beherrscht. Der Konflikt ist beendet, noch ehe er sich ausweiten konnte. Aber nicht nur die rauchenden Trümmer der von den Jugendlichen in Brand gesetzten Polizeiwache bleiben als Folgen: Indem sich »Solidarität« schützend vor die attackierten Milizionäre stellt, übernimmt sie deren Funktionen, leitet sie den Niedergang der Polizei in Polen ein, setzt sich Walesas Gewerkschaft an die Stelle von ORMO, eine von der Partei kontrollierte »Freiwillige Arbeiterreserve der Bürgermiliz«. Zwischen ORMO und Solidarität gibt es einen Unterschied: Gegen streikende Arbeiter oder studentische Demonstrationen wird man die neue Hilfstruppe der Macht kaum noch einsetzen können.

In den sozialistischen Nachbarländern sieht man die scheinbare Angleichung Walesas an das polnische System daher auch völlig anders. Indem sich Walesa dem Regime aufzudrängen scheint, dringen seine Ideen tief in das System ein. Sehr alarmierend muß in Moskau, Ostberlin und vor allem in Prag die Nachricht klingen, Walesa werde als polnischer Vertreter an der Konferenz der Internationalen Arbeitsorganisation, ILO, in Genf teilnehmen und dort, in Anwesenheit eines polnischen Ministers, eine Rede vor einem Gremium der UNO halten.

Aber Walesa hat noch weitere Reisepläne: Auch die Angestellten der UNO in New York haben Walesa eingeladen: »Wir wären tief geehrt, Sie als unseren Gast bei den UN zu sehen.« Zwar bedeutet dies natürlich keinen Auftritt vor der Vollversammlung, sondern nur vor den Angestellten der Weltorganisation. Aber die Möglichkeit, daß es in den Wandelgängen zu Begegnungen auch mit Diplomaten und Politikern kommt, ist nicht auszuschließen, sondern sogar wahrscheinlich. Walesa wird in der Welt immer stärker mit Polen identifiziert, was ihn natürlich auch unangreifbarer macht. Nur »in seiner Eigenschaft als Katholik« will Walesa 1982 in Düsseldorf den Deutschen Katholikentag besuchen: Aber den Besuch vereinbart er mit Düsseldorfs Oberbürgermeister Joseph Kürten, der der CDU angehört, und ein Treffen mit Norbert Blüm, dem Vorsitzenden der CDU-Sozialausschüsse und neuen Senator in Westberlin, dem polnische Behörden die Einreise nach Warschau verweigerten, wäre möglich. Da werden auch die deutschen Gewerkschaften, die SPD und Bonner Minister nicht darauf verzichten wollen, Walesa als Freund zu begrüßen. So wächst in Ostberlin die Sorge vor einer polnisch-westdeutschen Umarmung, in Moskau die Ahnung, daß Walesa zu einem neuen Ceaucescu werden könnte: Auch Ceaucescu hat sich unangreifbar gemacht, indem er die ganze Welt bereiste, sich und sein Land weitaus bekannter machte als dies der Bedeutung Rumäniens und Ceaucescus entspricht.

Doch der balkanische Schuhmachersohn aus Oltenien vermag bei seinem eigenen Volk nur schwer Begeisterung zu erwecken und wirkt auch im Ausland mit seiner fürstlichen Suite, sich kaiserlich gebenden Gattin Elena und Verwandten, die begehrlich nach Gastgeschenken für sich selbst ausschauen, eher wie ein Despot, der sich notfalls einen politischen »Unfall« selbst zuzuschreiben hätte. Von Walesa geht dagegen eine seltsame Ausstrahlung aus, selbst Skeptiker müssen ihn mit seinem proletarischen Charme ins Herz schließen, und würden es weitaus schwerer verzeihen, wenn man diesem Sohn der polnischen Provinz etwas antäte. Wenn Walesa erscheint, geht in Polen ein Stöhnen durch die Menge, auch dann, wenn er nur die Kulisse bildet und überhaupt nichts sagt, wie bei seiner Wallfahrt nach Tschenstochau, wo er nur betet. Selbst im Ausland geraten kalte Diplomaten und Bürger von großen, internationalen Städten, die an fremde Gäste gewöhnt sind, in hellste Aufregung. Er ist zweifellos – nach dem Kardinal, der bald sterben soll – der prominenteste und einflußreichste Pole, der populärste Osteuropäer, für den Westen der »Mann des Jahres«, für die Sowjets ein Phänomen, das trotz eigener Schwächen und Streit mit den eigenen Freunden immer unverletzlicher wird. Und das, obwohl man in Rußland keine Mühe hat, den russischen Walesa, Wsewolod Kuwalon, der gleichfalls eine unabhängige Gewerkschaft gründen und beginnen wollte, Mißstände an Arbeitsplätzen aufzudecken, einfach in eine Irrenanstalt einzusperren.

Die anhaltende Popularität Walesas ist um so erstaunlicher, als er nun »keine großen Veränderungen« mehr will, nicht einmal mehr personelle Veränderungen. Dabei haben die Polen allen Grund, sich völlig andere Verhältnisse zu wünschen. Sie neigen ohnehin dazu, die im System der Ideologie wurzelnden Fehler der Partei zu personifizieren, sie einzelnen Funktionären anzulasten. Sie haben Walesa lieben gelernt, weil er der kleine David war, der es wagte, noch jedem Goliath mutig entgegenzutreten; das beruht auf einer geschichtlich gewachsenen Begeisterung für den Widerstand des Unterlegenen gegen den Mächtigen. Aber nun sind die Polen auch bereit, aus anderen geschichtlichen Lektionen Schlüsse zu ziehen: Lektionen, die die Klugheit des natürlich Unterlegenen ausmachen. Walesa spricht aus, was viele fürchten: Wenn man noch weiter Funktionäre vertreibt, »wissen wir nicht, wer an ihre Stelle kommen wird: Vielleicht ersetzt man sie durch noch Schlechtere«.

Walesa im Kapitalismus

Parteichef Kania rät seinen Funktionären und Genossen genau dasselbe: Wenn man zuviele altgediente Funktionäre ausschaltet, indem man sie nicht mehr zum bevorstehenden Sonderparteitag im Juli delegiert, könne man das genaue Gegenteil des Gewünschten erreichen, nämlich eine Solidarisierung zwischen den bedrohten Parteikadern und den äußeren Feinden der polnischen Reformbewegung, die weiter von »Konterrevolution« sprechen.

Auch mit seiner Japanreise setzt Walesa Akzente, die man von einem Arbeitervertreter nicht ohne weiteres erwartet. Denn was kann Walesa in Japan anderes lernen als die Methode, wie man aus dem Arbeiter das meiste herausholen kann? Aber genau das ist es, was Walesa interessiert, denn er hat begriffen, daß keine einzige ökonomische Forderung, die in seinem Abkommen von Danzig enthalten ist, von der Regierung eingehalten werden kann, wenn es nicht gelingt, die Produktion und die Produktivität der Arbeit zu steigern – eine Einsicht, die schon manchem Gewerkschafter das Genick gebrochen hat, weil sie sich erst sekundär an den Interessen der Arbeiter orientiert. Nicht nur im Osten, sondern vor allem im Westen setzt sich Walesa wegen seiner Bereitschaft, ausgerechnet von Japan zu lernen, heftigster Kritik aus. Die Linke, die in Walesa zunächst den neuen Typ des Klassenkämpfers sah, ist enttäuscht und erzürnt, obgleich Walesa einer Einladung des japanischen Gewerkschaftsverbandes SOHYO folgt, der – unter japanischen Verhältnissen – als besonders radikal gilt.

Was die Linke im Westen aber übersieht, ist der Umstand, daß die Arbeiter Osteuropas zunehmend geneigt sind, im Kapitalismus die Rettung aus ihrer Lage zu suchen, nachdem der Sozialismus in allen seinen Formen keine besseren Ergebnisse hervorgebracht hat. Diese zunehmende Zuneigung für den Kapitalismus geht bis in die regierenden kommunistischen Parteien hinein: So erschien in der jugoslawischen Ideologiezeitschrift »Socijalizm« (4/81) ein Aufsehen erregender Artikel von France Černe, in dem es heißt, es sei besser, kapitalistische Gesetze in den Sozialismus einzuführen als den Sozialismus weiter durch seine negativen Erscheinungen zu entwerten. Polens Arbeiter haben nichts dagegen, unter einem besseren Management mehr zu leisten, aber auch besser zu verdienen – selbst, wenn dabei der Sozialismus, wie ihn die Partei versteht, über Bord gehen.

Vermutlich ist es gerade der Mangel an theoretischem Wissen, der Walesa befähigt, auf der Suche nach Auswegen aus der sozialistischen Misere gleich den Kapitalismus in Reinkultur in Augenschein zu nehmen und sich gar nicht erst bei halbkapitalistischen Lösungen, wie man sie in sozialdemokratischen Ländern des Westens oder in Jugoslawien im Osten finden kann, aufzuhalten – zumal auch sie in der Sackgasse stecken. So ist es am einfachsten, von dem vorgefundenen anderen System das zu übernehmen, was für Polen geeignet ist, und zu verwerfen, was unübertragbar ist.

Die westliche Linke, die Walesa zunächst lauthals vorwirft, er habe sich in Japan wie ein »Superstar« in einem »Traumstaat« benommen und völlig ignoriert, daß es in diesem asiatischen »Arbeiterparadies« für die Arbeitgeber weniger Streikrechte, weniger Ferien und eine längere Arbeitszeit als in Polen, dabei aber keinerlei Solidarität zwischen den Arbeitnehmern und, bei höheren Preisen, nur scheinbar mehr Wohlstand gibt, tröstet sich später mit einer Bemerkung Walesas nach dem Besuch einer Fabrik, die Fernsehgeräte produziert: Walesa hatte bedauert, daß der Fließbandmensch ganz Teil der Technik werde. Walesa hatte gesagt, die Voraussetzung für eine geordnete und aufstrebende Gesellschaft seien innere Ordnung und seelisches Gleichgewicht, zwei Grundlagen des Menschseins, die in einem derart hochtechnisierten Arbeitsprozeß zugrunde gerichtet würden. Gehetzt durch Mechanisierung und Automatisierung würden in Japan schon die Kinder Opfer des allgemeinen Leistungsdrucks. So denke offenbar niemand daran, für die Kinder auch Spielflächen zu schaffen. Sein Angebot: Vielleicht könne Japan auch von Polen lernen – menschliche und kulturelle Werte vermittelt bekommen.

Aber anders als erwartet verläßt Walesa Japan keineswegs, wie berichtet, »enttäuscht«. Sein Angebot, den Japanern typisch abendländische Begriffe zu vermitteln, betrachtet er als Geschäft: »Wenn ich die Macht hätte, würde ich jeden dritten japanischen Ökonomen und Wirtschaftsexperten importieren.« Am liebsten würde er sogar die japanischen Arbeiter nehmen und nach Polen verpflanzen; sie könnten dann helfen, die polnische Industrie und Landwirtschaft nach japanischem Vorbild zu modernisieren. Selbst als Walesa mit seinen Gastgebern, den Gewerkschaftern von SOHYO, zusammentrifft, interessiert er sich als erstes dafür, »wie man die Arbeitsproduktivität erhöht«, was zu einer gewissen Entfremdung zwischen ihm und den zahlenden SOHYO-Leuten führt, zumal Walesa schon gleich nach seinem Eintreffen erklärt hatte: »Ich bin nach Japan gekommen, um nicht nur Gewerkschafter zu sehen, sondern auch den japanischen Fleiß und die hohe Qualität der Industrie.«

Größeren Eindruck als die Gewerkschafter machen auf Walesa die rasenden Druckmaschinen der größten japanischen Zeitung, »Yomiuri Shimbun«, das Kontrollzentrum der supermodernen japanischen Eisenbahn in Tokio und Herr Toshihiko Yamashita, Präsident der »Matsushita Electric Company«, der Walesa durch eine der modernsten Fabriken der Welt begleitet. Auch den japanischen Reportern, die sich um den glücklich und gelöst wirkenden, Pfeife rauchenden, Polka tanzenden und jede katholische Kirche am Wege besuchenden Walesa reißen, fällt dies auf. Eine Karikatur in einer japanischen Zeitung zeigt Walesas Walroßbart, an dem von links und rechts Hände ziehen – die japanischen Unternehmer, die Walesa als Beweis für die Sehnsucht des Kommunismus nach dem Kapitalismus ansehen, und die Gewerkschafter, die Walesa als Mann feiern, der ein konservatives Regime bis zu den Fundamenten erschüttert hat. Walesa eindeutig: Japan habe zwar, anders als Polen,

Lech Walesa spricht vor japanischen Arbeitern in Tokyo, Mai 1981.

Begeisterung nach dem vierstündigen Streik im Huna-Stahlwerk.

fast gar keine Rohstoffe, dafür aber eine zufriedene Gesellschaft.

Doch über Walesa, der während einer Schauspielvorstellung sogar selbst zur Trommel greift, um sich als Japaner zu versuchen, brauen sich dunkle Wolken zusammen, die ihn vom japanischen Traum schnell ernüchtern werden. Weit weg in Europa, in der Londoner »Times«, erscheint ein Artikel über Walesa, als dessen Autor ein gewisser Harley Lippman unterzeichnet. Lippman behauptet, Walesa seit Mitte der siebziger Jahre zu kennen, als er als Austauschstudent zeitweise in Polen weilte. Als Lippman nun, auf dem Höhepunkt der Solidaritäts-Bewegung, erneut nach Warschau flog, wußte er gar nicht, daß ihn Walesa gerne sehen und für eine Woche in seine Wohnung einladen wollte. Aber genau so war es: Lippman zog – immer nach eigener Schilderung – bei den Walesas ein, spielte dort den Babysitter für das Walesa-Jüngste und lernte die wichtigste Familie Polens aus nächster Nähe kennen. Detailliert beschreibt Lippman den »endlosen Vorrat süßer Kekse auf dem Tisch mit der geblümten Decke« der Walesas, die geblümten Gardinen, die geblümten Tapeten, den heißen Tee, den man aus Gläsern trinkt, die Sandwiches, die Walesa hastig in sich hineinwürgt, während er im Fernsehen »Dick und Doof« zusieht, und die Abneigung des Gewerkschaftsführers, seinen Kindern bei den Schularbeiten zu helfen – kurz: Tritsch und Tratsch. Aber Lippman entdeckt in der Walesa-Wohnung auch ein Bild Jozef Pilsudskis, des polnischen Nationalhelden, der in Moskau als Prototyp des polnischen Russenhassers gilt, und entlockt Walesa die Äußerung: »Hätte ich damals gelebt, hätte ich ein gutes Pferd und ein scharfes Schwert benötigt.«

Doch Lippman beschreibt Walesa nicht nur als antirussischen Kalten Krieger, dem nur Pferd und Schwert fehlen, um in einem Kreuzzug gegen die Russen zu ziehen, sondern auch als Führer einer gut organisierten Untergrundbewegung, der sogar polnische Soldaten und Offiziere angehören, die sich darauf vorbereiten, gegen die Russen zu kämpfen. Wie Harley Lippman schildert, wurde er selbst mit Hilfe seiner »Freunde von der Solidarität« 27 Tage lang von einem illegalen Hauptquartier dieser unsichtbaren Walesa-Bewegung zum anderen geschleust, wobei er in einem Wald auch einen »sauber rasierten, kurzhaarigen Armeegeneral« sprach, der derselben Meinung war wie alle Intellektuellen, die er in der Umgebung Walesas fand: Die Solidaritätsbewegung müsse sich über ganz Osteuropa verbreiten.

Lippman will nicht ohne Verdienst an dieser Bewegung bleiben: Er wird, wie er schildert, in den Kurierdienst der illegalen »Solidaritäts«-Bewegung eingeschaltet, der Tonbänder und Fotomaterial per Schiff in die Niederlande und in die USA schmuggelt. Deshalb sei er, Lippman, als geheimer Kurier von »Solidarität« bei seinem Abflug am Warschauer Flughafen auch fast verhaftet worden. Erst durch Intervention einer hohen Autorität, die nur einen hohen Rang in der Regierung oder in der Partei haben kann, sei es ihm gelungen, noch das Flugzeug zu erreichen, das seinetwegen warten mußte.

Zwar ist dieser Bericht auf den ersten Blick eine Fälschung: So nennt Lippman Walesas Ehefrau Danuta, die ihn tagelang im Schlafzimmer der Familie versteckt haben soll, Walesas zweite Ehefrau – er hat offenbar keine Ahnung! Fast kein Vorname stimmt in dieser Story, die Lippman im Westen schnell abgekauft wird. In Warschau gibt es Zeugen, auch ausländische Journalisten, die sich daran erinnern, daß ein gewisser Lippman, 26 Jahre alt, im Februar 1981 in Warschau auftauchte und sich dort sofort unglaubwürdig machte, indem er sich abwechselnd als Direktor eines »Jüdischen Arbeiterkomitees« im Rahmen des amerikanischen Gewerkschaftsverbandes AFL-CIO, als Korrespondent der »Washington Post« und sogar als persönlicher Abgesandter Edward Kennedys einführte. Tatsächlich hatte er sich auch um ein Interview mit Walesa bemüht – wie alle Journalisten, die damals heuschreckenartig das Hauptquartier von »Solidarität« belagerten. Aber Walesa – darin sind sich alle Journalisten einig – ist ein Chaotiker auch dann, wenn er eigentlich Zeit haben sollte. Das für den 4. Februar 1981 vereinbarte Interview wurde abgesagt; Lippman hat nie mit Walesa gesprochen. Ein ausländischer Korrespondent erinnert sich sogar an den gemeinsamen Heimflug mit Lippman: Es gab keine Festnahme Lippmans, kein Verhör, keine Intervention von ganz oben – nicht einmal eine Verspätung des Abflugs.

Doch die Lippman-Story wird nicht dadurch unglaubwürdiger, daß »Solidarität« dementiert. Denn Lippman garniert seinen Artikel sogar mit einem Foto, auf dem er zusammen mit Walesa zu sehen ist – auch dies kein Kunststück, denn wann immer Walesa erscheint, drängen sich polnische Arbeiter, aber auch ausländische Journalisten schnell an seine Seite. So fühlt sich Lippman, plötzlich von den sensationslüsternen Redaktionen im Westen, die auf ihn hereingefallen waren, bedrängt, auch noch bestätigt. Er will auf jeden Fall das retten, was er seine journalistische Ehre nennt, und erklärt, das Dementi von »Solidarität« sei falsch: »Ich stehe zu meiner Geschichte. Solidarität«, so Lippman, könne ja gar nichts anderes als leugnen.« Auch die amerikanische Botschaft in Warschau ist entsetzt. Schon 1976 hatte sich Lippman mit Stories über illegale Waffenlager in polnischen Wäldern bei der Botschaft interessant machen wollen. Aber auch der Hinweis der Botschaft, daß nicht einmal die Amerikaner seine Berichte ernst nehmen, helfen Walesa und der Gewerkschaft »Solidarität«, die durch diese Story völlig bloßgestellt worden sind, nicht weiter. Denn ein amerikanischer Botschaftsangehöriger, mit dem Lippman im Frühjahr 1981 sprach, erinnert sich öffentlich, Lippman habe tatsächlich darum gebeten, man möge irgendetwas mit der Kurierpost der Botschaft aus Polen verbringen. Nur habe die amerikanische Botschaft dieses Ansinnen natürlich abgelehnt.

So bleiben Zweifel an den vielen Dementis der »Solidarität«, obgleich die Geschichte des Herrn Lippman völlig durchsichtig ist, und jeder die Aktivitäten der »Solidarität« aus der Nähe beobachten kann. Für richtig gehalten wird die Geschichte auf jeden Fall von jenen, die längst unterstellen, die Gewerkschaftsbewegung »Solidarität« sei in Wirklichkeit eine mit Hilfe westlicher Codenachrichten gesteuerte

Umsturzbewegung, die notfalls unter Anwendung von Waffengewalt den ganzen Ostblock zum Einsturz bringen wird. Der Lippman-Bericht wandert, wie viele andere ähnlicher Art, in die Dossiers der osteuropäischen Geheimpolizeien – als wertvolles Beweisstück, dessen man vielleicht einmal bedarf.

Walesa bitter: Hoffentlich würden sich die vielen ausländischen Journalisten, die umso mehr verdienen, je sensationeller sie über ihn und seine Aktivitäten berichten, seiner auch noch dann erinnern, wenn es ihn ›Walesa‹ für die Weltöffentlichkeit schon nicht mehr gibt ...

Als Walesa kurz vor seinem Rückflug nach Warschau in Kyoto nachts um 1 Uhr von einem Spaziergang in sein Hotel zurückkehrt, klingelt das Telefon. Am anderen Ende sein in Polen zurückgelassener Stellvertreter, Bogdan Lis: So erfährt Walesa im fernen Japan vom Attentat auf den Papst. Walesa bricht zusammen. Tränenüberströmt wankt er von Tür zu Tür, um seinen polnischen Gewerkschaftskollegen die entsetzliche Nachricht mitzuteilen: »Es ist furchtbar, furchtbar, einfach entsetzlich, unglaublich.« Walesa schläft keine Minute mehr und bittet die ihn heftig bedrängende Presse, »unserem Schmerz und unser Bedürfnis nach Ruhe zu respektieren.« Stirbt der Papst, will er die Japanreise sofort abbrechen und selbst nach Rom fliegen, denn »er ist unser großer Landsmann, unser Bruder und Vater. Er war während unserer schwersten Zeiten immer mit uns. Jetzt sind wir mit ihm. Nichts ist für uns wichtiger als seine Gesundheit und sein Leben.«

Von der Realität eingeholt

So hat die europäische Wirklichkeit Walesa in Japan wieder eingeholt. Schon bei der Zwischenlandung in London empfängt ihn Streit. In der VIP-Loge des Flughafens, in der Walesa vor zudringlichen Presse-Reportern geschützt werden soll, tragen der polnische Botschafter in der britischen Hauptstadt, einer seiner Diplomaten und zwei polnische Emigranten eine heftige Meinungsverschiedenheit aus und reden auf Walesa ein. Es geht um die Asche des 1943 in Gibraltar ums Leben gekommenen ehemaligen Ministerpräsidenten Polens im Exil, General Sikorski, die Warschau gerne nach Polen zurückholen möchte. Die antikommunistischen Emigranten aber sehen das als Verrat an dem Toten an. Uneinigkeit auch in der »Solidaritäts«-Delegation: Während Walesa durchaus dafür ist, den antikommunistischen General, unter dem sein Vater kämpfte, am 4. Juli, Sikorskis Todestag, feierlich in polnischer Erde zu bestatten, erweisen sich die beiden Emigranten, die entschieden dagegen sind, als Freunde des Walesa begleitenden Jan Rulewski. Es kommt zu unangenehmen Szenen: Die Emigranten behaupten später, vom polnischen Botschafter »wie verseucht« behandelt und sogar weggescheucht worden zu sein, ohne daß Walesa für sie eingetreten ist. Wieder Dementis, diesmal von Seiten der polnischen Botschaft: Sie können nur den Sinn haben, Walesa vor der Anklage zu bewahren, er solidarisiere sich mit der polnischen Regierung gegen die polnische Emigration und die Freunde der Radikalen im »Solidaritäts«-Verband im westlichen Ausland.

Man reißt sich um Walesa: Kaum zurück in Warschau, bricht er – diesmal in Begleitung seiner von ihm zu oft alleingelassenen Ehefrau – nach Malmö auf, wo ihm die sozialdemokratische Zeitung »Arbetet« einen Preis für soziale Gerechtigkeit und Frieden in Höhe von 10000 Dollar verleiht. Zum erstenmal enthüllt Walesa, daß es schon Mordpläne gegen ihn gegeben hat: Bei einem Arbeiterfest in Beuthen sollte er erstochen werden, aber er wurde gewarnt und nahm nicht teil. Walesa: »Die Kirche stand mir bei.«

In Genf freut sich François Blanchard von der Internationalen Arbeitsorganisation schon über den angekündigten Besuch Walesas: Nachdem der Papst nicht kommen kann, will er seiner leicht demoralisierten internationalen Organisation durch Walesa zu neuem Glanz verhelfen. Und im Juli soll Walesa schon in die USA reisen: Man will ihm in Philadelphia eine Freiheitsmedaille als »besondere Ehrung für jene wenigen Führer« verleihen, »deren Anstrengungen dabei halfen, jene Ideale zu verbreiten, die alle freiheitsliebenden Menschen suchen und derer sie sich erfreuen«. Die Verleihung soll in derselben Festhalle stattfinden, in der die amerikanische Unabhängigkeitserklärung verlesen wurde; noch nie ist einem Ausländer diese Würde verliehen worden, aber ein Pole war schon dabei: John Kardinal Krol, der aus Polen gebürtige Bischof von Philadelphia. Walesa soll sieben große amerikanische Städte besuchen und sich in der Begeisterung der vielen in Amerika lebenden Polen baden. Aber ohne Big Business geht auch dies nicht ab: Ständiger Begleiter Walesas soll ein gewisser Edward Piszek sein, dessen Unternehmen – eine Lebensmittelkette – besser unter dem Namen »Mrs. Paul's Kitchens« bekannt ist. Piszek ist der große Organisator, der überall Geld für Polen sammelt, um damit seine eigenen Produkte an die alte Heimat zu verkaufen. Walesa gilt als der große Werbeschlager, mit dem man die Kassen noch besser füllt.

Da kommt die Nachricht, die Walesa viel mehr noch erschüttert als die vom Attentat auf den Papst. Während einige Beobachter meinen, der polnische Papst habe auf Walesa keinen sehr tiefen Eindruck hinterlassen, bedeutet die Meldung vom Tod des Kardinals Wyszynski für Walesa den Verlust eines dritten Vaters. Wyszynski war für Walesa, wie für fast alle Polen, das Symbol beharrlichen und letztlich erfolgreichen Widerstandes gegen den Kommunismus. Sein Widerstand brachte ihn sogar in Konflikt mit dem Vatikan, wo die italienischen Päpste eher an eine Politik des Ausgleichs mit Moskau als an eine Wiedereinsetzung der polnischen Kirche in viele ihrer alten Rechte dachten. Die Päpste unterschätzten die polnische Kirche. Wyszynski wurde zur stärksten Persönlichkeit Polens, ohne die – lange vor dem Aufbruch der »Solidaritäts«-Bewegung – Partei und Staat nicht mehr regieren konnten. Wer immer auf Wysziynski und die polnische Kirche setzte, war der Gewinner. Als er starb, hatten dies alle, die Armee, die Partei, die Regierung, sogar Moskau, vor allem aber Walesa begriffen. Walesas Wandel vom Arbeiterrebellen zum klugen Diplomaten, der vor jeder gestellten Falle zurückschreckt und es der Zeit überläßt, Probleme zu lösen, die mit Gewalt nicht zu lösen sind, wäre ohne den Kardinal unvorstellbar gewesen: »Er beeinflußte mich mehr als irgend jemand sonst.« Als Walesa Ende Mai 1981 dem riesigen Trauerzug folgt, der den »Kardinal des Jahrtausends« zu seiner Gruft begleitet, wirkt er verloren in der Masse. Selbst Casaroli, der Außenminister des Vatikans, der dem Kardinal so viele Schwierigkeiten gemacht hat, und Rakowski, der Kommunist, drängen sich an Walesa vorbei. Sie wollen dem Kardinal, ihrem Widersacher, nun näher sein, mehr von seinem Glanz erhaschen als Walesa, der in der Tiefe seines Herzens allen Beratern immer mißtraut hat, nur dem Kardinal nie.

Walesa ist leicht vom Erfolg zu beeindrucken; wer immer dem Kardinal folgen wird, er hat solche Erfolge nicht vorzuweisen. Walesa ahnt, daß er mit dem Kardinal seine wichtigste Stütze verloren hat, die keiner ersetzen kann. Fast ärgerlich wehrt er sich gegen den Trost, auch andere Kirchenführer würden ihm beistehen. Auch sie werden nun versuchen, mit Hilfe von Walesa ihre eigenen Ziele durchzusetzen.

Das Gefühl, König inmitten eines Hofstaates zu sein, in dem schon die Messer gewetzt werden, verliert Walesa nicht einmal in Genf, wo ihm der bisher größte Triumph bereitet wird. Walesa reist, in Vertretung der Interessen seiner »Solidarität«, als ordentliches Mitglied der polnischen Delegation zur Konferenz der Internationalen Arbeitsorganisation und stellt dort den Vertreter der polnischen Regierung, Arbeitsminister Janusz Obodowski, glatt in den Schatten. Walesa ist eindeutig der Star der Veranstaltung; selbst ehrwürdige Diplomaten greifen zu ihren Kameras, um ein Erinnerungsbild an Walesa, den ersten echten Vertreter der osteuropäischen Arbeiterschaft in diesem Gremium, mit nach Hause nehmen zu können. Mit Gespür für das, was der Westen sehen will, ist Walesa in einem 55-Franken-Hotel an einem stark befahrenen Boulevard, nicht weit vom Palast der Nationen abgestiegen. Scharen von Reportern warten mit ihren Kameras auf Walesa, den sie mit grellen Blitzlichtern überschütten und selbst beim morgendlichen Gang zur Messe verfolgen. Er wird von Amerikas Arbeitsminister Raymond Donovan empfangen, der sich schon lange mit Walesa beschäftigt. Während des Wahlkampfes hatte Donovan ein werbewirksames Treffen zwischen Walesa und dem damaligen Präsidentschaftskandidaten der Republikaner, dem Ex-Schauspieler Ronald Reagan, arrangiert. Nun soll Walesa, wenn er demnächst Amerika besucht, dem Präsidenten Reagan gegenübertreten. Ein gewagter Vorschlag, wenn man bedenkt, welche US-Beziehungen man in den »sozialistischen Bruderländern« Polens Walesa unterstellt. Walesa gibt sich ganz als Diplomat: »Ich bin Gewerkschafter und weiß nicht, ob der Präsident auch zu einer Gewerkschaft gehört.«

Walesa hält eigene Pressekonferenzen ab, erhält im Schweizer Fernsehen die Hauptsendezeit für eine Diskussion mit Schweizer Gewerkschaftskollegen, von denen ihn einige als Genosse bezeichnen. Er wird nach Venezuela und Griechenland eingeladen und hält vor dem überfüllten Plenum und vollbesetzten Zuschauertribünen eine Rede, die ihn zwar, da er sie ablesen muß, unbefriedigt läßt, während der aber, so der Versammlungsvorsitzende aus Senegal, im Völkerbundpalast fast »religiöse Ruhe« herrscht. Walesa spricht mit großer Würde von der Sehnsucht der Polen nach einem friedlichen Leben in Freiheit des Gewissens und nationaler Souveränität, betont die Fähigkeiten, alle Schwierigkeiten unter sich, ohne jede auswärtige Intervention, allein lösen zu können und verspricht, seine Gewerkschaft werde nichts tun, um den Prozeß der Erneuerung durch weitere Streiks und neue Forderungen zu stören. Der Erste, der dem umjubelten Walesa entgegengeht, ist Polens Arbeitsminister, während die Delegationsmitglieder aus dem übrigen Ostblock eisige Gesichter aufsetzen und verlegen oder zornig in ihren Akten wühlen.

2000 Delegierte stehen eine halbe Stunde lang Schlange, um Walesa zu seiner Rede zu beglückwünschen. Amerikas Vertreter nennt ihn einen »sehr tief geistigen Mann«, mit dem man sich auch über »theologische und philosophische Fragen« unterhalten kann. Sogar der gleichfalls in Genf anwesende Vertreter der alten polnischen Parteigewerkschaft, Albin Szyszka, gibt zu, Walesa sei als Führer der größten polnischen Gewerkschaft natürlich der Führer der polnischen Arbeiterdelegation, zu der auch noch ein Vertreter der autonomen Gewerkschaften gehört – eine Organisation, die gleichfalls auf den Prinzipien der Erneuerung steht, von Anfang an aber politische Aktivitäten ablehnte. Der unglückliche Vertreter der ungarischen Gewerkschaften, Jozsef Timmer, der nach Walesa an die Reihe kommt, spricht vor fast leerem Saal. Die Presse der Welt hängt an den Telefonen, um Walesas Worte möglichst getreu zu übermitteln. Was der Ungar über Südafrika zu sagen hat, interessiert weder die Diplomaten noch das Publikum auf den Tribünen, das den Saal nach Walesas Rede fluchtartig verläßt. Walesa erhebt beide Arme über seinen Kopf, zum Zeichen des Sieges. Seine »Solidarität« ist nun eine international anerkannte Organisation, für einige Minuten zum Mittelpunkt der Welt geworden, und die polnischen Kommunisten scheinen das voll anzuerkennen. Aus Polen dringt herüber, daß Rakowski, Walesas Gesprächspartner der Regierung, ihn als einen Mann lobt, mit dem man immer reden kann, und Danzigs Parteichef Fiszbach bestätigt dies. »Solidarität« scheint für immer einen festen Platz in der polnischen und internationalen Gemeinschaft gefunden zu haben, nur sieht es hinter den Kulissen ganz anders aus.

Die DDR hat entdeckt, daß es geheime Beziehungen zwischen der »Solidarität« und »BRD-Revanchisten« gibt, die

Palais der Vereinten Nationen, Genf:
Internationale Arbeits-Konferenz, Juni 1981.

Lech Walesa während einer Ansprache vor
Arbeitern der FSO, Juni 1981.

ihre »Kontakte zu den konterrevolutionären Kräften in Polen noch verstärken möchten«. Als Beweis zitiert man einen Dr. Hennig, der auf einer »Revanchistenvereinigung in Bonn« darüber gesprochen habe. Dr. Ottfried Hennig, Mitglied des Deutschen Bundestages und Sprecher der ostpreußischen Landsmannschaft, hält diesen Vorwurf für einen »Schuß in den Ofen«. Die Versammlung, von der alle Zeitungen in Ostberlin und das Fernsehen sprechen, fand gar nicht in Bonn, sondern in Osnabrück statt, auch war es nicht die Ostpreußische Ländervertretung, sondern eine Landesvertretung, für die er sprach, und von Kontakten nach Polen war gar nicht die Rede, es ging vielmehr um bessere Kontakte zu Polen im Exil. Aber solche Korrekturen helfen wenig, da die Sowjetunion von »Solidaritäts«-Funktionären in Polen gehört hat, sie wollten alle Kommunisten aufhängen.

Walesa verweist solche Anklagen in Genf wütend »in den Papierkorb«, aber weiß er wirklich, was in Polen hinter seinem Rücken geschehen ist? Haben Funktionäre von »Solidarität« nicht tatsächlich verlangt, man solle die roten Fahnen von Rathäusern entfernen und Straßen, die nach sowjetischen Helden benannt sind, umtaufen? In Bromberg, wo noch immer ungeklärt ist, wer für die Prügelszenen verantwortlich ist, in deren Mittelpunkt der »Solidaritäts«-Funktionär Jan Rulewski stand, hat Rulewski die Abwesenheit Walesas dazu genutzt, einen neuen Streikbeschluß durchzusetzen – und hinter dem Rücken Walesas nimmt das Nationale Verständigungskomitee der gesamtpolnischen »Solidarität« diesen Streikplan sogar an.

Jedenfalls wird schon in Genf deutlich, wie weit sich Walesa von den Bewegungen in Polen entfernt hat. Auf der einen Seite ist er der weltreisende Diplomat, der mit kommunistischen Ministern und Gewerkschaftern verhandelt und dem eigentlich nur noch ein rotes Parteibüchlein fehlt, um ihn für die Partei völlig akzeptabel zu machen; seine religiöse Überzeugung, die von der offiziellen Ideologie des Marxismus-Leninismus abweicht, hat Polens Kommunisten schon seit Jahren nicht mehr sonderlich gestört. Auf der anderen Seite steht ein Land, das mit der Entwicklung seit dem Aufbruch im Juli 1980 unzufrieden geblieben ist, eine Gewerkschaftsbewegung, die sich vergeblich fragt, ob sich die Opfer denn gelohnt hätten, da die Regierung nicht einmal einfache Probleme wie die Feststellung einiger Schuldiger zu lösen bereit ist. Zwar hat sich für die Kirche, auch für die Intellektuellen einiges verbessert, aber vor allem die wirtschaftlichen Verhältnisse werden immer schwerer erträglich: Und was liegt der Arbeiterschaft näher als Brot und Fleisch und Lebensmittel für die eigenen Kinder?

Die Partei in Polen hat auf die neue Streikankündigung hart reagiert. Rakowski erklärt deutlich, mit den »Radikalen« in der Gewerkschaft »Solidarität« gebe es keine Verständigung. Die Sowjets kündigen neue Manöver an, und die Kirche, nun ohne ihren Kardinal mit seinen guten Drähten nach allen Seiten, befürchtet das Schlimmste. Während die Welt noch den triumphierenden Walesa in Genf bewundert und in ihm den Sieger sieht, ruft am 5. Juni 1981 Kardinal Macharski, zur Zeit der höchste polnische Kirchenführer, bei Walesa in Genf an: Er möge sofort nach Warschau zurückkehren, um den wildgewordenen Solidaritätskollegen in den Arm zu fallen. Gleichzeitig erreicht Walesa aus Rom die Botschaft, er möge dafür sorgen, daß seine Gewerkschaft »nur solche Mittel verwendet, die nicht das Beste in Frage stellen, die Unabhängigkeit der Heimat, und nicht die Errungenschaften wieder zerstören, die man ›Solidarität‹ zu verdanken hat«. Macharski, inzwischen in Rom, wohnt nicht, wie üblich, im polnischen Kollegium, sondern direkt im Vatikan: Es besteht kein Zweifel daran, daß der Papst selbst hinter dieser Aktion steht, daß sich der Vatikan wegen in Krisenzustand befindet.

Doch obgleich in Polen eine Hölle auszubrechen scheint und sogar die Gefangenen in den Zuchthäusern in den Streik treten, behält Walesa die Ruhe: »Ich ziehe es vor, keine Antwort darauf zu geben, ob ein neuer Streik gefährlich ist. Ich weiß, eigentlich sollte ich jetzt in Polen sein, aber ich möchte noch einige polnische Arbeiter treffen, die in der Schweiz leben. Ich kann die Ruhe behalten, denn ich weiß, wie man sich unter solchen Umständen verhält. Jedenfalls sehe ich überhaupt keinen Grund, vorzeitig in die Heimat zurückzukehren.« Es ist das erste Mal, daß sich Walesa nicht so verhält, wie es die katholische Kirche von ihm erwartet. Er weigert sich: Schließlich sei die Streikdrohung keine Überraschung, nachdem die polnische Regierung alle Termine zur endgültigen Lösung des Bromberger Problems verstreichen ließ.

Drohbriefe aus Moskau

Statt am Sonntag kehrt Walesa erst am Montag nach Warschau zurück, einen Tag vor einer Sitzung des Zentralkomitees der polnischen Partei, auf der über einen Brief beraten werden soll, den Jaruzelski und Kania inzwischen von der sowjetischen Partei erhalten haben: Die erste öffentliche Mahnung, die polnischen Genossen dürften nicht weiter nachgeben. Die Stühle jener Männer, mit denen Walesa bisher verhandelte, wackeln schon, aber Walesa erklärt noch auf dem Warschauer Flughafen ungerührt, er unterstütze den Streik, weil die Regierung ihre Zusagen nicht eingehalten habe. Nicht nur die fehlende Autorität des toten Kardinals über Walesa kommt in dieser störrischen Haltung zum Ausdruck, nicht nur das hinzu gewonnene Selbstvertrauen, das er in Genf geschöpft hat, sondern auch das Gefühl, daß er von seinen kommunistischen Gesprächspartnern tatsächlich betrogen worden ist – und das zu Lasten seines Ansehens in der eigenen Gewerkschaft. Denn was hätte die Partei daran gehindert, in Bromberg diesen oder jenen für verantwortlich zu erklären und sogar vor Gericht zu stellen? Rakowski sagt es ganz klar: Der Ruf der »Solidarität« nach Sanktionen gegen Verantwortliche »hat nichts mit Gerechtigkeit zu tun«. Die Partei und auch Rakowski sind weiterhin zutiefst davon überzeugt, daß die störrischen Gewerkschafter von Bromberg die Schuld an dem Konflikt tragen. Außerdem schließt der sowjetische Brief jedes weitere Nachgeben völlig aus.

Der sowjetische Brief vom 5. Juni 1981 an das polnische Zentralkomitee, der erst am 9. Juni veröffentlicht worden ist und Walesa erst jetzt bekannt wird, verändert die Lage freilich von Grund auf. Die Zeit der ständigen Kompromisse mit »Solidarität« ist vorbei. Walesa, der zunächst nicht – wie erwartet – vom Flughafen in den Ministerrat geeilt war, um sich dort zwischen die streitenden Unterhändler zu stellen, sondern scheinbar seelenruhig die Heimreise nach Danzig angetreten hat, entschließt sich erst unter dem Eindruck dieses Briefes, noch einmal seine Autorität in die Waagschale zu werfen. Walesa beschließt eine Kampagne auf eigene Faust, wieder ohne ausdrückliche Zustimmung des in Fraktionen zerrissenen Gewerkschaftsvorstandes. Er setzt durch, daß der angedrohte Warnstreik zunächst abgesetzt wird, erklärt, die Zeit des Säbelrasselns und der ständig neuen Forderungen sei jetzt endgültig vorbei, und trifft sich noch einmal mit Rakowski, der inzwischen Jan Rulewski als »klassischen Demagogen« bezeichnet und damit einen noch tieferen Keil in die Gewerkschaft Walesas getrieben hat.

Auf einer überraschend angesetzten Rundreise, »die ich selbst vorgeschlagen habe«, grenzt sich Walesa, so deutlich es geht, von Rulewski und seinen Bromberger Gewerkschaftern ab: »Konnte man für so eine Sache alles aufs Spiel setzen?« Er wirft der eigenen Gewerkschaft vor, die Bewährungsprobe nicht bestanden zu haben, »weil wir uns zuviel für fremde Angelegenheiten interessierten« und schlägt sogar einen »Rückzug« vor: »Um zu dienen, zu dienen und nur noch zu dienen.« Mit dieser Kampagne versucht Walesa, den sowjetischen Vorwürfen gegen die Warschauer Parteiführung den Wind aus den Segeln zu nehmen, Kania und Jaruzelski zu retten: Denn wer einmal vom Kreml namentlich genannt worden ist und dabei nicht einmal mehr als Genosse bezeichnet wird, genießt in Osteuropa kein langes politisches Leben.

Walesas Rundreise wird von merkwürdigen Ereignissen überschattet. Wo immer er auftaucht, werden in der Nacht zuvor sowjetische Denkmäler beschmiert, so auch in der Nacht, ehe er in Lublin mit dem gerade heimgekehrten Nobelpreisträger Czeslaw Milosz zusammentrifft. Walesa bietet sich öffentlich an, die beschmutzten Denkmäler persönlich wieder reinzuwaschen, natürlich tun es für ihn andere Gewerkschaftsmitglieder, zusammen mit der Feuerwehr. Walesa über die Täter: »Stellt sich heraus, daß es unsere Mitglieder waren, fliegen sie raus.« Das polnische Fernsehen überträgt die Waschaktionen und Auftritte Walesas:

Um den Sowjets, die die Partei schon als Marionette Walesas sehen, zu beweisen, daß Walesa dem Staat und der Partei dient.

Tatsächlich erklärt Walesa ausdrücklich, es könne nicht mehr das Ziel seiner Gewerkschaft sein, »dem Sturz eines Vizepremiers oder eines Milizmajors nachzujagen«. Nicht einmal ein Jahr nach dem Ausbruch der polnischen Streikbewegung und nur zehn Monate nach dem Abkommen von Danzig gibt Walesa sogar diese Abkommen auf: Man müsse neu über sie verhandeln, sie straffen, in Punkte unterteilen, die sofort oder erst viel später erfüllt werden können. Aber was hilft es? Selbst Ungarn und das ferne Bulgarien, das bis dahin über die Ereignisse in Polen lieber geschwiegen hat, schließen sich den sowjetischen Protesten gegen die nachgiebige Haltung der polnischen Regierung und Partei und den »antisozialistischen Elementen« in der »Solidarität« an.

»Trybuna Ludu«, das zentrale polnische Parteiorgan, schließt sich der Kampagne an und bezichtigt Walesas Gewerkschaft, in ihren Publikationen die »Pressefreiheit« zu mißbrauchen. An der Spitze der Medienkontrolle sitzt Stefan Olszowski, ein alter Gegner von »Solidarität«, der den liberalen Jozef Klasa an der Spitze des Presseapparates im Zentralkomitee der Partei durch seinen alten Günstling Leslaw Tokarski abgelöst hat. Im Sejm, wo man monatelang über ein neues Zensurgesetz – nicht etwa über die Abschaffung der Zensur! – und damit über eine Grundforderung der Streikenden vom August 1980 verhandelt hat, muß Walesas Vertreter, Jan Jozef Lipski, ein Zugeständnis nach dem anderen machen. Er muß sich von den eigenen Gewerkschaftszeitungen distanzieren, Walesa raten, die Redaktionen der eigenen Zeitungen von politischen Dissidenten zu säubern; das wirft die Gefahr auf, daß sich nun auch die Intellektuellen um ihre Früchte betrogen sehen. So wird Walesa Schritt für Schritt wieder zurückgedrängt und bei seinen Anhängern in Mißkredit gebracht. Während er unermüdlich dazu aufruft, die Regierung »zu schätzen und zu respektieren«, greifen Jugendliche, den Namen »Solidarität« auf den Lippen, im Bahnhof von Kattowitz offen die Staatsgewalt an.

Polens Parteipresse, der es zunächst schwer fiel, überhaupt den Namen Walesa zu erwähnen, beruft sich nun um so heftiger auf ihn und bedauert, daß das Interesse an Walesa verloren geht. Vor allem der Westen sei »einfach an dieser Art Lech Walesa nicht interessiert«. Aber dies gilt vor allem für die sozialistischen Nachbarn, bis Radio Prag endlich eine neue Möglichkeit erfindet, Walesa angreifen zu können. Begnügten sich Prag, Ostberlin und Moskau, in wachsendem Maße auch die anderen sozialistischen »Bruderparteien« monatelang damit, zwischen einem »radikalen« und einem »antisozialistischen« Flügel in der »Solidarität« auf der einen Seite und Walesa auf der anderen Seite zu unterscheiden, dessen stabilisierende Rolle schließlich unübersehbar war, so wird jetzt der »Walesa-Flügel in der Solidarität« zum sogar noch gefährlicheren Gegner erklärt: »Ziel des Walesa-Flügels in der ›Solidarität‹, beziehungsweise all jener, die ihm angehören, ist es, den Ruf nach Erneuerung zu überschreien. Sie rechnen dabei auch auf die Hilfe von Opportunisten in den Reihen der Polnischen Vereinigten Arbeiterpartei, die die Partei in die Rolle einer politischen Reformbewegung hineinmanövrieren wollen. In diesem Kontext muß man die taktischen Manöver von ›Solidarität‹ verstehen.«

Fast auf den Tag genau ein Jahr nach dem Ausbruch der Streikunruhen in Polen greift die Gegenoffensive nicht mehr nur nach den »Radikalen« in der »Solidarität«, sondern auch nach Walesa und, über ihn hinaus, nach den »Opportunisten« in der polnischen Partei, an der Spitze Walesas ständiger Gesprächspartner Rakowski, der wiederum nur der verlängerte Arm Jaruzelskis und Kanias ist. Olszowski macht sich offen über Walesa, mehr aber noch über jene, die Hoffnung in ihn setzen, lustig: »Walesa reist in die USA, und alles wird sich bestens entwickeln. Nein. Denn erstens wird der Westen nichts geben, der Westen, der uns schon öfter im Stich gelassen hat, auch Parteichef Gierek.« Zweitens aber, so muß man Olszowskis Spott verstehen, wird es allen so gehen wie Gierek, der sich auf den Westen, nicht auf den Osten verließ. Zwar spricht auch Olszowski von der »Erneuerung« der Partei, es gibt fast niemanden in Polen, der dieses Schlagwort nicht vor sich herträgt. Aber er meint die Säuberung der Partei von den Anhängern Giereks, nicht mehr. Unter Druck gesetzt distanziert sich sogar Rakowski von »Solidarität« und von Walesa persönlich. Als Walesa erneut mit ihm zusammentritt, um vier Gesetze zu beraten, erklärt dieser ihm, das sei schon zu spät, die Gesetze seien, an »Solidarität« vorbei, bereits dem Sejm zugeleitet worden. Dazu gehören das neue Gewerkschaftsgesetz, an dem Walesa selbst mitgearbeitet hat, ohne daß man jetzt weitere Einwände gelten lassen will, das Zensurgesetz und zwei Gesetze über die Führung der Staatsbetriebe und die Mitbestimmung in den Betrieben: Fragen, in denen sich die Standpunkte radikal voneinander unterscheiden. Denn während die Regierung nur eine erweiterte Mitbestimmung will, meinen Theoretiker in der »Solidarität«, diese Mitbestimmung sei nur ein verbales Zugeständnis, solange die Arbeiter nicht selbst über die Verteilung der Betriebsgewinne entscheiden können. Das Recht der Arbeiter auf Verteilung der Gewinne umfaßt aber auch das Recht der Betriebe, die Investitionen selbst zu planen. Und das ist ein Schlag gegen die zentrale Planbürokratie, den diese nicht hinnimmt. Rakowski zu Walesa: Natürlich habe »Solidarität« dieselben Rechte wie alle Organisationen und Bürger. Die neue Gewerkschaft könne Bedenken und Änderungsvorschläge den zuständigen Parlamentskommissionen zusenden – »wie jeder Bürger sonst auch.« Aber damit wird bestritten, daß »Solidarität« in der polnischen Gesellschaft eine besondere Rolle spielt – wird der Anspruch Walesas, über Polens Zukunft mitzubestimmen, auf das Recht eines jeden Kanarienzüchtervereins zurückgestutzt. Wenn Walesa darauf besteht, Gesetzesentwürfe bis zum letzten Komma mit dem Vertreter der Regierung auszuhandeln, verstoße er, so erklärt Rakowski, selbst gegen demokratische Prinzipien, denn gesetzgebender Körper sei weiterhin das Parlament. Es ist das erste Mal, daß sich die beiden Männer, die so voll des Lobes aufeinander waren, derart begegnen. Rakowski meint nach dem Gespräch, Walesa täte gut daran, von seiner Arroganz gegenüber Regierungsvertretern abzulassen.

Zwar rückt Rakowski später vom persönlichen Angriff gegen Walesa wieder ab, aber Walesa bekommt einen unheimlichen Sog zu verspüren, in dessen Strudel »Solidarität« und vor allem er selbst untergehen können. Denn je größeres Anpassungsvermögen er an den Tag legt und seine eigene Gewerkschaft zwingt, sich der Regierung zu unterwerfen, desto weiter rückt diese Regierung von ihm und von den Reformzielen ab.

Als Walesa anläßlich einer Denkmalsenthüllung zu Ehren der Opfer des Arbeiteraufstandes von 1976 in Radom spricht, bleibt er zwar bei seiner These, daß »die Zeit der Konfrontationen vorbei ist«. Aber er widersetzt sich auch Versuchen, die Gewerkschaft zu spalten. In Posen, wo er ein ähnliches Denkmal für die Gefallenen von 1956 einweiht, wird er deutlicher: »Wir dürfen es nicht zulassen, daß man in unseren Reihen nach antisozialistischen und konterrevolutionären Kräften sucht. Die Welt der Arbeit ist nicht konterrevolutionär. Wir werden es nicht zulassen, daß man uns weiter beleidigt und zu teilen versucht.« Walesa stellt sich damit vor jene Kräfte in der »Solidarität«, von denen er selbst schon bereit war, abzurücken: Die politischen Dissidenten vor allem aus den Reihen von KOR. In den »Ursus«-Werken steht Kuron sogar neben ihm, was natürlich sofort von den immer wachsamen Tschechen beobachtet wird: »Walesa ruft nach einem Ende der Streiks, schlägt aber im selben Atemzug andere Formen des Drucks vor«. Tatsächlich klingt Walesa mit seiner ständig wiederholten Beschwörung, die Zeit der Konfrontationen sei vorbei, wenig überzeugend, zumal er selbst zugibt: »Die schwerste Zeit steht uns erst bevor.« Wenn es so ist – und alles sieht danach aus –, kann Konfliktlosigkeit nur die Kapitulation von »Solidarität« bedeuten. Die Polen empfinden diesen Widerspruch, in den Walesa geraten ist und deuten ihn für

Der abgekämpfte Lech Walesa.

sich selbst als Ausweglosigkeit: Ein Jahr, nachdem man begeistert die neue Reformbewegung begrüßt hatte, fliehen immer mehr Polen in den Westen. Ein Flüchtling im österreichischen Lager von Traiskirchen: »Ganz Polen haßt die Russen. Wenn Walesa das Volk aufruft, die Russen und die Kommunisten anzugreifen, wäre jeder in einer einzigen Nacht tot.« Es ist dies Gefühl, das sich bei den Polen durchsetzt: Unter den gegebenen Bedingungen hat eine echte Reform keine Chance, sondern nur sehr enge Grenzen. Sie möchten diese Grenzen sprengen, und das genau fürchtet Walesa: Provokationen, die Gegenschläge auslösen müssen, unter denen die letzten Chancen zertrümmert werden. Walesa sagt in der großen Halle der polytechnischen Hochschule von Warschau, es rieche nach Provokationen. Man wisse nur nicht, wie die Provokation aussehen wird: »Wir müssen auf der Hut sein, sehr sorgfältig auf der Hut sein.«

Walesa ist völlig überraschend in Warschau aufgetaucht, denn er fürchtet Provokationen aus den eigenen Reihen. Die Wahlen für die Organe der Gewerkschaft »Solidarität«, die erst jetzt beginnen, können jene Kräfte nach oben spülen, denen der Kurs Walesas längst als Tragödie erscheint. Er rät, »erfahrene Leute« zu wählen, solche, die er schon kennt, beispielsweise in Warschau, Zbigniew Bujak, jenen jungen Feuerkopf, der sich längst, wenn auch zögernd, der Walesa-Linie angeschlossen hat. Bujak gewinnt die Gewerkschaftswahl mit 81 Prozent der Stimmen – aber gleichzeitig wird in Warschau, in einem anderen Saal, Kociolek, der hauptstädtische Parteisekretär, zum Parteitag delegiert. Kociolek ist der Mann, den die Arbeiter für die blutigen Ereignisse von 1970 in Danzig verantwortlich machen. Auch Grabski zieht in den bevorstehenden polnischen Parteitag ein, und in Bromberg, wo Rakowski Walesa vor Genossen persönlich niedergemacht hatte, wählen die Gewerkschafter Jan Rulewski erneut zu ihrem Vorsitzenden: Zwei Männer, die, jeder auf seine Weise, Walesas Handlungsfreiheit auf beiden Seiten beschränken. Walesa, vor allem auf Zustimmung in den eigenen Reihen angewiesen, erscheint vielen Freunden in den letzten Junitagen 1981 wieder radikaler, sich selbst ähnlicher. Er muß Schlüsse daraus ziehen, daß die Regierung angesichts des Gromykobesuches von ihm nicht mehr viel wissen will, und außerdem steht auch seine eigene Wahl innerhalb der Gewerkschaft vor der Tür. Walesa genau ein Jahr nach dem Ausbruch der polnischen Streikbewegung: »Unsere Lage ist heute schwieriger als damals.« Zum erstenmal beschwört Walesa, der sich sonst stets weigerte, die außenpolitischen Beziehungen Polens zu kommentieren, da seine Gewerkschaft eine rein »soziale Bewegung« ohne politische Ambitionen ist, selbst die »guten polnisch-sowjetischen Beziehungen«. Den Besuch in Amerika hat er längst zu den Akten gelegt, die ihm zugedachte amerikanische Freiheitsmedaille wird ihm in Philadelphia in Abwesenheit verliehen – und verschwindet in einem Museum, bis Walesa sie einmal selbst abholen kann. »Die Freiheit«, so sagt ein Sprecher bei der Feierstunde jenseits des Atlantiks, »ist selbst unter günstigsten Umständen ein sehr zerbrechliches Ding.«

Wie zerbrechlich sie vor allem in Polen ist, beweisen die Ereignisse von Anfang Juli. Wäre Walesa in die USA gereist, hätten sich hinter seinem Rücken die Ereignisse wiederholt, die während seines Aufenthaltes in Genf ausgebrochen waren – mit diesmal unübersehbaren Folgen. Denn 40000 Hafenarbeiter, Tausende Beschäftigte der staatlichen polnischen Luftfahrtgesellschaft LOT und die Verkehrsarbeiter von Bromberg treten in den Streik, im ganzen Land bereiten sich Arbeiter auf neue Protestaktionen vor – erstmals auch auf »Hungermärsche« als Protest gegen die immer schlechter werdende Versorgung.

Ein Mitarbeiter Walesas meint: Da Walesa schon zu oft im Ausland ist, können sich die Funktionäre von »Solidarität« nicht einmal mehr in den Hafenbetrieben an der Küste der radikaler werdenden Arbeiter erwehren. Aber selbst der diesmal anwesende Walesa ist ohnmächtig. Er gesteht ein, daß der Hafenarbeiterstreik, bei dem es um bessere Arbeitsbedingungen geht, »kein Streik ist, den ›Solidarität‹ nicht unterstützen muß«, weil die »Regierung die Interessen der Arbeiter mit Füßen tritt«. Aber anderntags hält er die

Streiks für »schlecht und gefährlich«, zumal sie ohne Zustimmung des Nationalen Koordinationszentrums seiner Gewerkschaft beschlossen wurden. Walesa: »Wenn wir das Land weiter so erschüttern, werden wir gar nichts erreichen. Das Wichtigste ist in diesem Augenblick, daß wir nicht gegen uns selbst kämpfen sollten. Wenn wir das nächste halbe Jahr überleben, ist der Sieg unser.«

Reform des Kommunismus?

Was optimistisch klingen soll, drückt eher Angst vor den nächsten Wochen aus. Ein Jahr nach dem Ausbruch der Streikunruhen vom Juli 1980 befindet sich Polen in fast derselben Situation, nur unter weitaus schwereren ökonomischen und politischen Bedingungen. Die Technokratie, bei Ausbruch der Streikunruhen eher mit der Arbeiterklasse verbündet, wendet sich gegen das Verlangen der Arbeiter nach Selbstverwaltung der Betriebe; die Einsetzung eines Generals als Direktor von LOT, den die Arbeiter und Angestellten ablehnen, signalisiert, daß sich Jaruzelski mit den Technokraten verbündet hat. Der als »Reformkongreß« groß angekündigte IX. und außerordentliche Parteitag der Polnischen Vereinigten Arbeiterpartei ist erstmals in der polnischen Geschichte ein Kongreß fast ohne Arbeiter, Bauern und Studenten. Während die benachbarte CSSR behauptet, 40 Prozent der Parteitagsdelegierten seien »Solidaritäts«-Mitglieder, um von vornherein in Prag und Moskau unerwünschte Parteitagsbeschlüsse zu diskreditieren, gehören in Wirklichkeit nur 21 Prozent der Delegierten der »Walesa-Gewerkschaft« an, wie »Solidarität« jenseits der polnischen Grenzen genannt wird. Das ist eine verschwindende Minderheit im Vergleich zu einer guten Hälfte der Delegierten, die weiter den alten Parteigewerkschaften die Treue halten. Und von diesen 21 Prozent steht nicht einmal fest, ob sie Trojanische Pferde der Partei in der Gewerkschaft sind oder Reformer in der Partei. Jedenfalls sind die Reformkräfte auf dem Parteitag kaum stärker als »die Orthodoxen« vertreten. Das Mittelmaß überwiegt, repräsentiert durch Kania, der in letzter Zeit deutlich signalisiert hat, daß er neuen Forderungen nicht mehr nachgeben will und frühere Zugeständnisse zurücknehmen möchte.

Was die Partei unmittelbar nach Gromykos warnendem Besuch in Warschau und vor dem mit vielen Hoffnungen verbundenen Sonderparteitag anbietet, ist nur noch ein kümmerlicher Rest des »Erneuerungs«-Willens, von dem sie selbst spricht. Die letzten Anhänger Giereks werden nun zu Sündenböcken der vergangenen Entwicklungen erklärt und gejagt. Zweifellos geschieht das, um den Zorn des Volkes von der Partei und jenen abzulenken, die Gierek auch gedient haben – wie z. B. Kania als oberster Sicherheitschef unter dem gedemütigten Ex-Parteichef.

Zunächst sah es so aus, als würden zum Parteitag ausschließlich junge Kräfte mobilisiert, die man mit der Reform identifiziert. Schließlich findet sich in Warschau aber ein Forum zusammen, das eher aus jungen Parteiaktivisten besteht, die die von Giereks Anhängern verlassenen Sessel besetzen möchten und die die Arbeiterklasse nur als Rammbock zur Durchsetzung ihres eigenen Strebens nach oben benutzt haben. Was kann man von ihnen mehr erwarten als einige kleine Reparaturen am untauglichen Modell, einige kleine Zugeständnisse an die Arbeiter zur Sicherung der eigenen Herrschaft?

Die Hoffnung auf derartige »junge Kräfte« hat schon überall in Osteuropa getrogen. Niemand wird behaupten können, daß nach Ulbrichts Abgang die Freien Deutschen Jugend-Bündler unter dem damals noch jungen Erich Honecker den Kommunismus in der DDR reformiert hätten. Die Methoden der Beherrschung der Arbeiterklasse wurden nur rationalisiert. Gerade die jüngsten unter den vielen Nachfolgern Titos weisen sich durch eine besonders radikale Verteidigung der alten Ideologie aus, die ja unauflösbar auch mit ihren Privilegien und Karrieren verbunden ist. Auch Gierek begann in Polen mit der jüngsten Mannschaft, die ganz Osteuropa je vorzuweisen hatte, und mit ganz ähnlichen Parolen von der »Erneuerung«. Aber die Praxis führte ihn in einen Kampf gegen die Arbeiter.

Überall in Polen, auch in Warschau selbst, organisieren sich vor dem Parteitag inoffizielle Foren und Fraktionen, die sogar nach strafrechtlicher Verfolgung der Aktivitäten von »Solidarität« verlangen und laut »die völlige Lähmung der Aktivitäten der Staatsanwaltschaften, Gerichte und der Polizei« beklagen. Alle orthodoxen Mitglieder des alten Politbüros sind erneut für den Parteitag delegiert worden. Einige mit kräftiger Unterstützung Kanias, der an der Spitze der »Erneuerung« stehen soll. Nicht wieder aufgestellt worden sind bezeichnenderweise die einzigen Arbeiter, die nur kurz dem Politbüro angehört haben. Und gleichfalls keine Freunde eingreifender Reformen sind. Die Last der Wirtschaftsreformen muß ja vor allem die Arbeiterklasse tragen: die Kürzung und Abschaffung von staatlichen Subventionen, die Abschaffung überflüssiger Arbeitsplätze, die Rationalisierung der Produktionsprozesse und die Regulierung des Marktes über die Preise. So ist in Polen nicht einmal sicher, was man unter Reformen versteht, und wer für Reformen ist. Einig sind sich nur alle, daß es so nicht weitergehen kann.

Die Preisreform ist die einzige, an der die Partei, unter dem Zwang objektiv wirkender ökonomischer Gesetze, nicht vorbei kann. Aber gerade sie ist so unpopulär, daß sich die Parteiführung unter Kania, wie schon früher die unter Gierek, scheut, sie anzugreifen. Die Preisreform, so der Vorsitzende der Staatlichen Preiskommission, Prof. Zdzislaw Krasinski, müßte »schnellstmöglich die Lawine heißen Geldes beseitigen« und damit auch die Lohnzugeständnisse, die sich die Arbeiter unter Walesa erst ertrotzt haben. Hätte man diese Reform bereits Anfang 1981 in Angriff genommen, so hätten – rechnet der Preisplaner vor – nur Preiserhöhungen von 70 Prozent genügt. Jetzt aber sind schon Preiserhöhungen von 115, Anfang 1982 sogar von 145 Prozent nötig. Wie aber will man eine Arbeiterschaft davon überzeugen, daß sie ihren Lebensstandard um die Hälfte reduzieren muß? Der Professor im Amt des zentralen Planers spricht aber nicht von einer Freigabe der Preise. Auch die neuen Preise sollen staatlich festgesetzt werden. So verteidigt die Bürokratie ihre Stellung auch auf höherer (Preis-) Ebene.

Vizepremier Madej, eine »Reform«-Kraft unter Jaruzelski, faßt den Katalog der dringenden Wirtschaftsreformen wie folgt zusammen: »Erhöhung der Preise, Steigerung der Agrarproduktion, Energieeinsparung und Erhöhung der Kohleförderung, Kürzungen des Budgets und dafür eine Erhöhung der Investitionen«. Aber wie unter Gierek, dem man jetzt riesige Fehlinvestitionen, vor allem in Schlesien vorwirft, soll es offenbar wieder die Staatsbürokratie sein, die die Investitionsströme in neue Richtungen lenkt. Von einer Selbstverwaltung der Betriebe, die wirklich ein Ansatz zu Reformen wäre, ist offiziell nicht die Rede. Das Wort »Reform« kommt in diesem Programm nur dreimal vor: In Zusammenhang mit der Reform der Preise, bei der es sich in Wirklichkeit um eine Erhöhung der Preise und nicht um eine Reform des Preismechanismus handelt, und bei der angestrebten »Reform der Schichtenregelung« in Zusammenhang mit »Reformen am Arbeitsplatz«. So sieht ein Gesetzentwurf vor, daß die Direktoren staatlicher Betriebe in Zukunft nicht mehr von oben, sondern von den Arbeitern eingesetzt werden sollen. Das soll aber freilich nicht in direkter Wahl, sondern indirekt geschehen, also unter Mitwirkung aller Gewerkschaften und natürlich auch der Partei, deren Vertreter in den Betrieben zentralen Richtlinien gehorchen sollen.

Am Vorabend des Parteitages läßt die Partei keinen Zweifel daran aufkommen, daß es in der Partei zwar »viele interessante Gedanken« geben kann, daß aber »oberster Grundsatz der Tätigkeit einer marxistisch-leninistischen Partei« die »eine Linie« ist. Prof. Adolf Dobryszewski von der Hochschule für Gesellschaftswissenschaften beim Zentralkomitee der Polnischen Vereinigten Arbeiterpartei: »Keine Demokratie ohne Zentralismus.« Er erläutert auch, wie man sich in einem »erneuerten« Polen die Rolle der Gewerkschaft Walesas vorstellt: »Auf lange Sicht können die Partei und die Arbeitergewerkschaft ›Solidarität‹ keine gegensätzlichen antagonistischen Interessen haben. In den nächsten Monaten muß die Partei ihre Stellungen zurückgewinnen.« Unmittelbar vor dem Parteitag greift das Zentralkomitee in einem letzten Rechenschaftsbericht »Solidarität« frontal an: Zwar habe diese Gewerkschaft die meisten Arbeiter hinter sich, aber die Partei werde »als authentischer Vertreter der Arbeiterklasse die Branchengewerkschaften voll unterstützen.« Das bezieht sich also auf die alten Gewerkschaften, von denen es in einem Parteidokument heißt, sie hätten immer noch 5 Millionen Mitglieder, weitaus mehr, als Walesa mit seinen knapp 10 Millionen Anhängern annimmt. Deutlicher kann die Partei vor dem Parteitag nicht zum Ausdruck bringen, wie fern ihr jeder Gedanke an eine wirkliche Reform liegt. Sie bestimmt auf Grund ihrer »wissenschaftlichen« Weltanschauung auch weiter, wer der »authentische Vertreter« der Arbeiter ist, unabhängig davon, ob er wirklich die Mehrheit der Arbeiter hinter sich hat. Genau dieser Alleinanspruch der Partei auf die Wahrheit hat in Jugoslawien nach über dreißig Jahren Experimenten mit einer Arbeiterselbstverwaltung verhindert, daß wirklich die Arbeiter ihre Direktoren wählen.

Die Reform der Partei soll sich, vor Beginn des Parteitages, auf fünf Satzungsänderungen beschränken: Der Erste Sekretär der Partei, bisher vom Zentralkomitee gewählt, soll künftig möglicherweise direkt vom Parteitag gewählt werden, dessen Delegierte ein ständiges Gremium bilden, das nach Bedarf erneut einberufen werden kann, um dem Parteichef bei Unfähigkeit abzulösen. Ähnlich soll in den regionalen Wojwodschafts-Parteiorganisationen vorgegangen werden. Als besondere demokratische Neuerung wird das Recht hervorgehoben, abweichende Meinungen auf lokaler Ebene vortragen zu dürfen, indem man beratende Arbeitsgruppen auf unterer Ebene bildet; außerdem soll das Politbüro von einem Präsidium des Zentralkomitees kontrolliert werden.

Aber dies sind nur Reformen für jene, die von der Geschichte der kommunistischen Parteien in Osteuropa nichts gelernt haben. Denn auch Nicolae Ceaucescu ließ schon 1969, als er seine innerparteilichen Gegner kaltgestellt hatte, den Parteitag zum Wahlgremium ernennen, das den Generalsekretär wählt. Seitdem ist Ceaucescu formell nicht mehr ausführendes Organ des Zentralkomitees, sondern des Parteitages. Daher ist er auch nicht mehr dem Zentralkomitee verantwortlich, sondern nur noch der »Basis«.

Diese Statutenveränderung erfolgte, weil sich Ceaucescu vor unangenehmen Überraschungen von Seiten der Sowjets schützen wollte. Er verdächtigte die Sowjets, einer spektakulären militärischen Intervention einen Putsch innerhalb der Partei vorzuziehen. Deshalb erfand er die Regelung, daß ihn nur noch ein Parteitag absetzen kann – ein Parteitag, der schon auf Grund seiner zahlenmäßigen Zusammensetzung schwer einberufen werden kann und dann möglicherweise, weil zuviele fehlen, nicht beschlußfähig ist. Praktisch machte sich Ceaucescu dadurch unabsetzbar; in Rumänien hat diese Statutenänderung zum Entstehen einer diktatorischen Monarchie beigetragen.

Anders als in Rumänien ist sogar in der Sowjetunion das Zentralkomitee ein wichtiger Machtfaktor, der vom jeweiligen Ersten oder Generalsekretär nicht übersehen werden darf. Die Macht kommt aber erst dann zum Tragen, wenn z. B. die Politik eines Parteiführers ins Zwielicht gerät. Dann findet sich fast immer eine Gruppe im Politbüro, die dies auch zu sagen wagt – und, da sie unter den Anhängern des jeweiligen Parteichefs in der Minderheit ist, dann beim Zentralkomitee als statutenmäßig festgesetztes Wahl-Gremium um Hilfe nachsucht. Nur auf diese Weise gelang in der Sowjetunion die Ablösung Chruschtschows, in Polen die Ablösung Gomulkas. Die doppelte Einschränkung der Macht des Zentralkomitees zugunsten des Parteitages und eines neuen Präsidiums im Zentralkomitee bedeutet eher den Abbau eines Korrekturinstrumentes, und sogar weniger innerparteiliche Demokratie. Vor dem Parteitag heißt es, Olszowski solle an die Spitze des neuen ZK-Präsidiums treten: Ein orthodoxer Wächter über einen mittelmäßigen Parteichef.

Auch der Gedanke, Minderheiten in der Partei eine Art Beratungsrecht einzuräumen – aber nur auf lokaler Ebene, nicht in der Parteizentrale, wo die Entscheidungen fallen – ist nicht neu. In Jugoslawien wird darüber seit dem Bruch Stalins mit Tito diskutiert – der letzte, der diese These ganz offen vertreten hat, war der makedonische Chefkommunist Krste Crvenkovski. Er ist darüber so tief in Ungnade gefallen, daß man heute in Jugoslawien nicht einmal mehr seinen

Namen erwähnen darf. Und viele Jugoslawen glauben, er sei, von seinen eigenen Genossen verfolgt, nach Bulgarien geflohen. Dabei vergessen sie allerdings, daß man dort überhaupt keine von der Partei abweichende Meinung haben darf. In Polen erklärt Walesas »reformistischer« Verhandlungspartner Rakowski unmittelbar vor dem Parteitag: »Offenheit bedeutet nicht, eine Situation zuzulassen, in der eine Bewegung sehr unterschiedlicher Meinungen in der Partei möglich werden könnte.« Man darf also etwas anderer Meinung sein, aber diese abweichende Meinung befreit in Nebenfragen nicht von der demokratisch-zentralistischen Pflicht, alle Beschlüsse der Partei mit durchzusetzen.

So sind am Vorabend des außerordentlichen Parteitags der Polnischen Vereinigten Arbeiterpartei am 14. Juli 1981 nur noch 32 Prozent aller befragten Polen der Ansicht, daß man von diesem Parteitag Besserung erwarten dürfe. Dagegen stimmen 93 Prozent der polnischen Hafenarbeiter für den Streik, für die Fortsetzung des Konfliktkurses und desavouieren dadurch Walesa, der auf die Zusammenarbeit mit einer Partei setzt, die immer deutlicher zeigt, daß sie aus vielen Gründen nicht in der Lage ist, sich wirklich zu reformieren.

Walesas Hoffnung besteht nur noch darin, das bereits Errungene über den Parteitag und das Jahr 1981 hinaus retten zu können. Und das, was Walesa erreicht hat, ist trotz aller Rückschläge beachtlich:

Erstmals gibt es in einem kommunistischen Land eine von der Partei unabhängige Gewerkschaft. Erstmals hat ein kommunistischer Staat Moskauer Prägung gesetzlich und praktisch das Recht auf Streiks gewährt. Erstmals gibt es eine von der Partei unabhängige Gewerkschaftspresse und die Übertragung von Messen im Rundfunk. Den Privatbauern wurde zugesichert, daß man sie als Faktor beim Aufbau des Sozialismus anerkennt und mit den staatlichen und genossenschaftlichen Landwirtschaften gleichsetzt. Sie sind nicht mehr nur ein Rest der Vergangenheit, sondern auch ein Teil der Zukunft. Das Parlament gibt sich selbständiger und weist jede zweite Vorlage zur erneuten Beratung zurück. Man hat eine Wirtschaftsreform und die Selbstverwaltung der Arbeiter in den Betrieben zugesagt. Die Arbeiter haben die Zusage einer Fünftagewoche in der Tasche. Die Studenten wie die Arbeiter und Bauern haben ihre eigene Organisation und brauchen weniger Russisch und Marxismus-Leninismus zu lernen. Aus diesen Errungenschaften könnte sich ein wirklich erneuertes Polen entwickeln: Ein pluralistisches Polen, das sich gegenüber der Sowjetunion wohlwollend verhalten, aber nicht mehr sowjetische Rezepte übernehmen müßte. Nur der Tod Stalins hat innerhalb Europas in so kurzer Zeit so schwerwiegende Veränderungen hervorgerufen wie Walesas sanfte Revolution, dabei hat sich am grundsätzlichen Charakter des Sowjetsystems freilich nichts verändert.

Walesa begann seine Rebellion unter äußerstem Einsatz für die materiellen Rechte der Arbeiter. Am Schluß eines Jahres sanfter Revolution, die keinen einzigen Toten forderte und in der Walesa für die Arbeiterbewegung immer neue Kampfmittel erfand, wurde deutlich, daß Walesa nicht nur die Rechte der Arbeiter erweitert hatte. Fast mehr noch hatte er die Macht der Kirche gestärkt, die Stimmung auf dem Lande gehoben, wo man schon von 80 Hektar großen Privatgütern träumt, und Freiräume geschaffen, in denen sich ziemlich unbehindert breiteste Meinungsspektren entfalten konnten: Ein selbstbewußtes Volk und eine zerknirschte Partei. Immer deutlicher wurde auch, daß Walesa nicht nur die Rechte der Arbeiter vertritt. Vielmehr setzt er sich für ein völlig neues Zusammenleben zwischen den Menschen ein – getragen von Liebe, Mitgefühl, von »Solidarität aller Gutmeinenden«.

Walesa in der Nachfolge Christi?

Walesa tritt mit diesen Zielen aus dem Kreis der Gewerkschaftsgründer und Arbeiterführer hinaus in den Kreis der Erneuerer der moralischen Kräfte eines Volkes, wie z.B. Mahatma Gandhi. Moralische Erneuerer sehen sich als letzte Sieger und – angesichts einer Welt, die ihren Anforderungen nicht entsprechen will – Opfer zugleich, wie Walesa.

Unmittelbar vor dem Parteitag wiederholt er einen Gedanken, den er schon oft erwähnt hat und von dem er nie losgekommen ist: Dieselben Polen, die ihm jetzt noch zujubeln, könnten schon bald Steine auf ihn werfen – weil sie einen Verantwortlichen für ihr eigenes Versagen brauchen. Schon ist es um ihn einsam geworden: Die Kirche, die um ihre viel älteren Errungenschaften besorgt ist, distanziert sich von »Solidarität«. Die Basis von »Solidarität« verweigert den Gehorsam, denn für den einfachen Bürger zählen nicht die erweiterten Freiheiten, sondern die nun weitaus längeren Schlangen vor den Geschäften. Die Partei kapselt sich wieder ab. Das warme Bad in den Massen, das Walesa weiter genießt, ist trügerisch. So bewegen den sanften Revolutionär pessimistische Ahnungen. Er fürchtet, »von der Macht einverleibt zu werden: Lieber schieß' ich mir eine Kugel in den Kopf, denn Würde zählt mehr als das Leben«. Er rechnet mit einem traurigen Ende: »Sie können mich töten. Wenn es geschehen muß, gehe ich ins Paradies.«

Aber am meisten Angst hat er vor der Untreue der Massen, die ihn heute noch wie einen Heiligen verehren, aber vielleicht eines Tages – wie Petrus auf dem Ölberg – sagen könnten, sie kennten ihn nicht mehr und vielleicht sogar seine Kreuzigung verlangen. »Ich könnte das alles nicht«, sagt Walesa, »wäre ich kein Katholik. Ich bin nur ein Wurm«, wiederholt er immer wieder und erinnert damit an den Leidenspsalm seines Herrn:

»Ich aber bin ein Wurm und kein Mensch, ein Spott der

Der »Schauspieler« Lech Walesa.

Leute und Verachtung des Volkes. Alle, die mich sehen, spotten mein, sperren das Maul auf und schütteln den Kopf: ›Er klage es dem Herrn; der helfe ihm aus und errette ihn, hat er Lust zu ihm.‹ Sei nicht ferne von mir, denn Angst ist nahe; denn es ist hier kein Helfer. Große Farren haben mich umgeben, gewaltige Stiere haben mich umringt. Ihren Rachen sperren sie auf wider mich wie ein brüllender und reißender Löwe. Denn Hunde haben mich umgeben, und der Bösen Rotte hat mich umringt. Sie schauen auf mich und sehen ihre Lust an mir. Sie teilen meine Kleider unter sich und werfen das Los um mein Gewand. Mein Gott, mein Gott, warum hast du mich verlassen? Ich heule, aber meine Hilfe ist ferne!«

Der außerordentliche Parteitag

Wie Walesa erklärt, »kümmere ich mich um den Parteitag nicht. Er kann unsere Aufgabe erleichtern oder erschweren, das ist alles.« Damit teilt Walesa die Grundstimmung im Volk, vor allem in der Arbeiterschaft, daß von der Partei nichts Besonderes mehr zu erwarten sei. Aber in immer aussichtsloserer Lage schließt man Wunder nicht aus: Schon am Vorabend des außerordentlichen IX. Parteitages der PVAP wird Edward Gierek aus der Partei ausgeschlossen; es gibt in der »Solidarität« Spekulationen über eine mögliche Ernennung des Danziger Parteibosses Fiszbach, der von Anfang an die Zusammenarbeit mit Walesa der Konfrontation vorzog, zum neuen Parteivorsitzenden.

Auch Walesa unternimmt in Wirklichkeit alles, um den bevorstehenden Parteitag möglichst günstig zu beeinflussen. Er legt sich deshalb sogar mit den eigenen Freunden an; vor allem einen neuen Streik in Bromberg lehnt er ab, weil er als Versuch gewertet werden könnte, den Parteitag unter Druck zu setzen. Rakowski hatte Walesa gewarnt: Spitzt sich die Situation vor dem Parteitag zu, müsse es »Spannungen« geben. Rakowski, der direkte Verhandlungspartner Walesas, muß um seine eigene Position auf dem Parteitag fürchten, und mit ihm gerieten dann auch Kania und Jaruzelski in höchste Gefahr. So beschränkt Walesa seine Aktionen vor dem Parteitag darauf, wenigstens das Schlimmste zu verhüten und die existierende polnische Partei- und Staatsführung glatt über die Runden zu bringen. »Wenn wir dieses halbe Jahr überleben, gehört der Sieg uns.«

Selbst auf der Lenin-Werft, von der Walesa kam, ist diese Taktik nicht unumstritten. Ein Lenin-Werft-Gewerkschafter: »Walesa ist zu oft im Ausland. So müssen wir auf der Werft Walesas gemäßigten Standpunkt gegen die Radikalen verteidigen, die sich gegen die Regierung wenden und diese verändern wollen.«

In der Woche vor dem Parteitag entwickelt Walesa daher emsige Aktivität an der Küste, um zu verhindern, daß in einer müde und abgekämpft wirkenden Gewerkschaft die Radikalen das Ruder übernehmen und er in seiner eigenen Basis das Vertrauen verliert. Im Fußballstadion von Gdingen distanziert er sich erneut von den politischen Dissidenten, deren Einfluß auf »Solidarität« »gleich Null« sei, was Rakowski freilich nicht daran hindert, noch weiter von Walesa abzurücken und ihm sogar »Mangel an gutem Willen« vorzuwerfen. Walesa hingegen im englischen Rundfunk: »Auch ich war zeitweise für Aktionen. Aber das Höchstmögliche ist erreicht. Wir sollten auf weitere Forderungen verzichten.«

Die Parteitagsvorbereitungen erweisen sich für Polen eher als unglücklich: Denn da die Parteigremien erstmals geheim, also »demokratisch« gewählt werden sollen, und die überwiegende Mehrheit der Parteitagsdelegierten den alten Parteigewerkschaften angehört, bemüht sich jeder Funktionär um möglichst brüskes Verhalten auch gegenüber Walesa, um mit der Mehrheit nicht in Konflikt zu geraten. So werden in Myslowitz zehn Mitglieder der »Solidarität« wegen der Verteilung von Flugblättern festgenommen – ohne daß Walesa reagiert. Als Walesa, innerhalb seiner Gewerkschaft selbst zur Diskussion gestellt, seine Kandidatur für den Vorsitz über die Regionalorganisation von »Solidarität« im Danziger Raum ankündigt, stellen sich ihm vier Kandidaten entgegen, darunter seine beiden Stellvertreter, Gwiazda und Lis. Schließlich erhält Walesa von den Solidaritäts-Delegierten im Raum von Danzig zwar das Vertrauen, aber fast 200 Delegierte, jeder Dritte, stimmen gegen ihn. Aber der Parteitag honoriert diese Selbstaufopferung Walesas nicht: Die überwiegende Mehrheit der Parteitagsdelegierten ignoriert »Solidarität«, die größte Arbeiterbewegung im Lande, völlig, Ausnahmen machen vor allem zwei Sprecher: General Jozef Baryla, hoher Offizier in der politischen Verwaltung der Armee, und Henryk Badnarski, Parteichef von Bromberg. Sie greifen »Solidarität« sogar frontal an. Während die Vorwürfe Badnarskis nur das Echo auf die besonders radikalen Gewerkschaftsaktivitäten in seiner Wojwodschaft sein mögen, wenn sie nicht Ausdruck des Unbehagens der kommunistischen Regionalfürsten über die »Solidaritäts«-Konkurrenz allgemein sind, werfen die Anklagen des Generals ein bezeichnendes Licht auf die Situation in der Armee: Denn auf der letzten ZK-Sitzung vor dem außerordentlichen Parteitag hatten sich mehrere Generale, unter ihnen der gleichfalls aus der politischen Hauptverwaltung der Armee stammende Stellvertreter Jaruzelskis, General Tadeusz Molczik, und sogar Generalstabschef Florian Siwicki auf die Seite des Politbüro-Mitglieds Grabski geschlagen, der einen vergeblichen Versuch machte, Kania zu stürzen und in den Augen Moskaus zu diskreditieren. Somit scheint nicht nur die Partei, sondern sogar die Armee in ihrer Bewertung der neuen Gewerkschaftsbewegung nicht einmütig zu sein und, vor allem das ältere, zum Teil in der Sowjetunion ausgebildete Offizierskorps Druck auf Jaruzelski auszuüben, Walesa nicht zu weit entgegenzukommen.

Das Schlüsselwort fiel gleich zu Beginn des Parteitages – vom Westen wenig beachtet, der in diesem außerordentlichen Kongreß der polnischen Kommunisten bis zuletzt einen Parteitag der Reform sehen wollte. Denn Kania zeigte gleich zu Beginn die Grenzen der polnischen Erneuerung auf, indem er einen Wirtschaftsprofessor zitierte, dessen Name eng mit dem verbunden ist, was polnische Kommunisten als Reform verstehen. Kania sagte, schon Professor Oskar Lange habe darauf hingewiesen, daß die Verwaltung der Betriebe allein durch die Arbeiter eine »anarchosyndikalistische Degeneration« bedeute und »gegen die Grundlagen unseres Systems« gerichtet sei. Neben der »bürokratischen Degeneration« bedeute die Forderung nach Arbeiterselbstverwaltung in den Betrieben eine »Entmündigung des sozialistischen Staates« und somit »die zweite Hauptgefahr«. Damit wandte sich Kania von Anfang an gegen Walesa, der mit der Zusicherung, »Solidarität« werde in weiteren Verhandlungen mit der Regierung eine polnische Arbeiterselbstverwaltung oder sogar Miteigentum der Arbeiter an ihren Betrieben durchsetzen, die Radikalen in seiner eigenen Bewegung gebremst hatte.

Oskar Lange, gern als wirtschaftstheoretischer Vater eines besonderen »polnischen Weges zum Sozialismus« bezeichnet, trat 1956 unter Gomulka an die Spitze eines neuen Ökonomischen Rates, der der damaligen Regierung in Warschau angegliedert wurde. Die 36 führenden Wirtschaftstheoretiker, die ihm angehörten, erhielten schon damals die Aufgabe, Polens Wirtschaft zu »erneuern«. Denn erst 1955, als sich die Krise ein Jahr später schon abzeichnete, erhielten wenigstens Polens Fabrikdirektoren ein gewisses Mitspracherecht, wurden – neben den Arbeiterräten in den Betrieben – auch erste Handels- und Wirtschaftskammern als »Selbstverwaltungsorgane« der Wirtschaft und der Einzelbetriebe gegründet. Die Wojwoden erhielten damals, als ersten Schritt auf dem Weg zu einer dezentralisierten, über sich selbst verfügenden Wirtschaft, ein Weisungsrecht gegenüber kommunalen und Kleinbetrieben, die bislang alle zentral vom Staat in Warschau gelenkt wurden.

Professor Lange sah es als seine Aufgabe an, die bisherige »Planung durch Spezialisten« durch eine »Planung durch die Gesellschaft« zu ersetzen: Das schloß zwar Mitspracherechte der Arbeiter in den Betrieben, aber vor allem auch des Staates ein. Somit war die Langesche Reform von vornherein halbherzig, was sich in äußerst mageren Resultaten niederschlug. Die Reform versandete völlig. Erst, als sich auch in der Sowjetunion Ökonomen wie Professor Liberman für ähnliche Minireformen einsetzten, versuchte man es 1962 in Polen noch einmal mit einer »Reform«. Sogar noch unter Gierek, der ja auch als »Reformer« begann, wurden zwischen die Betriebe und den zentral lenkenden Staat sogenannte Industrievereinigungen geschoben: Mit dem Erfolg, daß sich nun auch auf dieser Zwischenebene die Bürokratie krebsartig vermehrte. Indem sich Kania gleich zu Anfang des IX. Parteitages auf Lange berief, reihte er sich in die schon lange Reihe gescheiterter polnischer »Reformer« ein: Seine Kritik galt vor allem der »zweiten Hauptgefahr«, nicht so sehr der ersten, der Bürokratie:

Denn Arbeiter-Selbstverwaltung, so hatte schon Lange betont, parzelliere die Arbeiterinteressen und schaffe eher soziale Ungleichheit.

Dies ist nicht unrichtig, wie der »jugoslawische Weg zum Sozialismus« beweist: In Jugoslawien, das seit Jahren mit höherer Auslandsverschuldung pro Kopf der Bevölkerung, mit weitaus höheren, zweistelligen Inflations- und Arbeitslosenraten vor sich hintreibt, wird der Protest der Arbeiter wesentlich durch einen Umstand geschwächt. Erstens hängen die Löhne, oft völlig unabhängig vom Arbeitseinsatz der Beschäftigten, vom Betriebsergebnis ab, was Solidarität zwischen den Arbeitern verschiedener Betriebe verhindert. Außerdem entfällt in Betrieben, die sich selbst verwalten – über die also, theoretisch, die Arbeiter selbst verfügen – das Existenzrecht von Gewerkschaften. Die gab es dann auch nur auf dem Papier, bis, unter dem Eindruck der Ereignisse in Polen, auch die zu Karteileichen-Sammelstellen heruntergekommenen jugoslawischen Gewerkschaften wieder etwas munterer wurden. Aber ihre Reaktivierung wirft jetzt die Frage auf, ob es denn in Jugoslawien überhaupt Arbeiter-Selbstverwaltung gibt. Denn vor wem sollen die Gewerkschaften die Arbeiter eigentlich schützen – vor sich selbst? Und schließlich hat sich das jugoslawische Modell als überaus teuer erwiesen: Jugoslawische Betriebe erzeugen heute fast nichts mehr, was im Ausland noch konkurrenzfähig wäre.

Wenn Walesa von »authentischer Selbstverwaltung« spricht, meint er nicht nur keine Einmischung der Partei, sondern mehr, nämlich das Mitbesitzerrecht der Arbeiter an ihren Betrieben. Nur auf diese Weise könnten die Arbeiter auch für eine »Wirtschaftsreform mobilisiert werden«. »Solidarität« wolle die Macht im Staate nicht an sich reißen. Aber viel mehr muß die Partei noch befürchten, daß das Volk selbst die Erbschaft des verkommenen Staatsbesitzes antritt: Die Delegierten des IX. Parteitages waren zwar überwiegend unbekannte Menschen, oft Werktätige, die in Walesas Modell zu Mitbesitzern ihrer Betriebe geworden wären. Aber das Modell der Partei bietet ihnen viel größere

Chancen: Den Aufstieg zu Verwaltern über das gesamte polnische Volk.

Die Bewertung des Neunten Parteitages vor allem im Westen litt von Anfang an unter der Überbewertung der auf dem Parteikongreß vorgenommenen Personenveränderungen: Man wechselte Köpfe, aber nicht das System aus. An Personenveränderungen hatte es gerade in Polen nie gemangelt: Als der Parteitag begann, gehörten nur noch Jaruzelski und Mieczyslaw Moczar zur »alten Garde«, die schon in den sechziger Jahren eine Rolle spielte. Alle anderen waren schon von Gomulka und später Gierek beseitigt worden, ohne daß sich, nach einigen Kurswendungen, am System Entscheidendes veränderte. Gierek stand bei seinem Machtantritt sogar an der Spitze der jüngsten Führungsequipe Osteuropas – neben Ceaucescu, der das innenpolitische System mit keinem Finger anrührte.

Anders als bei früheren Parteitagen fand sich unter den Delegierten des IX. Außerordentlichen Kongresses kein einziger Vertreter der Studenten und Bauern, worin freilich auch der winzige Anteil zum Ausdruck kommt, den Polens Bauern überhaupt am Leben der Partei nehmen: Die von der Parteibasis erstmals »frei« gewählten Delegierten drückten in ihrer Zusammensetzung erstmals den wahren Charakter der PVAP aus – eine Partei der kleinen und großen Bonzen, der Funktionäre und Karrieristen, die ihre fachliche Laufbahn nur mit dem Parteibuch fortsetzen können und nicht an übertriebenem Mut gegenüber der Partei, die ihnen hilft, leiden. Auch war die Wahl der Delegierten schon nicht wirklich frei: General Edward Lukasik, Chef der polnischen Luftwaffe, wurde von der Basis abgelehnt, dann aber unter Druck von oben nicht nur Parteitagsdelegierter, sondern schließlich sogar Mitglied des Zentralkomitees. Hingegen fielen den Wahlen für das neue Zentralkomitee alle Männer zum Opfer, zu denen Lech Walesa in näheren Beziehungen stand: Jagielski, der das Abkommen von Danzig unterschrieben hatte, wurde nicht wiedergewählt und unmittelbar nach dem Parteitag auch von seinem Amt als Vize-Premier abgelöst. Von den Delegierten ausgeschieden wurden auch Andrzej Jedynak, der wesentlich zum Zustandekommen des Danziger Abkommens beigetragen hatte, und vor allem Tadeusz Fiszbach, der von seiner Danziger Parteiorganisation mit überwältigender Mehrheit gerade wieder zum regionalen Parteichef gewählt worden war: der Parteimäzen Walesas. Nicht wieder aufgestellt oder ins Zentralkomitee gewählt wurden auch »Erneuerer« wie der Kandidat des Politbüros und Sekretär des Zentralkomitees, Roman Ney, Justizminister Sylwester Zawadzki, der monatelang mit Walesa über ein neues Gewerkschaftsgesetz verhandelt hatte, bis die Partei die Geduld verlor, und Jozef Klasa, Opfer Giereks, der schon zuvor sein Amt als Pressesprecher der Partei verloren hatte. Auch Jozef Tejchma, der als »Liberaler« schon von Gierek abgeschossen worden war und nun auf eine neue Karriere als Kulturminister hoffte, gelangte nicht ins neue Zentralkomitee. Nicht ins ZK gewählt wurde der neue Vorsitzende des Sozialistischen Jugendverbandes, Jerzy Jaskiernia, dessen Verband deutliche Sympathien für die Erneuerer um Lech Walesa an den Tag gelegt hatte. Nur wenige der unter dem Druck der Bewegung neu gewählten Wojwodschaftsparteichefs gelangten auch ins neue Zentralkomitee.

Ohne Bedenken stimmten die Delegierten des Parteitages mehrheitlich sowohl für den »orthodoxen« Stefan Olszowski als auch für den »Reformer« Rakowski, aber als dann das neue Politbüro gewählt wurde, kam Olszowski durch, während Rakowski, in dem eine Minderheit sogar den neuen Parteichef sah, durchfiel. Mit der Wahl Olszowskis auch ins neue Politbüro überwiegt nun auch in der neuen Parteiführung das konservative Element. Denn der innere Führungskreis der Partei blieb, sieht man vom Ausscheiden General Moczars ab, unverändert: »Erneuerung« gab es nur an der Peripherie. So waren die beiden einzigen Arbeiter im alten Politbüro, die nur wenige Monate diesem Gremium angehört hatten, gar nicht erst wieder zum Parteitag geschickt worden: Ein Beweis dafür, wie schnell Arbeiter im unübersehbaren Apparat der Partei wieder untergehen. An ihre Stelle rückten drei andere Arbeiter nach: Zofia Grzyb, das einzige Mitglied von »Solidarität« im neuen Politbüro. Die Vorarbeiterin aus einer Lederfabrik in Radom sagt: »Ich schließe mich immer der Mehrheit an.« Jerzy Romanik, Kumpel aus Schlesien, ist gegen Wirtschaftsreformen, die auf Kosten der Arbeiter gehen – ein Dilemma, aus dem auch Walesa nicht entkommen kann. Und Albin Siwak, Bauarbeiter aus Warschau, ist sogar ein ausgesprochener Gegner Walesas: Noch während des Parteitages richtete er heftigste Angriffe gegen den neuen Vorsitzenden des polnischen Journalistenverbandes, Bratkowski, den Bannerträger im Kampf gegen die Zensur: Bratkowski war erst gar nicht zum Parteitag delegiert worden. Siwak wurde übrigens – nach Jaruzelski und Kania – mit drittgrößter Stimmenzahl ins neue Politbüro gewählt und repräsentiert eine starke Strömung gerade unter den einfachen Parteitagsdelegierten und polnischen Werktätigen: Solange in Polen Zucht und Ordnung herrschten, gab es wenigstens noch Fleisch und Brot. Ein vierter Arbeiter im neuen Politbüro hatte schon vor seiner Wahl diese soziale Schicht verlassen: Jan Labecki, Erster Sekretär der Parteiorganisation an der Lenin-Werft von Danzig, ein Arbeitskollege Walesas.

Labiecki, mit 38 Jahren der Benjamin unter den Politbüromitgliedern, ist an der Peripherie des Führungskerns vielleicht die interessanteste Erscheinung. Er reorganisierte nach den Auguststreiks 1980 unter Führung von Walesa erfolgreich die völlig zerrüttete Parteiorganisation an der Werft und die Produktion und weigerte sich – anders als viele Parteimitglieder – der Walesa-Gewerkschaft beizutreten. Kania hält er für zu konservativ, Walesa für einen Wirrkopf: Labiecki repräsentiert in der Partei die »Arbeiteropposition«, deren Forderungen gleichfalls die äußerste Grenze bestimmen, bis zu der die Partei, notfalls, gehen will. Im historischen Konferenzsaal, in dem von Walesa und Jagielski das Danziger Abkommen unterschrieben wurde, läßt er jetzt seine Parteiorganisation tagen – wieder unter dem Bild Lenins, aber auch unter der polnischen Fahne. Nur das Kruzifix wurde von der Wand abgehängt.

Am Ende des Parteitages lecken alle ihre Wunden: Die

Orthodoxen, die Politbüromitglied Grabski opfern mußten, um Olszowski durchzubringen, die Gierek-Gegner, denn mit Grabski und Moczar sind gerade jene Genossen gefeuert worden, die den Sturz des verhaßt gewordenen Parteichefs vorbereitet hatten, was übrigens zu einem eigenartigen und bezeichnenden Resultat führt: Als Sieger des Parteitages erscheint die sogenannte Sicherheitsfraktion zur Zeit Giereks, repräsentiert durch Armeechef Jaruzelski, Sicherheitschef Kania und den Milizgeneral Miroslaw Milewski, der erst jetzt ins Politbüro aufgenommen wird. Damit triumphiert eine Gruppe, die Gierek zehn Jahre lang erfolgreich gegen die Arbeiter schützte. Jaruzelski sorgt unmittelbar nach dem Parteitag dafür, daß immer mehr Generale seiner Armee in führende Staatspositionen gelangen. Schon während des Parteitages kursiert ein angeblicher Brief Gomulkas, in dem auf die Mitverantwortung Kanias für die Schüsse von 1970 hingewiesen wird: Gomulka muß – zum Parteitag nicht geladen – dementieren und damit Kania mit zum Sieg verhelfen. So wirr der Parteitag auch verläuft, so bedenkenlos die Delegierten rechts und links fähige und völlig unfähige Köpfe rollen lassen, so klar wird auch signalisiert, daß dieser Parteitag keinerlei neue Lösungen anbietet. Über die Reformen wird nicht gesprochen, weil die Delegierten keine Zeit mehr haben. Das Volk ist enttäuscht, rund 100000 Polen haben bereits ihre Absicht bekanntgegeben, noch möglichst 1981 Polen zu verlassen, überall flakkern wieder lokale Streiks auf. Bei einem Gewerkschaftertreffen in Lodz gerät Walesa unter Kritik, der in Botschaften an alle Regionalorganisationen seiner Organisation noch einmal ausdrücklich vor irgendwelchen Aktionen gewarnt hatte, die von der Partei mißverstanden werden könnten. Solange der Parteitag tagt, herrscht Ruhe vor dem Sturm: Aber tagt er zu lange, könnte das Volk über die Partei und Walesa hinwegschreiten. Denn die Regierung kündigt Preiserhöhungen um bis zu 300 Prozent an, so daß sich der Bevölkerung die Haare sträuben. Ein Sprecher der »Solidarität« in Warschau: »Wir müssen jetzt schnell etwas unternehmen. Sonst stehen wir mit dem Rücken an der Wand.«

Frißt ein hungriges Volk seine Obrigkeit?

Die Beziehungen zwischen den gesellschaftlichen Gruppen in Polen verrohen deutlich und werden zu einer solchen Entwicklung gezwungen: Walesa will die enormen Preiserhöhungen erst dann befürworten, wenn die Partei vorher Wirtschaftsreformen eingeleitet hat. Aber will man den umgekehrten Weg gehen und die Kosten der Produktion senken, müssen schätzungsweise 1,5 Millionen Arbeiter entlassen werden, was einer Arbeitslosenrate von 15 Prozent entspräche. Walesas Vorschlag, man solle die überflüssigen Arbeiter umschulen und umsiedeln, scheitert schon daran, daß allein in Schlesien 50000 Wohnungen fehlen. Wo es an Wohnraum fehlt, gibt es keine Mobilität. Die Fragen stellen sich immer radikaler. Die wichtigste Frage wurde sehr früh schon von Walesa selbst beantwortet: Wenn eine Maschine völlig kaputt ist, so daß Reparaturen nicht mehr helfen, schafft man sich besser eine ganz neue und andere an – der Bewegung »Solidarität« steht das ganze System im Wege, auch konkret. Denn weil es in Polen auch kein Papier mehr gibt, kann »Solidarität« kaum noch eigene Zeitungen herausgeben.

Eine Umfrage der regionalen »Solidaritätsführer« ergibt, daß die Mitglieder jetzt mehrheitlich für radikale Aktionen sind; einen Tag, nachdem Walesa von Aktionen abgeraten hat, beschließt man neue Streiks und – erstmalig – sogar Straßendemonstrationen, von denen Walesa immer abgeraten hat. Ein »Solidaritäts«-Sprecher in Danzig: »Sie wollen seinem Appell einfach nicht folgen.« Walesa trägt zu dieser Mißstimmung bei: Er will im September in Athen einen Internationalen Preis der Liebe entgegennehmen, einen mit 60000 Dollar gekoppelten Preis für »Liebe und Frieden in der Welt«, den einmal der orthodoxe Primas von Griechenland und Erzbischof von Athen, Hieronymos, gestiftet hat, und erzwingt durch diese Ankündigung einen Empfang beim neuen Primas von Polen, Erzbischof Jozef Glemp, der sich dafür zwei Wochen Zeit ließ: Denn die Kirche rückt längst von »Solidarität« ab. Noch später im Jahr will sich Walesa auf einer ersten Nationalkonferenz seiner Gewerkschaft als deren erster Vorsitzender bestätigen lassen, der er offiziell ja nicht ist. Aber das sind nicht die Sorgen der Bevölkerung. Entweder man tut jetzt etwas Entscheidendes oder läßt die Finger ganz von der unbeweglichen Staatsmaschine: Zorn vermengt sich mit Frustration, Zorn auch über die »Solidarität«. Sogar Bronislaw Geremek, ein international anerkannter Historiker, der sich Walesa als liberaler Berater zur Verfügung gestellt hat, warnt vor weiterem Nachgeben.

Walesa selbst erklärt vor Gewerkschaftsvertretern in den Cegielski-Werken von Posen: »Solidarität hat so gut wie nichts für die Arbeiter getan.« Aber er zieht daraus den Schluß, die Gewerkschaft solle sich jetzt darauf beschränken, jene inzwischen 640 Abkommen zu synchronisieren und auch durchzusetzen, die nach dem Vertrag von Danzig abgeschlossen wurden und von denen viele, auch nach Meinung Walesas, überhaupt nicht sofort zu verwirklichen sind. Für die Arbeiter Polens bedeutet dies eine Niederlage, denn selbst bei Erfüllung aller bereits abgeschlossenen Abkommen würden die angekündigten Preiserhöhungen diese Errungenschaften wieder völlig zunichte machen. Walesas Vorschlag, »Solidarität« solle sich um eine bessere Verteilung der vorhandenen Lebensmittelreserven kümmern, bedeutet für die Bevölkerung keinen Trost, der man soeben eine weitere Kürzung der Fleischrationen angekündigt hat. Sogar in der umstrittenen Frage, wer in polnischen Betrieben den Direktor einsetzen darf, kündigt Walesa einen Kompromiß an. Wenn sich in diesen Tagen nach dem enttäuschenden IX. Parteitag jemand in Polen für Ruhe, Sicherheit und den Wiedereinzug logischen Denkens einsetzt und verdient macht, ist dies nur noch Lech Walesa allein. Jaruzelski hingegen reagiert auf alle Kompromißangebote Walesas mit einem harten Brief und setzt den Chef der Militärpolizei zum neuen Innenminister ein.

In der Provinz brennt es längst. Es kommt zu rätselhaften Ereignissen, die auf Provokation hinweisen. In Breslau wird in das Büro der Parteigewerkschaft eingebrochen – die Partei macht dafür »Solidaritätsmitglieder« verantwortlich, nachdem die Polizei zuvor festgestellt hatte, daß an den Schändungen sowjetischer Ehrenmäler tatsächlich auch Mitglieder der »Walesa-Gewerkschaft« beteiligt waren. In Swinemünde wird im Hauptquartier der Partei Feuer gelegt.

Radio Prag spricht wieder von »gefährlicher Verschlechterung der Situation aufgrund der Aktivitäten der Walesa-Gewerkschaften«: Und tatsächlich kommt in Arbeiter- und Bürgerversammlungen von »Solidarität« der geballte und anwachsende Zorn der Bevölkerung zum Ausdruck. Überall werden »Hungermärsche« geplant, in manchen Mitteilungsblättern von »Solidarität« wird zur Teilnahme an einem »Marsch auf Warschau« aufgerufen, bei dem es um die Befreiung politischer Gefangener geht. Walesa beruft nach Danzig eine dreitägige Sitzung des Koordinationskomitees von »Solidarität« ein und gießt Öl auf die Wogen: Polen habe alle Aussichten, die schwere Krise zu überwinden, die Situation sei »besser als erwartet«. Der wichtigste Beschluß der Top-Gewerkschafter: »Der Landesverständigungsausschuß setzt bis Ende dieses Jahres alle Verhandlungen in Lohnfragen sowie Forderungen in dieser Richtung aus.« Walesa hält diese Konferenz für die »konkreteste und fruchtbarste aller bisherigen Beratungen«. Aber als er an seiner alten Werft vorbeikommt, hängt dort am Werktor als Transparent die Forderung: »Laßt die politischen Gefangenen frei!« Bogdan Lis, der Walesa einmal als Solidaritäts-Führer folgen soll: »Das Volk ist enttäuscht!« Es will mehr, als Walesa verspricht.

Während Walesa erklärt, »Solidarität« bestehe nur prinzipiell auf dem Streikrecht, »will es aber nicht benutzen«, kommt es gegen ihn zum offenen Aufstand in den eigenen Reihen, was nun erstmals auch die Partei alarmiert: Schon am 1. August beruft Jaruzelski den Militärrat des von ihm geleiteten Verteidigungsministeriums ein, eine Institution, die vor 1980 nie und danach nur einmal, im kritischen August, der Walesa hervorbrachte, zusammentrat. Denn ohne Walesa, der sich, demonstrativ oder von den Auseinandersetzungen tatsächlich geschwächt, krank ins Bett legt, ist Polen in weitaus stärkerer Gefahr als mit ihm: Im Lande sind Straßendemonstrationen angekündigt, in der Ostsee schwimmt erstmalig der sowjetische Flugzeugträger »Kiew«, um sowjetische Landemanöver zu unterstützen. Es ist Rakowski, der im Auftrag Jaruzelskis an Walesa herantritt und ihn zur Wiederaufnahme der schon seit März unterbrochenen Gespräche auffordert. Walesa ist sofort wieder auf der Bühne, gibt sich auch wieder, wie immer, »optimistisch«: »Ich glaube, es wird ein konkretes Gespräch zwischen Männern, und irgend etwas wird schon dabei herauskommen. Wir wollen konkrete Gespräche und hoffen, daß wir etwas erreichen.« Aber die Entwicklung ist schneller: Noch ehe Walesa im Warschauer Ministerrat eintrifft, blokkieren mit Fahnen der »Solidarität« geschmückte Busse, PKW und LKW das Zentrum von Warschau. Ihr Ziel: Das Zentralkomitee und vor allem der Ministerrat, um Walesas Verhandlungen durch Hupkonzerte zu unterstützen. Nur einigen Taxis, die einem Krankenwagen mit Blaulicht folgen, gelingt der Durchbruch. Zum erstenmal stehen sich Milizionäre und empörte Gewerkschaftsangehörige wie Feinde gegenüber. Wie Feinde? Eine Sprecherin von »Solidarität«, die einem Milizionär einen Blumenstrauß überreicht, weil es noch zu keiner Gewaltanwendung gekommen ist, erhält von dem Uniformierten einen Handkuß: Noch hat kein Pole dem anderen ein Haar gekrümmt, noch ist Polen nicht verloren.

Doch Rakowski ist über die Besetzung des Zentrums der Hauptstadt empört und überschüttet Walesa mit Vorwürfen: Wieso überschreite die »Solidarität« ihre eigenen Statuten, warum veröffentlichen Zeitschriften, die Walesa nahestehen, regierungsfeindliche und antisowjetische Artikel, weshalb habe Walesa die Straßendemonstration als unerlaubten Druck auf die Regierung nicht verhindert? Walesa: Weil »Solidarität« die Geduld verliere. Die Regierung müsse endlich mit Wirtschaftsreformen beginnen. »Wir können nicht länger warten.« Schon werde in einigen Provinzen auch das Brot rationiert – trotz guter Ernteaussichten, von denen die Regierung spricht.

Das Treffen endet enttäuschend und soll einige Tage später fortgesetzt werden. Am Abend ist auch Walesa empört: »Rakowski war auf das Gespräch überhaupt nicht vorbereitet.« Er stimmt der Fortsetzung der Straßenblockade im Zentrum von Warschau zu. An einem der Autos steht die Aufschrift: »Eine hungrige Nation kann ihre Obrigkeit essen!« Walesa erscheint selbst vor der Menge: »Diesmal weichen wir nicht zurück. Wir haben schon zu viel Terrain geopfert.« Für den Fall eines Milizeinsatzes gegen den Wagenkonvoi kündigt nun Walesa selbst einen Generalstreik im ganzen Lande an. Nachdem Rakowski, wieder milder gestimmt, abends im Fernsehen angedeutet hatte, die Regierung könne notfalls auch anders, setzt Walesa dieser Drohung seine eigene entgegen: »Wir wollen diesmal einen hundertprozentigen Erfolg. Wenn uns etwas passiert, wird uns das ganze Land unterstützen!«

Dabei geht es, vordergründig, nur um die Forderung der Demonstrierenden, auch vor dem ZK und dem Ministerrat hupen zu dürfen. Aber Regierung und Partei lassen ihre Gebäude von der Polizei einschließen. Im Hintergrund ist mehr im Spiel: Denn wie »Solidarität« behauptet, hatte man zunächst nichts gegen eine Demonstration vor den Zentralgebäuden von Partei und Regierung einzuwenden. Sind es vielleicht gar nicht die Demonstranten, sondern Partei und Polizei, die die Konfrontation suchen – um einen Vorwand für den großen Gegenschlag zu konstruieren? Schon zirkuliert in Gewerkschaftskreisen ein selbstverfaßtes Szenario, wie die Partei versuchen könnte, »Solidarität« auszulöschen.

Walesa erlebt, wie Bujak, der Warschauer »Solidaritäts-« Chef, der sich vom Radikalen zum Gemäßigten gewandelt hat, von den eigenen Leuten ausgepfiffen wird, als er für Nachgiebigkeit plädiert; er hört auch die Rufe: »Die Arbeiter können ihre Klagen selbst vortragen.« Braucht ihn das Volk nicht mehr, hat er seinen Ansprüchen nicht genügt? Ist die bittere Stunde schon so nahe? So ist es Walesa selbst, der, zusammen mit Gwiazda, die Demonstranten unterstützt: Da diese Aktion keine finanziellen Folgen haben könne, solle man sie bis zum Erfolg fortsetzen. Zwei Tage nach Beginn der Straßenblockade schickt Walesa Gwiazda vor, die Straßenblockade zu beenden – ein dreistündiger Verkehrsstreik in Warschau versüßt den zurückweichenden Demonstranten den Verzicht auf den »hundertprozentigen Erfolg«, den es nicht gibt. Und Walesa verbreitet, wie immer, Optimismus:

»Wir sollten optimistisch sein und hoffen, daß alles gut geht.« Schon am nächsten Tag will er erneut Rakowski treffen. Er rechnet »mit konkreten Antworten der Regierung auf unsere Forderungen vom Montag« – aber Rakowski verlangt Antworten auf seine Fragen und erhält, nach eigener Version, »keine Antworten von ›Solidarität‹.« Man verhandelt zwölf Stunden, immer unter dem Druck eines von den Kattowitzer Gewerkschaftern bereits angekündigten und vorbereiteten Warnstreiks von mindestens einer Million polnischer Bergarbeiter in Schlesien für den Fall des Mißlingens dieses Treffens. Konkret will Rakowski »Solidarität« nur an der Verteilung der zu wenigen Nahrungsmittel beteiligen – und damit den Zorn der Bevölkerung auf die Verteiler des zu Wenigen ablenken. Von einer Rücknahme der neuen Fleischrationierung will er hingegen nichts wissen, und »die Frage der Wirtschaftsreform, der Veränderungen der Einzelhandelspreise, dem Gesetz über die Gewerkschaften und der Zugang zu den Massenmedien« wird nur »zur Sprache gebracht«. Als man um 0.10 Uhr in der Nacht zum 8. August 1981 nach einer Verhandlungspause wieder zusammentritt, verlangt Rakowski sogar noch Veränderungen am mühsam zustande gekommenen Kommuniqué. Fünf Minuten später erklären die Vertreter der Gewerkschaft, sie könnten ein solches Kommuniqué nicht anbieten: Die im Warschauer Hotel »Solec« versammelten Führer von »Solidarität« hatten sich gegen das magere Ergebnis der Verhandlungsdelegation unter Leitung von Lech Walesa ausgesprochen.

Die Partei wird nach diesem »einseitigen Abbruch der Gespräche« deutlich: In der »Solidarität« habe eine »unverantwortliche Strömung, die eine Bedrohung Polens darstellt, die Oberhand gewonnen«. Damit bestreitet die Partei erstmals die Führung der neuen Bewegung durch Walesa und damit seine Eignung als Verhandlungspartner: Eine Forderung Walesas, man möge ihm die Darstellung seines Standpunktes im polnischen Fernsehen ermöglichen, wird brüsk abgelehnt. Dann räumt man ihm doch einen Termin ein; von dem man annimmt, daß ihn Walesa nicht annehmen kann. Denn am selben Tag versammelt sich in Danzig das Nationale Koordinationskomitee von »Solidarnosc«: Walesa muß in Danzig sein, da seine Autorität auch in den eigenen Reihen bestritten wird. Adam Michnik, der Bürgerrechtler, am selben Tag in der westlichen Presse: »Die Taktik der Konfliktlösung mit friedlichen Mitteln war bisher auf die Versuche beschränkt, sich mit dem Gewerkschaftsführer Walesa und seiner nächsten Umgebung zu einigen. Die unbestreitbare Autorität von Lech Walesa kann jedoch nicht auf längere Sicht als einzige Verständigungsbasis ausreichen. Auch diese Autorität hat ihre Grenzen.«
Ein Jahr nach dem Aufbruch der polnischen Bewegung stehen sich die Kontrahenten unversöhnlicher denn je gegenüber: Auf der einen Seite eine Partei, die der »Solidarität« glatt jedes Recht bestreitet, sich auch politisch zu betätigen, auf der anderen eine Bewegung, in der sich die Ansicht durchsetzt, daß es überhaupt keine dauerhaften Ergebnisse geben kann ohne tiefgreifende Veränderungen am sozialistischen Wesen Polens, ohne Reform des Kommunismus – der dann aufhörte, weiter Kommunismus zu sein. Dagegen die Zeitung der Armee, an deren Spitze Ministerpräsident Jaruzelski mit einem schon gebildeten Notkabinett für den Ernstfall steht: »Nur ein sozialistisches Polen wird von Bestand sein.« Das sowjetische Fernsehen zitiert genüßlich und eindeutig: »Zu seinem Schutz werden notfalls alle Kräfte und Mittel eingesetzt werden«: Alle!

Ein Jahr lang hatte Walesa Polen an allen Klippen vorbeimanövriert: Er hat sich eigentlich für den Lenin-Friedenspreis qualifiziert. Statt dessen schüttet jetzt ausgerechnet Rakowski, der Mann, auf den Walesa am stärksten hoffte, Kübel des Hohns über ihn aus: Ein Jahr Walesa-Gewerkschaft hätte gereicht, um zu beweisen, daß diese Bewegung gescheitert sei, weil sie für die Arbeiter Polens überhaupt nichts erreicht habe. Die Bevölkerung, so Rakowski, habe nun davon die Nase voll.

So wird Walesa auch noch mit der Unfähigkeit des kommunistischen Systems belastet, sich zu reformieren und jene Zugeständnisse zu machen, auf die die Bevölkerung vergeblich gewartet hat. Er wird vor die Wahl gestellt, entweder abzutreten oder seine sanfte Revolution in einem von ihm nie gewollten Blutbad untergehen zu lassen. Am Schluß ist Walesa, auf den weiter die Augen des Volkes blicken, schrecklich allein: Allein mit der Verantwortung für sein polnisches Volk beladen, ein kleiner Mann, auf dem plötzlich die Verantwortung nicht nur für Polen, sondern für den Frieden in Europa und der Welt ruht. Walesa hatte diese Rolle nie gesucht, denn er wußte von Anfang an, daß er sie nur in einer sich fortsetzenden polnischen Tragödie spielen müßte.

Lech Walesa sagte auf dem Höhepunkt seines Ruhms, preisgekrönt und umworben selbst von seinen Gegnern: »Von jetzt an kann ich nur noch nach unten gehen – langsam oder sehr schnell.«

Abkürzungen

DIP	Doswiadczenie i Przyszlosc: Reformgruppe »Erfahrung und Zukunft«
FDGB	Freier Deutscher Gewerkschafts-Bund (in der DDR)
GUKPPiW	Glowny Urzad Kontroli Prasy, Publikacji i Widowisk: Hauptamt zur Kontrolle von Presse, Publikationen und öffentlichen Vorstellungen (oberste Zensurberhörde)
GUS	Glowny Urzad Statystyczny: Statistisches Hauptamt
ILO	International Labour Organization: Internationale Arbeits-Organisation der Vereinten Nationen, UNO
KIK	Klub Inteligencji Katolieckiej: Katholischer Intelligenzler-Club
KOR	Komitet Obrony Robotnikow: Komitee zur Arbeiterverteidigung
KPN	Konfederacja Polski Niepodleglej: Konföderation für ein unabhängiges Polen
KSS	Komitet Samobrony Spolecznej: Komitee für Selbstverteidigung
LOT	Polnische Luftfahrtgesellschaft
MKS	Miedzyzakladowy Komitet Strajkowy: Zwischenbetriebliches Streikkomitee
NIK	Najwyzsza Izba Kontroli: Oberste Kontrollkammer
ORMO	Freiwillige Reserve der Bürgermiliz: Ochotnicza Rezerwa Milicji Obywatelskiej
PAN	Polska Akademia Nauk: Polnische Akademie der Wissenschaften
PAP	Polnische Presse-Agentur
PZPR	Polnische Vereinigte Arbeiterpartei (deutsch: PVAP)
ROPCO	Ruch Obrony Praw Czlowieka i Obywatela: Bewegung für die Menschen- und Bürgerrechte
Sejm	Polens Parlament
SOHYO	(Größter) japanischer Gewerkschaftsverband
TKN	Towarzystwo Kursow Naukowych: Gesellschaft für akademische Kurse
UB	Urzad bespieczenstwa: Amt für (Staats-)Sicherheit
ZBoWiD	Zwiazek Bojownikow o Wolnosc i Demokracje: Verband der Kämpfer für Freiheit und Demokratie – Veteranenvereinigung
ZSL	Vereinigte Bauernpartei
ZMW	Zwiazek Mlodziezy Wiejskiej: Landjugend-Verband

Register